언어의 무지개

고종석 선집_언어학

언어의 무지개

차례

||||||||||||||||||||||||||||||||||||||||||||||||||||

언어의 무지개

✦

서문을 대신하여

～～～～～～

　이 책은 언어를 주제로 쓴 글 가운데 읽을 만하다 판단된 것
들을 추려 묶은 것이다. 그러니 언어학 에세이 모음이랄 수 있겠
다. 석사과정에서 공부한 것은 고전 라틴어 통사론이었으나, 그
끝 무렵에 지도교수가 안식년을 맞아 영국으로 가는 바람에 논
문은 흐지부지되고 말았다. 프랑스에서 소쉬르 언어학 용어의
번역 양상을 주제로 DEA(Diplome d'Etudes Approfondies, 박사준비
과정) 논문을 쓴 뒤 박사과정에서 공부한 것은 소쉬르에서 라캉
에 이르는 구조주의적 상상력을 탐색하는 사뭇 야심 찬 지성사
였으나, 이번에는 내 깜냥의 모자람으로 그 열매를 맺지 못했다.
1998년 한국으로 돌아온 뒤 마무리하지 못한 그 글들을 손보아
발표할까 했으나, 한편으로는 스스러움 때문에, 다른 한편으로

는 그런 난삽한 글들을 실어줄 매체를 찾지 못하여 허영심을 버렸다. 그러나 1999년 〈한국일보〉 장명수 선생의 배려로 다시 언론계로 돌아갈 때까지 호구지책으로 쓴 글들 가운덴, 정치평론 말고도 언어학 에세이가 상당수 있었다. 그 에세이들은 주류 언어학 내부의 좁다란 논점들보다는 언어를 사회적 맥락에서 보는 널따란 논점들과 주로 관련되었다. 언어학에 속하기도 하고 사회학에 속하기도 한, 또는 언어학에도 속하지 않고 사회학에도 속하지 않는 글들을 나는 해포가 넘도록 써댔다. 그 가운데 어떤 글은(예컨대 이 책에 묶인 〈우리는 모두 그리스인이다〉) 지식인 사회에서 공감과 비판의 거리가 무한정 확대되는 걸 목격하기도 했다. 아무렇거나, 이 책에 묶인 글들은 1998년 어느 시점부터 1999년 어느 시점까지 내가 지녔던 언어관을 드러내고 있다. 그리고 언어가 문학의 본질적 요소인 만큼, 내가 지녔던 문학관을 어슬하게 드러내고 있기도 하다. 이 책의 언어학 에세이들은 주로 한국어를 대상으로 하고 있지만, 더러 다른 자연언어들에 대한 탐색도 포함하고 있다. 한국어와 한국문학(과 한국어문학)의 역사—운명이라는 말을 써도 될까?—는 다른 자연언어들과, 그리고 그 자연언어들로 쓰인 문학의 역사/운명과 많은 것을 공유하고 있기 때문이다.

우리가 한국어라고 부르는 것의 실체는 뭘까? 한국어는 한반도와 그 부속도서, 그리고 일본과 중국과 미국과 중앙아시아와 그 외 여러 곳의 한국계 주민집단이 사용하는 언어를 가리킨다. 유형론적으로는 교착어이자 S-O-V(주어-목적어-동사)형이고, 계통론적으로는 한때 알타이어로 분류됐으나 이젠 그것이 불확실해진 고아언어이며, 40여 개의 자못 풍부한 음소를 지닌 언어다. 유형론적으로 한국어와 가장 가까운 언어는 일본어지만, 계통론적으로는 두 언어의 친족관계가 입증되지 않았다. 한때는 두 언어가 다 알타이어족에 속하는 자매언어라는 견해가 일반적이었지만, 이제는 알타이어족이라는 개념 자체가 합리적 의심의 대상이 되어 있는 상황이다. 한국어가 알타이어라는 확신을 지니고 알타이어족 연구에 평생을 바친 핀란드 언어학자 구스타프 람스테트(1873~1950)조차 만년에는 터키어, 몽골어, 퉁구스어, 한국어, 일본어 등을 한 어족으로 묶을 수 있을지에 회의적이었다.

다시 한 번, 한국어는 무엇인가? 언어와 방언을 구분하는 기준은 의사소통 가능성이다. 로스앤젤레스의 리즈 위더스푼이 런던의 휴 그랜트에게 전화를 했다고 가정해보자. 이 두 사람이 자신들의 언어를 쓰며 서로 의사소통을 할 수 있다면, 그들은 한 언어를 사용하는 것이다. 독자들과 내가 잘 알다시피, 이 두 사람은 자신들의 언어로 의사소통을 할 수 있다. 그들이 영어라는 한 언어를 사용하기 때문이다. 그들의 말투가 다른 것은 방언적 차이일 뿐이다. 이번에는 로스앤젤레스의 리즈 위더스푼이 파리의 소피 마르소에게 전화를 걸었다고 가정해보자. 그리고 자신들의 모국어로 대화를 시도했다고 가정해보자. 그들은 결코 의사소통을 할 수 없다. 그렇다면 리즈와 소피는 서로 다른 언어를 쓰고 있는 것이다. 그렇다, 영어와 프랑스어는 서로 다른 언어다! 한쪽이 다른 쪽의 방언이 아니라, 완전히 서로 다른 언어!

　언어와 방언을 구분하는 데는 의사소통 가능성이라는 언어학적 기준만이 아니라 때로 정치적 기준이 개입한다. 그것은 가장 지적인 담론에서조차 정치 바깥은 없다는 사실을 씁쓸하게 시사한다. 제주도를 예로 들어보자. 제주 사람들이 자신들의 고유언어를, 다시 말해 학교나 대중매체를 통해서 배운 언어가 아니라 어려서 어머니에게서 배운 언어를 사용하면, 뭍사람들과 의사소통을 할 수 없다. 그러니까 언어학적 기준으로만 따진다면, 제주어는 한국어와 다른 언어다. 물론 제주어가 한국어와 다른 언어이기는 해도, 한국어와 가장 가까운 자연언어인 것은 엄연하다. 그런데 제주어를 한국어와 다른 언어라고 말하는 사람은 한국에 거의 없다. 한국에서 제주어는 한국어의 한 방언으로 간주된다. 언어학적 기준에 따라 제주어를 한국어와 다른 언어로 규정하는 순간, 한국이라는 정치공동체에서 제주도가 배제될 위험이 싹트기 때문이다. 이것은 제주 사람들을 포함한 한국인들 모두에게, 특히 한국 정치인들에게 끔찍한 상황이다. 사실 교육과 대중매체의 보급에 힘입어, 요즈음 제주 사람들 대부분은 표준 한국어를 사용한다. 제주어를 쓰는 사람들은 충분히 교육받지 못한, 나이 든 세대일 뿐이다. 한 언어가 사멸할 위험에 놓여 있는 것이다. 정치적 기준은 이와 반대 방향으로도 작용한다. 스칸디나비아반도 사람들과 이월란반도 사람들은 각자의 고유 언어로 거의 완벽하게 의사소통을 할 수 있다. 즉 두 반도 사람들은, 다시 말해 스웨덴 사람, 노르웨이 사람, 덴마크 사람은 같은 언어를 사용하고 있다. 그 사람들이 쓰는 언어 내부의 차이는 방언적 차이에 불과하다. 그러나 우리는 일상적으로 덴마크어, 스웨덴어, 노르웨이어라는 말을 천연덕스럽게 사용하곤 한다. 사실 노르웨이어는 덴마크어의 한 방언과 스웨덴어의 한 방언을 묶어서 부르는 말에 지나지 않는데도 말이다. 언어학적 기준으로 보면, 스칸디나비아반도와 이월란반도에선 대략 네 개의 방언으로 이뤄진 한 언어가 사용되고 있을 뿐이다. 그런데 우리는 왜 덴마크어, 스웨덴어, 노르웨이어라는 말을 쓸까? 그것은 덴마크와 스웨덴과 노르웨이라는 독립적 정치공동체가 존재하기 때문이다.

이런 정치적 고려가 꼭 공시적synchronic인 것만은 아니다. 통시적diachronic으로도 여기 비견할 만한 정치적 고려가 개입한다. 예수 그리스도가 태어나던 무렵, 이탈리아반도를 비롯한 지중해 둘레에서는 라틴어가 사용됐다. 그즈음에 한반도와 만주에서 사용되던 언어를 한국에서는 고대 한국어라고 부른다. 그러나 풍부한 문헌 덕분에 어휘와 문법이 상세히 알려진 라틴어와 달리, 고대 한국어의 정체는 거의 밝혀지지 않았다. 아마 앞으로도 영원히 밝혀지지 않을 것이다. 그 시절, 한반도와 만주에는 고구려, 백제, 신라라는 세 정치공동체가 나라의 모습을 갖추기 시작하고 있었다. 우리는 이 세 정치공동체에서 사용된 언어에 대해 알고 있는 게 많지 않다. 실은 그 세 정치공동체에서 같은 언어가 사용되었는지 여부조차 확신할 수 없다. 그 시기의 중국 문헌들은 그 세 나라의 언어가 같았다고도 하고, 달랐다고도 한다. 그러나 한국에서는, 민족주의가 매우 드센 북한 학계는 물론이고 주류 남한 학계조차, 세 나라 사람들이 같은 언어를 썼다고 주장한다. 즉 고대 한국어라는 대단히 균질적인 실체가 있었다는 주장이다. 여기에도 정치가 부당하게 개입하고 있다고 말할 수 있다. 한국은 고대 이래로 한 언어공동체였다는 정치적 주장이 학술적 불확실함을 압도해버린 것이다. 사실, 세 나라 전체는 그만두고라도, 한반도 북부와 만주를 아울렀던 다종족 국가 고구려에서만도 단일언어가 사용됐을지 의심스럽다. 그러나 세 나라 가운데 신라가 중국 당 왕조의 도움으로 대동강 이남의 한반도를 통일한 7세기 후반 이후부터는 한반도 사람들이 대체로 같은 언어를 사용했다고 보아도 좋을 것이다. 적어도 8세기 이후부터 한반도 각 지역에서 사용되는 자연언어의 이질성은 언어 수준이 아니라 방언 수준이었다는 뜻이다. 그러니까 8세기 이후부터 한국어는 한반도의 공용어가 되었다. 그런데 여기서 말하는 한국어는 도대체 무엇일까? 그것을 한국어라고 불러도 되는 것일까?

한국의 고유문자인 훈민정음(20세기 이후 이 문자체계는 약간의 변화를 거쳐 한글이라 불리게 되었다)이 창제된 것은 15세기지만, 한국인들은 그 이전부터 한국어 문헌을 남겼다. 불행하게도 고유문자가 없었기 때문에, 한국인들은 제 자신의 언어를 한자로 기록할 수밖에 없었다. 한자로 한국어를 기록하는 방식을 '이두'라 부른다. 여기서 강조해야 할 점은 이두라는 것이 비록 한자이기는 하지만, 중국어를 기록한 것이 아니라 그 당시 한국어를 기록한 것이라는 사실이다. 물론 뜻글자인 한자로 한국어를 기록해야 했으니, 형태적 정확성이 보장될 수 없었다. 이 이두는 고대 한국에서만이 아니라, 한글이 창제된 15세기 이후에도 관청문서에서 사용되었다. 이두가 완전히 사라진 것은 19세기 말 이후다. 한반도에서 단일한 언어가 사용되기 시작했다고 추정되는 7~8세기 어름으로 되돌아가보자. 그 시기 한국인들은 향가라고 불리는 노래를 한국어로 짓고 그것을 한자로, 다시 말해 이두로 기록하기 시작했다. 향가를 적는 데 사용된 이두를 특별히 향찰이라 부른다. 향찰은 이두의 발달 단계에서 가장 세련된 것이다. 물론 아무리 세련됐다 하더라도 향찰 역시 한자였던 만큼, 그 당시 한국어를 온전히 표기하기는 힘들었다. 정확하게 말하면, 힘든 정도가 아니라 불가능했을 것이다. 현전하는 향가는 모두 스물다섯 편인데, 그 가운데 열네 편은 13세기에 간행된《삼국유사》에 수록돼 있고, 열한 편은 11세기에 발행된《균여전》에 수록돼 있다. 이 향가들은 대략 7세기부터 10세기 사이에 지어진 것으로 추정된다.

20세기 일본과 한국의 언어학자들은《삼국유사》와《균여전》에 수록된 향가들에 바탕을 두고 7세기부터 10세기 사이의 한국어를 재구再構하는 데 힘을 쏟았다. 향가 연구에 크게 이바지한 언어학자 세 사람을 꼽으라면 일본인 오구라 신페이小倉進平와 한국인 양주동, 홍기문을 꼽을 수 있다. 이들은 분명히 뛰어난 언어학자들이자 문헌학자들이었다. 그러나 그들이 재구해놓은 이 시기의 향가들은, 다시 말해 이 7~10세기 한국어 노래들의 형태는 서로 일치하지 않는다. 심지어 그들이 해석한 의미마저 일치하지 않는다. 일치하지 않는 정도가 아니라, 크게 다르다. 세 사람 다 7~10세기 한국인들이 향가를 어떻게 읽었는지 밝혀내지 못했다고 보는 것이 옳을 것이다. 그 의미를 밝히는 데도 실패했다고 보는 것이 옳을 것이다. 그렇지만 그중 누군가가 향가 가운데 어떤 작품을 그 시기 한국인들이 읽었던 그대로 재구하는 데 성공했다고 가정해보자. 그리고 그 의미까지를 제대로 해석해냈다고 가정해보자. 실제로 한국 고등학생들은 주로 양주동이 재구한 향가를 배운다(지금도 그런지는 모르지만, 내가 중등교육을 받을 땐 그랬다). 그러나 교사의 친절한(그리고 틀림없이 부정확할) 해설을 통하지 않고는, 학생들 누구도 그 7~10세기 한국어를 이해할 수 없다. 방금 아주 중요한 말을 했다. 21세기 한국 고등학생들 가운데 그 누구도 7~10세기 한국어를 이해할 수 없다고 말했다. 고등학생들만이 아니다. 21세기 한국인 누구도 7~10세기 한국어를 이해할 수 없다. 그 시기의 언어를 전공한 언어학자들이나 문헌학자들조차 매우 부정확하게밖에 이해할 수 없다.

여기서, 앞서 거론한 언어와 방언의 경계를 다시 떠올려보자. 어떤 두 사람이 자신의 언어로 얘기를 하면서 서로 의사소통을 할 수 있다면 그들은 같은 언어를 쓰는 것이다. 그들이 자신의 언어로 얘기를 하면서 서로 의사소통을 할 수 없다면 그들은 다른 언어를 쓰는 것이다. 그런데 21세기 한국인들은 7~10세기 한국어를 이해할 수 없다. 7~10세기 한국인들이 21세기 한국어를 이해할 수 없는 것은 말할 나위도 없다. 그렇다면 7~10세기 한국어와 21세기 한국어는 '다른' 언어다. 7~10세기 한국어만이 아니다. 15세기에 한글이 창제된 이후, 한글로 기록된 한국어 문헌이 적잖이 쌓였다. 한국 고등학생들은 향찰로 기록된 7~10세기 향가를 배우듯, 한글로 기록된 15세기 이후 한국어 문헌을 배운다. 대개 문학작품들이다. 한글로 기록된 한국어 문헌이 대체로 문학작품들이기 때문이다. 물론 19세기 말 이전까지 한국의 지식

계급은 문학작품들조차 한국어가 아니라 고전 중국어(한문)로 창작하는 것을 더 선호했다. 그래도 일반 문헌에 비기면 한글로 기록된 한국어문학작품은 꽤 많이 남아 있다. 그러나 21세기 한국인들은 7~10세기 향가를 전혀 이해하지 못하듯, 15세기 이후 한글로 기록된 한국어문학작품들도 이해하는 데 커다란 어려움을 겪는다. 텍스트보다는 말을 이해하기가 더 어려울 것이다. 15세기 한국어는 21세기 한국어와 어휘 부분만 크게 다른 것이 아니다. 15세기 한국어는 중국어처럼 성조가 있었고, 21세기 한국어와 모음체계가 크게 달랐고, 21세기 한국어보다 자음이 더 풍부했다. 타임머신을 타고 15세기 중엽으로 돌아가, 한글을 창제했다고 알려진 음운학자들과 그들을 이끌었던 세종대왕을 만난다고 해도, 우리는 그들과 의사소통을 할 수 없을 것이 거의 확실하다. 다시 말해 15세기 한국어와 21세기 한국어는 서로 '다른' 언어다. 물론 현재와 가까운 시점에 한글로 쓰인 한국어문학작품들은 비교적 이해하기 쉽다. 그러나 심지어 19세기에 한글로 쓰인 한국어문학작품조차 일반 한국인들이 '완전히는' 이해하지 못한다. 언어학적 원칙에 따라서 언어와 방언을 가르는 기준으로 의사소통 가능성을 엄격하게 적용한다면, 19세기 한국어조차 21세기 한국어와 '다른' 언어일 가능성이 있는 것이다. 그런데도 우리는 7~10세기에 한국인들이 쓰던 언어와 15세기 한국인들이 쓰던 언어와 19세기 한국인들이 쓰던 언어를 모두 '한국어'라고 부른다. 그것들이 서로 '다른' 언어인데도 말이다. 그것은 한국이라는 정치공동체의 지속성을 강조하려는 정치적 욕망이 개입했기 때문이다.

이것은 영어의 경우와는 조금 다른 양상이다. 21세기 미국인들은 월트 휘트먼의 시집 《풀잎Leaves of Grass》이나 헨리 데이비드 소로의 《월든Walden》을 쉽게 읽을 수 있다. 그것은 적어도 19세기 영어가 21세기 영어와 같은 언어라는 것을 뜻한다. 한국어 상황과 영어 상황의 이 차이는 19세기 말 이후 한국어가, 특히 어휘부에서, 어마어마한 변화를 겪은 것에 기인한다. 그 변화는 거의 혁명적이라고도 할 만한데, 거기에 대해선 이 책에 실린 〈우리는 모두 그리스인이다〉에 비교적 세밀히 기술해놓았다. 교육받은 21세기 미국인들은 또 17세기에 매사추세츠 플리머스 식민지의 지도자였던 윌리엄 브래드퍼드가 쓴 《플리머스 식민지에 대하여Of Plymouth Plantation》도 읽고 이해할 수 있을 것이다. 그렇지만, 《풀잎》이나 《월든》을 읽을 때보다는 꽤 큰 이질감을 느낄 것이다. 그렇다면, 17세기 영어는 21세기 영어와 같은 언어이기는 하되, 방언dialect이라고 할 수 있다. 더 정확하게는 시간방언(chronolect/ time dialect/ historical dialect)이라고 할 수 있겠다. 17세기 한국어와 21세기 한국어가 '다른' 언어인 것과는 다른 양상이다.

그러나 영어와 한국어가 다른 양상이라는 것은 '정도의 문제'일 뿐이다. 21세기 미국인이나 영국인 대부분은 제프리 초서의 《캔터베리 이야기The Canterbury Tales》를 각주 없이 읽을 수 없다. 설령 각주의 도움을 받아 고생고생 《캔터베리 이야기》를 이해할 수 있다고 하더라도, 음성언어로 의사소통을 하는 것은 또 다른 문제다. 21세기 미국인들이나 영국인들이 타임머신을 타고 14세기 잉글랜드로 돌아가 초서를 만난다고 해도, 그 위대한 시인과 전혀 의사소통을 할 수 없으리라는 걸 보증할 수 있다. 14세기 중엽부터 18세기 말까지 영어에서 일어난 대모음추이The Great Vowel Shift가 이 언어의 모음체계를 완전히 바꿔버렸기 때문이다. 그것은 14세기 영어와 21세기 영어가 서로 다른 언어라는 뜻이다. 시간방언chronolects이 아니라, 다른 언어languages! 더 나아가, 1066년 노르망디 공公 윌리엄이 잉글랜드를 정복한 뒤 프랑스어 어휘가 밀물처럼 들어오기 이전의 영어 문헌은 21세기 영국인들이나 미국인들에게 현대 프랑스어 텍스트보다도 훨씬 더 낯설게 느껴질 것이다. 그러니까 소위 고대 영어라고 불리는 언어는 지금 영어권 사람들이 쓰는 영어와 완전히 다른 언어다.

고대 로마인들이 사용하던 통속 라틴어Vulgar Latin에서 현대 이탈리아어, 프랑스어, 스페인어, 포르투갈어, 루마니아어 등이 갈려나온 것을 독자들은 잘 알 것이다. 이런 현대 언어들을 로만어Langues romanes, Romance languages라고 부른다. 우리는 통속 라틴어의 끝과 이탈리아어의 시작, 또는 통속 라틴어의 끝과 프랑스어의 시작이 정확히 어느 시점인지 알 수 없다. 그러나 라틴어와 이탈리아어가 다른 언어라는 것, 라틴어와 프랑스어가 다른 언어라는 것을 안다. 라틴어를 고대 이탈리아어라고 부르지는 않는다. 아마 이런 명명법 차이가 한국어나 영어에서와 달리 이탈리아어의 기원적 형태(통속 라틴어 말이다)를 현대 이탈리아어와 혼동하지 않는 이유 가운데 하나일 것이다.

그러나 이탈리아어나 프랑스어라고 해서 사정이 완전히 다른 것은 아니다. 이탈리아어는 방언이 많은 것으로도 유명하지만, 1,000년 전 이탈리아반도에서 쓰던 언어(이 언어는 현대 이탈리아어보다 통속 라틴어에 더 가까운 것이다)로 기록된 문헌을 현대 이탈리아인들이 이해할 수 있을까? 불가능하다. 다시 말해 1,000년 전 이탈리아반도에서 사용되던 언어와 지금의 이탈리아어는 다른 언어다. 현대 영어권 사람들이 각주 없이 〈베이어울프 Beowulf〉를 읽을 수 없듯이, 현대 프랑스인들은 각주 없이 〈롤랑의 노래La Chanson de Roland〉를 읽을 수 없다. 다시 말해 〈베이어울프〉에 사용된 언어는 지금 리즈 위더스푼이나 휴 그랜트가 쓰는 언어와 다른 언어고, 〈롤랑의 노래〉에 사용된 언어는 지금 소피 마르소가 쓰는 언어와 다른 언어다. 마찬가지로 〈니벨룽겐의 노래Das Nibelungenlied〉에 사용된 언어는 현대 독일어와 다른 언어고, 〈엘시드의 노래El Cantar de Mio Cid〉에 사용된 언어는 현대 스페인어와 다른 언어다. 시간방언이 아니라 다른 언어! 그런데도 우리는 〈베이어울프〉를 영문학에 포함시키고, 〈롤랑의 노래〉를 프랑스문학에 포함시키며, 〈니벨룽겐의 노래〉를 독일문학에 포함시키고, 〈엘시드의 노래〉를 스페인문학에 포함시킨다. 거기엔 잉글랜드라는 정치공동체, 프랑스라는 정치공동체, 독일이라는 정치공동체, 스페인이라는 정치공동체의 연속성을 강조하려는 정치적 고려가 개입했기 때문이다.

나는 지금 독자들에게 무슨 말을 하고 싶은 걸까? 흔히 영어, 한국어, 프랑스어라는 말을 할 때, 사실상 영어들, 한국어들, 프랑스어들에 관해 얘기하고 있다는 사실을 말하고 싶은 것이다. "한국어 할 줄 알아?"라는 질문은 "21세기 한국어 할 줄 알아?"라거나 "15세기 한국어 할 줄 알아?"라는 질문으로 바뀌어야 의미의 정확성을 얻는다. 마찬가지로 "영어 읽을 수 있어?"라는 질문은 "21세기 영어 읽을 수 있어?"라거나 "14세기 영어 읽을 수 있어?"라는 질문으로 바뀌어야 의미의 또렷함을 얻는다. 존재하는 것은(또는 존재했던 것은) 영어나 한국어나 프랑스어가 아니라, 영어들과 한국어들과 프랑스어들이다. 이와 마찬가지로, 존재하는 것은 영문학이나 한국문학이나 프랑스문학이 아니라, 영문학들과 한국문학들과 프랑스문학들이다. 그렇다면 도대체 몇 개의 영어가 존재하는 걸까? 또는 몇 개의 한국어가 존재하는 걸까? 몇 개의 프랑스문학이, 몇 개의 독일문학이 존재하는 걸까? 그건 아무도 알 수 없다. 아니, 세는 사람에 따라 제각각이다. 한 언어가 어느 한 순간에 다른 언어로 변해버리지는 않는다. 언어 변화는 점진적 과정이다. 그래서 할아버지와 손자의 영어가 같은 언어 안의 시간방언들이고 그 손자와 그의 손자의 영어가 같은 언어 안의 시간방언들일지라도, 할아버지와 현손玄孫의 영어는 '다른' 언어들languages일 수 있다. 이것은 퍼지 이론fuzzy theory의 전문가들조차 해결할 수 없는 난제다. 시간 속에서 변화하는 언어들은 하늘의 무지개처럼 스펙트럼을 이루고 있기 때문이다. 우리는 무지개 빛깔이 몇 개인지 알 수 없다. 설령 알 수 있다 하더라도, 그것 하나하나를 서로 다른 낱말에 대응시키지 못한다. 무지개를 포함한 세계는 연속적이지만, 언어는, 특히 자연언어는 불연속적이기 때문이다. 그러나 자연언어의 변화는 무지개 빛깔처럼 연속적이다! 그렇게 변화하는 자연언어를 낱낱이 갈라 그 수를 세는 것은 자연언어로 불가능하다.

이 글 첫머리에서 '한국문학'이라는 말과 더불어 '한국어문학'이라는 다소 생경한 표현을 썼다. 왜 굳이 그랬을까? 고대 이래로 19세기 말까지 한국인들이 축적해온 문학적 자산의 큰 부분은 고전 중국어(한문)를 통한 것이었다. 한국인들이 오래도록 당연시한 서기書記언어와 회화會話언어의 분리는 '한국문학'의 테두리를 획정하는 데 큰 어려움을 주곤 했다. '한국문학' 또는 '한국문학들'이란 '한국어' 또는 '한국어들'로만 이뤄진 문학을 뜻하는가, 그렇지 않으면 한국 땅에서 한국 사람이 고전 중국어를 통해 축적한 문학까지를 아우르는가? 이 글의 들머리에서 환기시켰듯, 문학의 정의에서 언어는 본질적이다. 따라서 이질적 언어들을 사용하는 문학들을 한 단위로 묶는 것은 부자연스럽다. 다시 말해 한국문학 또는 한국문학들이란 한국어 또는 한국어들로 이뤄진 문학만을 의미한다고 여기는 것이 자연스러워 보인다. 프랑스인이나 독일인이 고전 라틴어로 축적한 중세문학이 프랑스문학이나 독일문학에서 제외되듯 말이다.

　　물론 그럴 경우에도 한국문학 또는 한국문학들이, 훈민정음이 창제된 15세기 이후에 축적되거나 채록된 '한글문학'만을 뜻하게 되는 것은 아니다. 우선 향찰로 쓰인 향가들이 한국문학에 포함돼야 하겠고, 19세기 말까지 이두로 기록된 많은 문헌들 가운데서 문학의 테두리 안에 집어넣을 수 있는 것들을 골라내 한국문학에 포함시킬 수 있을 것이다. 그러나 그렇게 한다고 하더라도, 고전 중국어로 쓰인 문학작품들을 솎아낸 19세기 말까지의 한국문학은 '민족문학'의 위엄을 누리기에 양으로나 질로나 너무 가녀리다. 향가와 '한글문학'에다가, 이두 문헌 가운데 골라낼 수 있는 문학적 자산을 더한다고 해도, 그 양이 그 기간에 한국인이 고전 중국어를 통해 축적한 문학적 자산의 양에 견주어 매우 적기 때문이다. 게다가 한국어(들)로 이뤄진 그 문학적 자산들 가운데, 적어도 19세기 말 이전으로 한정할 때, 역사적 가치가 아니라 예술적 가치로 우뚝 선 작품들이 그리 많지 않기 때문이다. 한국문학 또는 한국문학들의 테두리를 한국어 또는 한국어들의 테두리에 겹쳐놓을 경우, 19세기 말까지 한국인들이 축적해온 가멸찬 문학적 자산의 대부분이 한국문학에서 배제되고 마는 것이다. 민족어문학이 일찍 정착된 유럽과는 상황이 다르다.

　이것은 한국인들에게 매우 곤혹스러운 상황이다. 그래서 나는 궁리 끝에 '한국문학'과 '한국어문학'을 구별하기로 했다. 다시 말해 '한국문학' 또는 '한국문학들'에는 한국에서 한국인이 고전 중국어로 쓴 문학작품을 포함시키고, '한국어문학' 또는 '한국어문학들'은 7~10세기의 향가 이래로 한국어 또는 한국어들을 통해 이뤄진 문학작품들만을 가리키게 하는 것이다. 이것은 편법이긴 하지만, 그 나름대로 깔끔한 편법이라고 생각한다. 고대 이래로 한글이 창제된 15세기 중엽까지 한국인들이 채택한 서기체계는 한문과 이두 두 가지였고, 15세기 중엽부터 19세기 말까지는 거기에 한글이 더해져 한문과 이두, 한글의 3중 서기체계가 병존했다. 한문과 이두는 한자를 사용한다는 점에서 닮았고, 이두와 한글은 한국어, 또는 한국어들을 표기한다는 점에서 닮았다. 그러니까 내가 '한국어문학' 또는 '한국어문학들'이라고 부르는 것은 이두(향찰까지를 포함하는 넓은 의미의 이두)와 한글로 쓰인 문학 또는 문학들을 뜻한다. 물론 이런 식으로 잉글랜드인들도 영문학과 영어문학을 구별할 수 있겠고, 프랑스인들도 프랑스문학과 프랑스어문학을 구별할 수 있을 것이다. 잉글랜드인이 라틴어로 쓴 문학작품을 영문학English literature에 포함시키고 영어문학English language literature에서 배제하는 방식 말이다. 마찬가지로, 프랑스인이 라틴어로 쓴 문학작품을 프랑스문학Literature francaise에 포함시키고 프랑스어문학Literature de la langue francaise에서 배제시키는 방식 말이다. 그러나 민족언어 또는 민족언어들로, 다시 말해 영어와 영어들로, 프랑스어와 프랑스어들로 쓰인 문학적 자산이 매우 넉넉히 축적된 이 나라들에서 굳이 그런 구분을 할 필요는 없을 듯하다. 게다가 거의 한국어로만 글을 써온 나는 그 문제의 직접적 당사자가 아니다.

이 책의 첫 글 〈우리는 모두 그리스인이다〉는 영어공용어화론에 대한 소극적 옹호다. 한국인이든 영어권 사람들이든 쉬이 상상하기 어려울 테지만, 19세기부터 20세기 초까지 의학과 생화학 분야에서 가장 강력한 매개언어 구실을 한 것은 영어가 아니라 독일어였다. 독일어가 의학언어의 명예를 영어에 넘겨준 것은 두 차례의 세계대전을 거치면서다. 제1차 세계대전 이전까지만 해도 독일의 연구소에서 일정 기간 수련을 하는 것은 영국이나 미국의 야심 찬 의사나 생화학도들에게 필수적이었다. 독일어로 출판된 의학저널, 교과서, 논문들은 빈이나 베를린만이 아니라 런던에서 모스크바까지 전유럽의 의학·생화학 전공 학생들과 학자들에게 읽혔고, 그래서 비非독일어권 의학도들의 가장 중요한 소지품은 독일어사전이었다. 그러나 제1차 세계대전 패배로 독일 제2제국과 오스트리아-헝가리제국(합스부르크제국)이 붕괴한 뒤, 독일어는 영어에 의학언어로서의 자리를 양보해야만 했다. 전승국인 영국의 기세를 등에 업고 독일어에 맞서 영어를 의학언어로 내세우는 문화투쟁의 선봉에는 국제연맹 보건기구와 록펠러 재단이 있었다. 제2차 세계대전에서 독일이 다시 한번 패배한 뒤, 독일 의학계는 미국 과학과 영어의 헤게모니를 전적으로 인정하지 않을 수 없었다. 사실 제2차 세계대전으로 크게 쇠락한 것은 독일이 아니라 독일어였다. 나치즘의 문화사적 의미 가운데 우리가 놓치기 쉬운 것 하나는 그것이 학술언어로서 독일어의 몰락을 가져왔다는 사실이다. 이것은 자연과학에서만이 아니라 사회과학에서나 인문학에서도 마찬가지다. 그 점에서 히틀러는 정치사나 전쟁사적으로만이 아니라 문화사적으로도 크게 문제적인 개인이다. 그가 아니었다면 20세기 후반에 독일어로 쓰였을 게 틀림없던 수많은 학문적 걸작들이 영어로 쓰였다. 독일과 오스트리아, 그리고 점령 지역의 가장 뛰어난 재능들이 히틀러를 피해서 영어권 세계로 탈출해 정착했고, 자신들의 작업언어를 독일어에서 영어로 바꿨기 때문이다.

아무튼 대부분의 학문 분야에서와 마찬가지로, 의학계에서 오늘날 영어는 부동의 국제어가 되었다. 영어가 영어권 의학도들만의 언어가 아니라 세계 모든 지역 의학도들의 언어가 되었다는 뜻이다. 그러나 그들이 쓰는 영어는 단순히 앵글로·색슨 고유의 게르만어가 아니다. 의학도들 자신이 잘 알고 있듯, 그들이 사용하는 전문용어는 대부분 고대 그리스어나 라틴어를 영어식으로 조금 다듬거나, 아예 그대로 가져오거나, 이리저리 조합한 것이다. 그러니까 의사들이 영어를 쓸 때, 그들의 영어는 게르만어와 고대 그리스어와 라틴어, 세 개의 층위를 오간다. 라틴어와 고대 그리스어가 의학만이 아니라 거의 모든 분야 학술어들의 터전임은 영어를 포함한 유럽어 대부분에서 관찰할 수 있는 일이지만, 의학 술어에서는 특히 고대 그리스어의 힘이 도드라진다. 그리고 의학의 특성 때문에 이런 사정은 추상적 개념어에서만 드러나는 것이 아니라, 가장 구체적인 인체 부위의 이름에까지 관철된다.

그래서 우리의 박朴 박사에게는 brain이라는 게르만계 어휘 못지않게 enkephalos라는 고대 그리스어와 cerebrum이라는 라틴어 단어가 익숙하다. 뇌사腦死는 brain death지만, 뇌척수염은 encephalomyelitis이고, 뇌척수액은 cerebrospinal fluid이기 때문이다. 그런가 하면 닥터 하우스에게는 blood라는 게르만계 단어 이상으로 haima라는 그리스어와 sanguis라는 라틴어가 낯익다. 혈압은 blood pressure지만, 혈우병은 hemophilia이고, 조혈造血은 sanguification이기 때문이다. 우리의 닥터 그레이에게는 어떨까? 그녀는 '땀'이라는 한국어 단어의 심상心象에

sweat라는 게르만계 단어만이 아니라, hidros라는 그리스어와 sudor라는 라틴어를 즉시 대응시킨다. 땀샘관은 sweat duct이 지만 발한과다증은 hidrosis고, 발한제는 sudorific이기 때문이다. 에스페란토를 창시한 안과 의사 닥터 자멘호프(1859~1917)에게도 eye라는 게르만계 영어 단어만이 아니라 oculus라는 라틴어 단어와 ophthalmos라는 그리스어 단어가 다 친근했을 것이다. 그의 직업은 속되게 말하면 eye doctor였고, 약간 고상하게 말하면 oculist였으며, 아주 고상하게 말하면 ophthalmologist였기 때문이다. 이렇게 영어의 의학용어에는 게르만계 단어와 라틴어 단어와 그리스어 단어가 포개져 있다. 이것은 학문용어에서 특히 두드러지지만, 일상어에서도 크게 다르지 않은 현상이다. 즉 영어라는 언어는 수많은 언어와 접촉하며 그 언어들의 간섭을 받아왔고, 따라서 그 언어들에 깊숙이 감염된 언어다. 이젠 영어의 힘이 모든 자연언어 가운데 가장 커진 만큼, 영어는 접촉을 통해 간섭받는 언어가 아니라 간섭하는 언어가 되었다. 영어만 읽을 줄 알고 프랑스어나 독일어는 읽을 줄 모르는 독자들이 프랑스 신문이나 독일 잡지를 한번 훑어본다면, 프랑스 기자들이나 독일 기자들이 자기들 기사에 영어 단어 섞어 쓰는 걸 얼마나 즐기는지 깨닫게 될 것이다. 이런 현상은 한국어 텍스트나 일본어 텍스트에서도 마찬가지다.

인터넷은 모든 자연언어들에 신어新語 바람을 불러일으켰지만, 그 풍속風速이 한국어만 한 자연언어는 없을 것이다. 어쩌면 한국어 이외의 그 자연언어들에서 일본어는 빼놓아야 할지도 모른다. 막부 시절의 란가쿠(蘭學, 〈우리는 모두 그리스인이다〉 참조) 이래, 일본인들은 신조어 만들기에 관한 한 세계 제일이었으니까. 인터넷의 등장 이래 적어도 신어 수천 개가 한국에서 만들어졌다. '순수한 한국어'의 지킴이 노릇을 하는 국립국어원마저 홈페이지에 인터넷 신어들을 소개하고 있을 정도다. 이 말들 대부분은 아직 표준 한국어로 인정받지 못하고 있지만, 그 가운데 일부는 언젠가 표준어 자격을 얻게 될 것이다. 어떤 단어가 표준 한국어인지 아닌지를 판단하는 것은 문법학자들도 아니고 정부 관료들도 아니고, 일상의 삶 속에서 끊임없이 한국어를 사용하며 슬며시 변화시키기도 하는 언중言衆이니 말이다. 이 인터넷 언어 가운데 적지 않은 낱말이 한국어 형태소(의 일부)와 영어 형태소(의 일부)를 섞은 것이다. 예컨대 '멘붕'이라는 낱말은 독자들도 잘 알다시피 영어 형용사 mental과 한국어 명사 '붕괴'의 첫음절을 취해 만든 말이다. 또 가장 좋다(the best/ superb)는 뜻으로 쓰이는 '킹왕짱'은 영어의 king과, 같은 뜻의 한자어 '왕'과, 보스를 뜻하는 속어 '짱'을 합한 말이다. '낡은 농담'을 뜻하는 '썩개'가 한국어 동사 '썩다'의 어간과 영어 명사 '개그gag'의 첫음절을 따 만든 것 역시 독자들이 잘 알 것이다.

이제 이 기다란 서문을 마무리할 때가 된 듯하다. 7~10세기의 어떤 한국 가인歌人들과 그들이 향가를 짓는 데 사용한 한국어가 내게는 21세기의 외국인 아무개나 그가 사용하는 외국어보다 더 가까워 보이지 않는다. 이것은 주관적 느낌이 아니라, 실제로도 그럴 것이다. 7~10세기 한국어와 지금 한국어의 차이는 지금의 한국어와 일본어의 차이보다도 작지 않을 것이 틀림없다. 실상 지금의 한국어와 일본어는, 비록 다르게는 읽지만 같은 한자들로 이뤄진 수만의 단어를 공유하고 있다. 지금의 한국어와 지금의 일본어를 닮게 만든 것은 한국어와 일본어 안에 있는 외래요소들, 한자로 이뤄진 형태소들이다. 물론 거기다가 영어를 비롯한 유럽어들에서 차용된 많은 단어를 더해야 할 것이다. 서울 거리와 도쿄 거리를 한 번 걸어보라. 적어도 도심에서는 별 차이를 못 느낄 게다. 그것은 '한국적인 것'과 '일본적인 것'이 닮아서 그런 게 아니다. 서울 거리와 도쿄 거리를 닮게 한 것은 서울과 도쿄가 공유하고 있는 외래요소들, 즉, 서양식 건물들이다. 서울 속의 서양과 도쿄 속의 서양이 서울과 도쿄를 닮아 보이게 한다. 그러니까 서울 풍경과 도쿄 풍경은 외래 풍경을 시간차를 두고 받아들이면서 닮아졌다. 현대 한국문화와 현대 일본문화도 마찬가지다. 그 두 문화에 닮은 부분이 있다면, 그것은 두 문화가 함께 중국이나 서양에서 받아들인 문화 때문일 것이다. 사실 고유문화와 외래문화의 구별이라는 것도 긴 시간대에서는 큰 의미가 없다. 고유문화라고 부르는 대상은 대부분 조금 일찍 받아들인 외래문화일 뿐이니 말이다. 한국인들이나 일본인들은 한자나 한문을 외래문화로 여기기보다 고유문화로 여긴다. 그러나 그것들은 한국인들과 일본인들이 서양문화보다 일찍 받아들인 외래문화일 뿐이다. 그 외래적인 것들이 한국과 일본을 닮게 만든다. 결국 한국인과 일본인 안의 '타인들'이 한국인과 일본인을 묶는다. 한국어와 한국문화, 한국 풍경은 고대 한국인과 고대 한국문화, 고대 한국 풍경과 시간적으로 연결돼 있는 것이 아니라, 현대 일본어/일본문화/일본 풍경, 현대 서양어/서양문화/서양 풍경과 공간적으로 연결돼 있다. 물론 시간적 연결 곧 수직적 연결이 없다고는 할 수 없으나, 공간적 연결 곧 수평적 연결이 압도적으로 도드라진다.

7~10세기 향가 작가들의 언어와 우리가 쓰는 언어는 다르다. 그 두 언어는 우연히도 둘 다 똑같이 '한국어'라 불리고 있지만, 독자들과 나의 한국어는 그들의 한국어(들)가 아니다. 당연히 우리의 '한국어문학'은 그들의 '한국어문학(들)'이 아니다. 7~10세기 향가 작가들이 몰랐던 수많은 사람이 내 속에 있듯, 내 한국어 속에는 그들이 몰랐던 수많은 외래요소가 있다. 내 한국어가 감염된 언어인 만큼, 나는 감염된 인간이다. 영어와 영국인도, 프랑스어와 프랑스인도, 일본어와 일본인도 마찬가지다. 그 언어들은 감염된 언어고, 그 언어를 쓰는 이들은 감염된 사람들

이다. 이 행성에 순수한 자연언어는 없고, 순수한 문화도 없고, 순수한 문명도 없다. 그래서 순수한 인간도 없다. 지금 모습을 드러내고 있는 지구 문명은 여러 이질적 문명들이 혼재된, 감염된 문명이다. 다시 말해 튀기 문명이다. 우리는 모두 감염된 인간이고, 감염된 언어의 사용자다. 독자들과 내가 쓰는 한국어에는 한국 고유의 것으로 간주되는 요소만이 아니라, 중국적 요소, 일본적 요소, 미국적 요소들이 섞여 있다. 그 한국어에 미국적 요소가 섞여 있다는 것은, 미국인 것에 흡수된 영국적 요소, 프랑스적 요소, 고대 로마적 요소, 고대 그리스적 요소, 고대 이집트적 요소가 섞여 있다는 뜻이다. 이 모든 요소들이 섞이고 스미고 버무려지고 반죽돼 언어를 이루고 교양을 이루고 정체성을 이룬다. 그 정체성은 감염된 정체성이다. 그 말은 내가 한국인이면서, 중국인이고 일본인이고 미국인이고 프랑스인이고 이탈리아인이고 그리스인이라는 뜻이다. 더 나아가 아랍인이고 유대인이고 사하라사막 이남의 검은 아프리카인이라는 뜻이다. 그러고 보니 우리 인류의 기원지Urheimat는 동북부 아프리카다! 되풀이하자면, 나는 감염된 인간이다. 독자들도 나와 마찬가지로 감염된 인간이다. 감염된 인간이란 세계시민이라는 뜻이다. 나는 세계시민이다. 독자들이 세계시민이듯. 우리 안의 타자들이 우리를 서로 닮게 한다! 이 책의 언어학 에세이들을 통해 독자들에게 전하고 싶은 메시지 가운데 가장 중요한 것이 바로 이 점이다.

나는 전혀 알 수 없는 언어를 쓰던, 그렇지만 상상된 혈연으로 맺어진 고대나 중세 한국인들에게보다는, 살아오며 이 행성의 이 구석 저 모퉁이에서 스친 동시대인들에게 훨씬 더 큰 연대감을 느낀다. 마찬가지로 전혀 알 수 없을 언어를 쓰게 될, 그렇지만 상상된 혈연으로 맺어질 먼 미래의 한국인들보다는, 이 책을 읽어줄 독자들에게—그들이 한국인이든 아니든—훨씬 더 큰 연대감을 느낀다. 이 책의 한 글에서 상징적으로 선언했듯, 우리는 모두 그리스인이다. 그리고 우리는 모두 중국인이다. 그것은 우리 모두가 시리아인이고 이라크인이고 소말리아인이고 우크라이나인이고 남수단인이고 팔레스타인인이라는 뜻이기도 하다. 시리아에서, 이라크에서, 소말리아에서, 우크라이나에서, 남수단에서, 팔레스타인에서 그리고 또 이 행성의 많은 다른 곳에서 포연이 멈추고, 증오가 사라지고, 그 빈자리를 평화와 우애가 메우기 바란다. 산뜻하게 책을 만들어준 알마출판사에 감사드린다.

2015년 1월

고종석

01
우리는 모두 그리스인이다

✦

영어공용어화 논쟁에 대하여

~~~~~~~~~~

복거일은 내 스승이다. 나는 그에게서 반공주의가 부끄럽지 않은 신념이라는 것을 배웠고, 소수의 옹호가 힘들지만 값진 실천이라는 것을 배웠다. 또 나는 그에게서 집단의 이름으로 추구되는 '선善'이 그 집단을 이루고 있는 개인들에게 흔히 파멸적이 된다는 것도 배웠다.

그가 내게 그런 사실들을 처음으로 일깨워준 스승은 아니었다. 복거일을 만나기 전에도 나는 이런저런 외국인 스승들로부터 개인적 자유의 소중함을, 그러니까 자유주의와 개인주의의 미덕을 배우기는 했다. 그러나 그 스승들이 외국인이라는 사실 때문에, 나는 그 가르침을 쉬이 육화시킬 수가 없었다(나는 한국인이야, 저들과는 처지가 다르다구, 보편의 이름으로 저들이 던지는 저 번드르르한 말들은 다 제국주의·식민주의의 당의(糖衣)일 뿐이야!).

내 지적 성장기는 군사 파시즘 시절과 꼭 맞물려 있었으므로, 그리고 그 군사 파시즘이 제1의 슬로건으로 내세운 것이 반공주의였으므로, 내 내심의 반공주의에는 늘상 죄의식이 따랐다. '자유총연맹'이나 '자유민주민족회의' 같은 '자유' 항렬의 파쇼단체들이 내세우는 '자유'는, 대한해협 너머의 파시스트들이 외쳐대는 '자유주의' 사관과 결합해 맥놀이를 만들어내며, 늘상 내 내심의 자유주의에 수치심을 드리웠다. 사회에 대한 문학의 개입을 불온시하며 '개인의 구원'을 독송했던 주류 문학인들의 군사 파시즘 옹호는 내 심중의 개인주의를 추문으로 만들었다.

그때 나처럼 누런 피부를 지닌 스승이 내 앞에 나타났다. 그는 반공과 자유와 개인을 이야기했는데, 놀랍게도 그는 내가 한국 사회에서 신물나게 보아온 파시스트가 아니었다. 그가 내게 말했다. "넌 외국인과 다르지 않아. 그들이나 너나 모두, 그러니까 우리는 모두, 개인이야. 궁극적 소수로서의 개인일 뿐이라구. 그들에겐 옳고 너에겐 그른 진리란 있을 수 없어. 네가 옳다고 생각하는 것을 외국인도 똑같이 말한다고 해서 네 생각을 바꾸어서는 안 돼."

말하자면 복거일이 내게 가르친 것은 반공주의도 아니었고, 자유주의도 아니었다. 그렇다고 딱히 개인주의도 아니었다. 그가 내게 가르친 것은 보편주의였고, 나는 그 보편주의를 통해서 내 반공주의, 내 자유주의, 내 개인주의를 짓누르고 있던 수치심에서 해방될 수 있었다. 나는 본래의 나를 찾았다. 그는 내 '사상의 은사'이고 '의식화의 원흉'이다. 앞으로 내가 어떤 글을 쓰든, 그 글들에는 스승의 그림자가 어른거릴 것이고, 스승의 목소리가 메아리칠 것이다. 그리고 그것은 늘 내 자랑으로 남을 것이다. 카뮈가 그르니에에 대해 그랬다던가, 아무튼 나는 과거에도, 무슨 말을 하다보면 어느새 스승의 말투로 말하는 자신을 발견하고, 깜짝깜짝 놀라곤 했다. 카뮈가 자기 목소리에 담긴 그르니에의 목소리를 자랑스러워했듯, 나 역시 내 목소리에 섞인 스승의 목소리가 자랑스럽다.✦

✦ 90년대 벽두에 복거일이 상재한 에세이집 《현실과 지향: 한 자유주의자의 시각》(문학과지성사, 1990)은 해방 뒤 한국에서 출간된 가장 중요한 책들 가운데 하나로 꼽을 만하다. 복거일의 뒤이은 에세이집들은 모두 이 책의 변주다. 그가 자주 상기시키듯 구체적인 예측은 언제나 위험한 일이어서, 그가 예컨대 그 책의 〈주한 미군이 떠나기 전에 할 일들〉이라는 글에서 예상한 미군의 한국 주둔시한 같은 것은 지금 되돌아보면 성급한 예측이었음이 드러나지만, 그것이 그가 같은 글에서 제안한 '한국인의 적극적 선택으로서의 미군 주둔'이라는 발상 전환의 타당성을 줄이는 것은 아니다. 게다가 그의 겸손한 걱정과는 달리, 그 책에 묶인 글들이 다루고 있는 주제들은 아직도 대부분 시의를 잃지 않았고, 그가 그 주제를 살피는 데 채택

한 자유주의적 시각은 앞으로 오래도록 시의를 잃지 않을 것이다. 지금, 우리 사회에 자유주의는 너무 부족하고, 앞으로도 오래도록 그럴 것이기 때문이다.

이 책에 독창성이 없다, 즉 복거일이 그 책에서 개진하고 있는 생각들은 유럽이나 미국에서는 흔한 생각들이라는 비판은 그 책의 가치를 크게 깎아내리지 못한다. 중요한 것은 그 책이 한국의 사회 상황을 염두에 두고 한국 독자들을 상대로 한국어로 쓰였다는 점이기 때문이다. 더구나 그 한국어는, 물론 극단적인 서양어 번역문투라는 비판을 받을 수는 있겠지만, 우리 글판에서 쉬이 찾아볼 수 없는, 단정하고 아름다운 한국어다. 다시 말해 그 책은 문학 텍스트로서도 읽을 만하다.

그러나 물론, 내가 그 책이 해방 뒤에 우리가 읽을 수 있었던 가장 중요한 한국어 문헌이라고 말하는 것은 그 책이 보여주는 문학적 맵시 때문이 아니다. 그 책은, 식민지 체험과 분단 상황이 우리 사회에 강요한 좌우의 집단주의 편집증을 어루만지며, '개인'으로 향하는 좁다란 오솔길을 만들어냈다. 그 길을 넓히는 것은, 그가 이따금 쓸쓸한 어조로 말하듯 몹시 어려운 일이겠지만, 그 길을 처음으로 뚫은 것은 그보다 더 어려운 일이었다. 자유주의자를 자처하는 지식인들은 우리 사회에 수두룩하지만, 그들 가운데 민중주의나 파시즘에 감염되지 않은 사람들은 아주 드물다. 그 드문 사람들 가운데서도, 자유주의라는 주제를 본격적으로 천착한 것은 복거일이 거의 처음이 아닌가 한다. 그렇게 된 사정은 우리 사회의 이념적 분위기가 아주 억압적이었다는 데 그 이유가 있겠지만, 바로 그 점이 복거일의 지적 독립성을 돋보이게 한다.

《현실과 지향》을 두고 그와 정운영 사이에 벌어진 짤막한 논쟁은, 적어도 그들이 주고받은 글의 격조만 놓고 보면, 우리 논쟁사에서 개인·보편과 집단·특수가 부딪치며 만들어낸 가장 아름다운 풍경 가운데 하나였다. 그 아름다운 풍경이 길게 펼쳐지지 못하고 그저 그 책의 출간에 딸린 조그마한 삽화처럼 되고 만 것은 우리 지식인 사회의 자폐성·자족성과 관련이 있다.

복거일의 불행은 우리 사회에서 그의 자유주의의 불온성·과격성이 백안시·위험시되고 있다는 점에만 있는 것이 아니라, 그가 제대로 된 비판자를 만나지 못하고 있다는 데도 있다. 정운영을 제외한다면, 복거일의 비판자들은 대체로 비판의 대상보다 정신의 키가 훨씬 작은 사람들이었다. 이 글에서 이따금씩 그를 비판할지도 모르는 나역시 마찬가지다. 그를 같은 높이에서 비판할 지적 능력을 지닌 사람이 우리 사회에 없지는 않을 것이다. 그러나 그들은 이런 논쟁에 휘말리는 것 자체를 꺼린다. 마땅치 않은 상대에 대해서는 정색을 하고 대드는 것보다 없는 듯 무시하는 것이 언제나 더 안전하기 때문이다. 그래서 '손에 피를 묻히는 일'은 '지적 미숙아들'의 몫으로 남았다. 복거일을 둘러싼 논쟁이, 그렇지 않아도 드문 논쟁이, 늘 '사오정 시리즈'를 닮게 되는 이유가 거기에 있다. 거기서 속 터지는 것은 사오정이 될 수 없는 복거일뿐이다.

'배덕자'의 변명

그러나 스승의 어떤 견해들은 때때로 나를 곤혹스럽게 한다. 예컨대 그가 대중의 선호가 문학작품 평가의 가장 중요한 기준이 되고 있는 현실을 담담히 받아들일 때, 거기서 한 걸음 더 나아가 베스트셀러 현상은 출판산업을 소비자 지향으로 만들 것이라며 이를 옹호할 때, 나는 곤혹스럽다. 그런 '대중주의적·민중주의적' 견해가 내 판단과 어그러져서만이 아니다. 무엇보다도, 그런 견해가 복거일이 옹호하는 자유주의·개인주의에 치명적일 것이기 때문이다.

예컨대《무궁화꽃이 피었습니다》라는 소설은 대중이 책에 대한 거의 유일한 판관이 되고 있는 현실을 입증했다. 그 책이 전파한 국수주의적 메시지는 현실적으로 실현불가능하고 논리적으로 모순되며 윤리적으로 글러먹었지만, 그럼에도 수많은 독자들을 사로잡았다. 가련한 독자들은 분수없이 파시즘과 군국주의의 환상에 도취해 '북방 고토의 회복'이니 '일본에 대한 군사적 보복'이니 하는 어림없는 소리를 늘어놓았고, 그러느라고 외국인 노동자들을 착취하고 학대하고 강간하는 자신들의 추한 얼굴을 잊었다. 북벌北伐이니 정왜征倭니 하는 망상이 망상으로 그치지 않고 혹여 실행에 옮겨지면, 민족 구성원 전체가 파멸의 위험에 처할 것은 정해진 이치인데도 말이다.

가장 많이 팔리는 책이 가장 좋은 책이 되는 현실은 이 경우에 수수방관하거나 심지어는 옹호해야 할 일이 절대 아니다. 그러니까 나는 지금 소설의 예술적 완성도를 이야기하고 있는 것이 아니라 전언(傳言)을 이야기하고 있는 것이다, 비록 깊은 층에선 그 둘이 분리되는 것도 아니겠지만. 확실한 것은, 예컨대 국수주의적 메시지를 담은 어느 소설이 어떤 이유로든 상업적 성공을 거두게 되면, 그 책은 많은 독자들을 집단적 자폐증 환자로 만들며 자유주의의 근간을 흔들 수도 있다는 점이다.

내가 이해하는 자유주의자는 만인이 파시즘을 옹호하고, 만인이 볼셰비즘을 지지해도 이를 수락하지 않는 정신의 이름이다. 그 자유주의자는 비판을 통해서, 그리고 그것만으로 충분치 않을 때는 폭력에 호소해서라도 전체주의를 분쇄할 각오가 돼 있는 사람이다. 그는 사상의 자유시장을 옹호하지만, 그 사상의 자유시장을 근본적으로 부정하는 사상에 대해서만은 너그러울 수 없는 사람이다. 그런 점에서 자유주의자는 때때로 반민주주의자다. 나는 복거일의 글에서 이따금씩 보이는 민주주의의 과잉이 곤혹스럽다.

나는 또 복거일이 "전두환 대통령의 과감한 자유화 정책"을 거론하며 그의 경제적 치적에 점수를 줄 때 곤혹스럽다. 전두환 정권이 적어도 박정희 정권에 견주어 시장의 몫을 늘리고 무역 장벽을 낮추는 시늉을 한 것이 궁극적으로 바른길이기는 했을 것이다, 비록 그것이 주로 바깥의 압력에 의해서이긴 했지만. 그러나 그런 시늉에도 불구하고 제5공화국 정권이 시장에 크게, 직접적이고 폭력적으로, 간섭했다는 사실은 남는다. 복거일 자신도 어느 자리에서 지적했듯, 시장의 거의 모든 부분들에 대한 행정규제, 기업의 통폐합을 통한 경쟁제한, 가격 카르텔의 인정 등을 당연시한 제5공화국의 경제 정책이 자유로운 경쟁을 원리로 하는 시장에 대해 그리 호의적은 아니었다. 그러나 설령 제5공화국의 경제 정책이 "과감한 자유화"였다고 하더라도, 그 정권이 정치적 자유주의와 상극이었다는 점은 거듭 강조돼야 한다. 시장에 대한 느슨한 통제와 정치 영역에 대한 전체주의적 통제의 결합, 그것은 파시즘이 보여주는 가장 흔한 얼굴이다. 도대체 전두환은 누구인가? "그에 대한 평가를 많이 깎아내린 것"이 단지 "집권과정에서 그가 한 일들"뿐인가? 그는 정말 복거일이 말하듯 "대통령으로서의 치적이 컸"는가? 나는 적어도 전두환에 대한 평가에서는 복거일보다는 김용옥의 견해에 더 공감한다.

김용옥 특유의 비아냥거림과 비어투卑語套가 있지만, 그리고 좀 길긴 하지만 11년 전 그의 발언을 상기해보자.

우리는 이제 며칠이면 자리에서 물러나실 전두환 대통령

에게 심심한 감사와 존경을 표해야 할 것이다. 그분을 때려죽일 생각 말고 그분이 사지 뻗고 편안히 이 땅에서 사실 수 있도록 대접해드려야 할 것이다. 그분의 노고를 치하하며 그분이 이 땅에서 저지르신 일이 얼마나 잘못된 일인가를 똑똑히 깨달으실 때까지 이 땅에서 사시도록 해드려야 할 것이다. 전두환 대통령이 한국의 역사에서 달성한 매우 위대한 업적이 있다. 그것은 바로 대통령의 신화를 깨주신 것이다. 대통령이란 아무나 할 수 있는 것이다. 무슨 이승만 박사님이나 장면 박사님이나 김구 선생님만 하는 것이 아니라 그야말로 아무나 할 수 있는 것, 어떤 무지한 인간이라 할지라도(논리적 가설), 어떤 추잡한 인격의 소유자라 할지라도(이것도 논리적 가설) 할 수 있는 것이 바로 대통령이라는 것을 국민에게 계몽시켜주시는 위대한 업적을 달성하신 것이다. 이것은 단군 이래 어떠한 인간도 우리 민족에게 가르쳐주지 못한 것이며, 문자 그대로 세종대왕이 이룩한 업적보다 더 혁혁한 업적인 것이다. 우리는 이러한 기념비적 전 대통령의 동상을 세워야 할 것이다. 사천만의 성금으로 내 고향 천안 독립기념관 앞에!

—《새 춘향던》, 통나무, 1987, 242~243쪽

김용옥의 이 발언은 그가 정치인 일반을 비판하는 맥락에서 나온 것이므로, 내가 전두환을 거론하며 그것을 인용하는 것이 꼭 적절한지는 모르겠다. 그러나 내게는 김용옥의 전두환 평가마저 너무 온건해 보인다. 전두환은 김용옥의 평가에서처럼 희화화되기엔 너무나 큰일을 낸 사람이다. 내게 전두환은 단지 집권과정에서 군기를 어지럽히고 민간인을 학살한 내란의 수괴일 뿐만 아니라, 1980년대의 첫 여덟 해 동안 한국 사회를 동토로 만든 파시스트 두목이다. '파시스트 두목'이라는 말은 내가 전두환에 대한 나 자신의 정서를 되도록 억제하고 고를 수 있었던, 그나마 가치중립적인 말이다. 나는 그에게 어울리는, 내 정서나 태도가 함축된 말들을 얼마든지 생각해낼 수 있다.

연전에 안두희 씨가 암살됐을 때, 그를 암살한 이에 대한 옹호의 분위기가 사회 일각에서 조성되고 심지어 일부 '민주인사들'이 암살자를 '열사'라고 치켜세우며 그에 대한 불기소 처분을 공개적으로 요구했을 때, 나는 이러다가 나라가 결딴나는 게 아닌가 싶었다. 한참 뒤에, 복거일이 낸 《소수를 위한 변명》이라는 책에 실린 〈새롭게 해야 할 사회적 준거틀〉이라는 글을 읽고서, 다시 한 번 나는 내가 스승과 동류의 인간이라는 걸 자랑스럽게 확인했다. 복거일의 말대로 '법의 지배'를 '테러의 지배'로 바꾸려는 시도는 결코 정당화될 수 없다. 한번 '테러의 지배'가 시작되면, 누구도 안심하고 살 수가 없기 때문이다.

그런데 내가 보기에는, 전두환 치하 8년의 한국 사회야말로 법이 아니라 테러가 지배하는 사회였다. 상징적 테러가 아니라 현실적·물리적 테러 말이다. 그 시절에도 법은 고문을 금지하고 있었지만, 그 시절에 고문이 없었다고는 전두환 자신도 믿지 않을 것이다. 더 나쁜 것은, 가장 악랄한 테러인 고문의 희생자가 '소수파'로 전락해 대중·민중의 조소를 받았다는 것이다. 고문받았다는 사실이 하나의 '표지'로 작용해서 말이다. 김근태 씨나 권인숙 씨가 겪은 그 참담한 일들은 때때로 대중·민중의 '이야깃거리'가 되고 말았다. 그런 전 국민적 윤리 파탄의 최종 책임자가 전두환이라는 것에 나는 별다른 의심이 없다. 복거일이 이런저런 글에서 비록 짤막하게나마 전두환을 거론하며 이 한국 민주주의의 압살자에게 호의를, 또는 적어도 동정을 보일 때, 전두환이라는 이름 석 자 앞에서 냉정을 유지할 수 없는 내 마음은 쓰리다. 말하자면 나는 복거일의 글에서 이따금씩 보이는 민주주의의 결핍이, 그의 냉철함이 곤혹스럽다.

내가 스승의 글을 읽으며 곤혹스러움을 느낄 때가 또 있다. 그가 억울한 '사회적 악한'이 돼버린 재벌을 동정하고, 우리 경제를 어렵게 만드는 '진짜 악한'인 노동조합에 대해 지나치게 비판적일 때가 그때다. 나는 노동조합에 대한 그의 비판에 대체로 공감한다. 그가 지적하듯 기업들이 잉여인력을 자유롭게 내보낼 수 있도록 하는 것이 사회에 크게 이로울 뿐만 아니라, 무엇보다도 이상적으로 공정한 사회는 적어도 원칙적으로는 시민들 개개인끼리의 연합이 없는 사회라고 생각하기 때문이다. 뭉쳐진 소수의 작은 이익은 흩어진 다수의 훨씬 더 큰 이익을 누르기 십상이기 때문이다.

현대의 시장경제에서 노동조합이 단 하나 남은, 법률로 보장된 독점적 권력이라는 것, 그것은 자원의 합리적·효율적 배분이라는 시장의 근본적 기능을 방해함으로써 노동의 질을 낮추고 단체협약을 통한 임금 결정을 통해 물가에 나쁜 영향을 끼치며 궁극적으로 실업을 늘린다는 것에 나는 동의한다. 그래서 노동자들의 권익을 옹호하는 방향으로 법률을 정비하고 사회보장의 망을 확충하는 것과 함께, 노동조합의 독점적 권력을 회수하는 것이 바람직하다고 나는 생각한다. 나는 기본적으로 시장과 경쟁의 미덕을 승인하기 때문이다. 그러면 재벌은? 나는 노조가 시장을 경직시키는 것처럼, 재벌 역시 시장을 경직시킨다고 생각한다. 그러니까, 노동의 공급을 독점해 노동시장에서 경쟁을 제한하는 노조 못지않게, 그룹 내부의 그물과 정치권과의 유착을 통해 독점적 지위를 강화함으로써, 즉 경쟁을 제한함으로써, 시장의 몫을 줄여온 재벌도 비난받아야 한다고 생각한다(나는 지금 '기업'을 이야기하는 것이 아니라 '재벌'을 이야기하는 것이다).

나는 복거일의 노조관에 이의가 있는 것이 아니라, 그의 재벌관에 이의가 있는 것이다. 나는 그가 노조에 대해 따뜻해지기를 바라는 것이 아니라, 재벌에 대해 차가워지기를 바라는 것이다. 시장이 되도록 경쟁적 상태를 지향해야 한다고 생각하는 복거일이 갖가지 방법으로 불완전 경쟁을 추구해온 재벌에 대해 너그러운 것은 늘상 내 마음에 걸린다. 재벌은 단순히 우리 사회 부패구조의 수동적 파트너가 아니다. 이른바 한보 사태(1997년 1월 발생한 한보철강의 부도와 이에 관련된 금융 비리 사건—편집자)의 실상은 아직도 명확히 밝혀지지 않았고 아마 앞으로도 그 세부적 사실이 남김없이 밝혀지기야 힘들겠지만, 드러난 사실만 놓고 보더라도 한보를 단지 부패하고 무능한 정권의 수동적 파트너라고만 할 수 있을까? 그리고 그것은 한보에만 해당되는 이야기는 아니다. 한국 자본주의를 '국가-재벌 지배연합'이라고 규정하는 것에 지나침이 있다고 하더라도, 박정희 이래 역대 정권의 시장규제에 편승해 가장 커다란 이득을 챙긴 것이 재벌이라는 사실은 거듭 강조돼야 한다. 노조와 재벌을 바라보는 복거일의 시선이, 내게는, 그리 공평하지 않다고 생각된다. 그의 글에서, 비록 드물기는 하지만, 드러나는 이런 불공평함이 나는 곤혹스럽다.

복거일이 베스트셀러를 옹호할 때 그에게서는 대중·민중에 대한 사랑이 엿보인다. 전두환이 김영삼 정권에서 당한 일에 대해 동정을 표하며 '왕은 왕을 죽이지 않는다'라고 복거일이 말할 때, 그에게선 이미 확립된(어떤 식으로 확립됐든) 권위나 힘에 대한 존중이 읽힌다. 복거일이 재벌의 시장 교란과 노조의 시장 교란에 대해 다른 반응을 보일 때, 혹시 세상을 재는 그의 잣대가 단일하지 않은 것은 아닌가 하는 찜찜함이 내 마음에 앙금으로 남는다.

그것을 비판하는, 적어도 그것에 곤혹스러워하는 나는 대중·민중·집단의 혐오자이고, 권위의 조소자이며, 융통성 없는 불평분자인지도 모른다. 그 집단 혐오, 권위 조소, 세상과의 불화라는 자유주의적·개인주의적 특질들이 내 생래적 기질일지라도, 그것들이 가치 있는 것이라고 내게 가르쳐준 것은 복거일이다. 그렇다면 나는 스승에게 받은 칼을 스승에게 들이대는 배덕자인지도 모른다. 나는 아무래도 그의 부실한 제자인 것 같다. 아니면 너무 충실한 제자이든지.

～～～～～～

✦

국제어와 민족어

이 글은 일차적으로 복거일의 산문집 《국제어 시대의 민족어》(문학과지성사, 1998)와 그 책이 촉발한 논쟁을 검토하기 위해 쓰인다. 그러나 그 검토과정에서 나는 그 책과 논쟁이 누락한 한두 가지 논점들을 더 살피고 싶다. 물론 그 논점들이 이 글의 일차적 목표와 동떨어진 것은 아니다.

복거일의 첫 산문집 《현실과 지향》을 두고 저자와 정운영 사이에 있었던 논쟁이 '자유주의 논쟁'이라면, 이번 《국제어 시대의 민족어》를 두고 벌어진 논쟁은 '민족주의 논쟁'이라고 할 만하다. 세간에선 이 논쟁을 흔히 '영어공용어화 논쟁'이라고 부르지만, 그리고 논쟁이 주로 복거일의 영어공용어론을 중심으로 전개된 탓에 그런 명명엔 일리가 있지만, 복거일의 지지자든 비판자든 민족주의에 대한 자신들의 태도를 바탕으로 해서 주장을 펴고 있으므로 '민족주의 논쟁'이라는 이름이 더 포괄적일 듯하다.

더구나 《국제어 시대의 민족어》라는 책에 담긴 주장이 오로지 영어공용어론만은 아니다. 비록 그 표제에 '국제어'니 '민족어'니 하는 말이 들어 있기는 하지만, 이 책은 일차적으로 우리 사회의 가장 강력한 이데올로기인 민족주의를 겨냥해 쓰인 책이다. 물론 저자의 지적대로 민족어는 한 민족을 다른 민족들과 가르는 주요 특질이고, 민족주의는 흔히 민족어를 중심으로 자라고 드러나게 마련이므로, 민족주의의 제어를 노리는 이 책이 여기저기서 민족어에 대해 언급하는 것은 당연하다.

그러나 "'지구제국' 시대의 민족주의"라는 제목의 제1부와 "'지구제국' 시대의 민족어"라는 제목의 제2부로 나뉘어 이 책에 묶인 글들 가운데서 민족어에 대해서 언급하는 것은 그 제목이 드러내듯 주로 제2부에 실린 글들이고, 그 가운데서도 영어공용어론을 개진하고 있는 글은 제2부의 마지막 두 글, 즉 〈국제어에 대한 성찰〉과 〈21세기를 어떻게 맞을 것인가〉뿐이다. 비록 민족주의와 민족어라는 것이 워낙 긴밀히 얽힌 주제들이어서 제1부에 묶인 글들과 제2부에 묶인 글들의 소재가 명확히 구분되는 것은 아니지만 말이다.

영어공용어론이라는 것이 일반인들에게 워낙 도발적이고 생경하게 들리는 데다가, 논쟁의 장을 마련한 한 일간신문의 상업주의적 타산도 가세해 논쟁이 영어공용어론을 중심으로 진행되기는 했지만, 이 책이 겨냥하고 있는 것이 단순히 민족어가 아니라 민족주의 전반이라는 사실은 이 책의 정당한 평가를 위해서도 강조돼야 한다.✦

✦ 기실 8년 전의 '자유주의 논쟁'이나 올해의 '민족주의 논쟁'이나 그 본질은 똑같다. 복거일이 이번 책에서 시도하고 있는 민족주의 비판의 무기는 그의 자유주의이고, 복거일의 비판자들은 8년 전처럼 그의 자유주의를 비판하고 있기 때문이다. 물론 8년 전에 그의 자유주의를 비판한 것은 좌파였고, 지금 그의 자유주의를 비판하고 있는 것은 우파여서, 그 비판의 논거가 다르기는 하다. 8년 전에는 자유주의자 복거일의 '비민중성'이 부각됐다면, 지금은 자유주의자 복거일의 '비민족성'이 부각되고 있다. 그렇더라도 그 두 논쟁이 모두 본질적으로 '보편' 대 '특수'의 논쟁이라는 사실에는 변함이 없다. 아무튼 8년의 시차를 두고 복거일이 좌우에서 협공을 당하고 있는 상황은 한국 사회에 자유주의의 공간이 얼마나 좁은지를 보여준다. 비록 복

거일은 어느 사회에나 자유주의의 공간은 좁게 마련이라고 말하겠지만.

실제로 영어공용어론을 주장해 논쟁을 촉발한 두 편의 글을 별도의 검토를 위해 잠시 제쳐놓고 나머지 글들을 훑어보면, 비록 그 글들이 우리 사회의 지배적 담론에서는 비켜나 있을지라도, 우리 모두가 보편적으로 지니고 있는 이성의 그물을 찢어놓을 도발적 발언은 눈에 띄지 않는다. 물론 복거일도 지적하듯 우리 사회에서 민족주의는 그저 강렬한 것이 아니라 거의 맹목적이기 때문에, 많은 독자들이 그의 주장에 얼마간의 심리적 불편함을 느낄 수는 있다. 우리 사회에서 민족주의라는 주제는 차분한 논의를 불가능하게 할 만큼 민감한 주제다. 민족주의 이야기만 나오면, 민족주의 곧 애국, 비민족주의 곧 매국의 등식이 수립되고 이야기는 거기서 끝나버린다. 그런데 이야기를 거기서 끝내버려서는 안 된다고 복거일은 말한다. 그 예민한 주제에 대해 계속 이야기를 끌어나감으로써 그 예민함을 감감減感하는 데 도움을 주는 것이 그의 바람이다.

나는 그의 바람이 어느 정도는 이뤄졌으리라고 생각한다. 그의 책을 둘러싼 논쟁이 이 주제를 어느 정도 속화俗化하기도 했겠고, 심리적 불편함을 견디며 이 책을 끝까지 읽은 독자들이라면, 민족주의가 신성불가침의 이념은 아니라는 것을, 더 나아가 매우 해롭고 위험한 이데올로기라는 것을 깨달았을 것이기 때문이다. 물론 그것을 깨달았다고 해서 누구나 민족주의의 옷을 홀가분하게 벗어던질 수 있는 것은 아니다. 이 책의 저자도 지적하듯, 민족주의라는 것은, 비록 이념의 모습을 갖추기는 했지만, 본질적으로 감정 상태이기 때문이다.

자유주의와 민족주의

복거일의 앞선 산문집들이 그렇듯,《국제어 시대의 민족어》역시 체계적인 저술은 아니다. 저자가 여기저기 흩어놓았던 글들 가운데 민족주의에 관련된 짤막한 글들을 골라서 모아놓은 듯한 이 책은, 그러나 그의 이전의 산문집들이 그랬듯, 자유주의라는 커다란 틀 안에서 민족주의 문제를 살피며 세상사를 바라보는 혜안을 보여주고 있다.

예컨대 재일 동포들이 차이나타운을 본떠 가와사키 시에 코리아타운을 세우려 한다는 소식을 걱정스러워하며 그가 "이민의 궁극적 목표는 낯선 사회에 살러 간 사람들이 그 사회의 완전한 구성원들이 되어서 아무런 차별대우를 받지 않게 되는 상태"라고 말할 때, 또 일본과의 사이에 독도 문제가 불거지자 곧바로 무력 시위라는 충동적 외교를 선택한 당시 김영삼 대통령을 비판하며 "경제에 무지한 대통령이 경제에 해를 입히는 데는 한도가 있지만 민족주의를 자신의 정치적 목적에 서슴없이 이용하는 정치 지도자는 단숨에 나라를 망칠 수 있다"라고 경고할 때, 또 우리 사회 일각의 반일 감정이 '손해를 좀 보더라도 민족적 자긍심을 지키면서 일본과 담을 쌓고 살자'는 태도에까지 이르는 것을 고약한 패배주의라고 비판하면서 "이웃나라들과 담을 쌓고 지내는 것은 그들과 관계를 맺지 않는 것이 아니라 가장 나쁜 관계를 맺는 것"이라는 점을 상기시킬 때, 또 '국적을 가진' 작품을 만들라는 주문의 분별없음을 일깨우며 "어떤 예술작품의 '국적'은 그 자체로 가치를 지닌 것이 아니라, 그것이 그 작품의 예술적 가치를 높이는 한도 안에서 가치를 가진다"라고 지적할 때, 또 '국익'이라고 불리는 흔히 모호하고 정의되지 않는 개념을 좀더 또렷이 드러내려면 "그런 국익이 궁극적으로는 어떤 개인들의 이익들로 환원되는가?"라는 물음을 던져보라고 그가 권할 때, 그의 그런 발언들은 민족주의에 깊이 침윤된 우리 언론이나 지식인들의 주류 담론과 배치되는 것이어서 어떤 독자들을 불편하게 하겠지만, 곰곰 생각해보면 그 발언들을 비판할 여지는 거의 없다.

그의 이런 민족주의 비판의 배경에 있는 것은 그가 옹호하는 경제적·정치적 자유주의의 심리적 등가물인 개인주의·세계시민주의다. 그는 말한다. "사람들을 사람들로 만드는 특질들의 총체에 비기면, 민족들을 구별하는 데 쓰이는 특질들은, 많은 경우에, 무시해도 좋을 만큼 작고 얕다."

그러나 우리 사회에서 민족주의의 뿌리는 억세고 질기다. 민족주의라는 말이 지시하는 것의 뿌리도 그렇지만, 민족주의라는 말의 뿌리도 그렇다. 그래서 그는 〈민족주의를 제어하는 길〉이라는 글에서 자유주의와 민족주의를 제휴시키기 위해 '열린 민족주의'에 대해서 말한다. 민족주의에는 자유로운 사회를 지향하는 '열린 민족주의'와 배타적이고 억압적인 사회를 불러오는 '닫힌 민족주의'의 특질이 아울러 있고 그 둘은 늘 부딪친다는 것이다. 말하자면 민족주의에는 '선한 민족주의'와 '악한 민족주의'가 있는 셈이다. 그렇다면 우리는 민족주의의 일부를 구출해낼 수는 있을 것이다. 즉 '민족주의'라는 말을 혐오의 표적에서 벗어나게 할 수는 있을 것이다. 이런 구분은 제2부에 실린 〈국제어에 호의적인 도시〉라는 글에서도 반복돼, 그는 "인종이나 국적이나 언어에 관계없이 모든 사람이 잘살 수 있는 사회를 지향하는 '열린 민족주의'"를 "전체주의적이거나 배타적인 '닫힌 민족주의'"와 구분하고 있다.

그러나 나는, 대중의 사랑을 받는 '민족주의'라는 말을 민족주의자들로부터 빼앗아오기 위해 저자가 여기서 타협을 하고 있다고 생각한다. 즉 자신의 자유주의에 '열린 민족주의'라는 이름을 입혀, '민족주의'라는 말에 애착을 갖는 대중의 호의를 유도하고 있다고 생각한다. 내 용법으로는, '열린 민족주의'란 '날카롭게 무디다'라는 어원 그대로의 옥시모론(oxymoron, 모순어법)이고, '닫힌 민족주의'라는 말에서 '닫힌'은 잉여적이다. 모든 민족주의는 닫혀 있다. '닫혀 있음'은 민족주의의 본질 가운데 하나다. '열린 민족주의'는 이미 민족주의가 아니다. 볼셰비즘이 그렇듯, 민족주의는 가장 나쁜 특수주의 가운데 하나다.

저자는 '열린 민족주의'의 예로 혁명기의 미국과 프랑스의 민족주의, 그리고 19세기 이래 약소민족의 민족주의를 든다. 실제로 민족주의가 18세기의 그 두 정치혁명과 19세기 이래의 민족해방운동의 동력이 되었고, 적지 않은 경우 자유로 가는 징검돌이 되었다는 데 많은 사람들이 동의한다. 민족주의가 역사의 어떤 계기와 결합하면 진보적 힘이 된다는 견해다. 그러나 나는 이런 '세계사의 상식'에도 별로 마음이 쏠리지 않는다. 내 생각에, 혁명 후의 미국과 프랑스를 자유롭게 한 것은 천부인권 사상이나 주권재민 사상 같은 자유주의적·민주주의적 이념이었지, 민족주의는 아니었다. 그것은 19세기·20세기의 민족해방운동에서도 마찬가지였다. 민족주의의 융성이 한 민족의 독립을 가져올 수는 있지만, 독립을 얻은 민족의 구성원들을 자유롭게 할 수는 없다. 역사는 그것을 증명한다. 민족주의는, 그것이 강대국의 민족주의든 약소국의 민족주의든, 얼마나 자주 대외적 패권주의와 대내적 집단주의를 가져왔는가? 말하자면 개인으로서의 미국인, 개인으로서의 프랑스인, 개인으로서의 신생 독립국 시민들을 자유롭게 한 것은 자유주의적 민족주의가 아니라, 자유주의였다. 설령 그것이 자유주의적 민족주의였다고 할지라도 거기서 중요한 것은 '자유주의적'이지 민족주의가 아니다.

◆

열린 언어와 번역 작업

《국제어 시대의 민족어》제2부에 실린 글들이 주장하는 것은, 영어공용어론을 제외한다면, 한국어를 열어놓자는 것이다. 그것은 말을 바꾸면 국어순화의 강박에서 해방되자는 주장이다. 복거일은 이와 관련해서 일본이 원산지인 외래어와 서양말 번역투 문제를 거론하고 있다. 나는 이 문제에 대한 그의 견해―일본산 외래어와 서양말 번역투에 대해 한국어를 열어놓아야 한다는 견해―에 완전히 공감할 뿐만 아니라, 그의 영어공용어론 못지않게 이 문제가 깊게 논의되어야 한다고 생각한다. 그래서 나는 그가 그 짤막한 글들에서 생략했을 이야기들을 좀 길게 덧붙이고 싶다. 독자들에게 다소 지루하게 느껴질지도 모를 이 준비 운동은 국제어로서의 영어에 대한 우리의 논의와도 무관치 않다.

인류문화사의 관점에서, 늘상 나를 황홀경으로 몰고가는 한 시기가 있다. 그것은 유럽문화의 바탕을 마련한 고대 그리스·로마 시절도 아니고, 이백·두보·한유·유종원이 각기 문재文才를 뽐내며 세련된 귀족적·국제적 문화를 꽃피웠던 중국 당唐대도 아니고, 천재와 완전인完全人의 시절이라고 할 만한 유럽의 르네상스 시기도 아니고, 서양 르네상스의 한국판이라고 할 만한 영·정조 치하 실학의 전성기도 아니다. 그런 돌출한 문화적 개화開花들도 어느 정도 내 마음을 뛰게 하지만, 그것들보다 더 내게 감동을 주는 것은 일본 에도 중기 이래의 란가쿠(蘭學, 네덜란드 문헌들을 통한 서양 학술 연구)와 메이지 시대 이후의 번역 열풍이다. 에도시대의 란가쿠와 메이지 시대의 번역 열풍이야말로 한문 문명권과 그리스·로마 문명권을 융화시키며 동서 문화 교섭의 가장 빛나는 장면을 연출했다고 판단하기 때문이다.

18세기 말 스기타 겐파쿠杉田玄白 등이 네덜란드어 해부학서를 《가이타이신쇼解體新書》라는 제목으로 번역함으로써 공식적으로 시작된 란가쿠는 초기의 의학에서 화학, 물리학, 천문학, 군사학 등으로 영역을 넓히며, 궁극적으로 세계를 하나의 문명권으로 만들 발판을 마련했다. 당시 동아시아는 지구 위에서 유럽인들의 발길이 뜸한 유일한 지역이었다. 일본인들의 위대함은 유럽문화의 전 지구화를 마무리했다는 데 있는 것이 아니라, 그 문화를 게걸스럽게 흡수하면서도 한자라는 동아시아 문명의 공통

유산 속에 완전히 녹여버렸다는 데 있다.

일본과 서양의 첫 접촉은 1543년의 다네가시마種子島 사건
(규슈 남쪽의 섬 다네가시마에 표착한 포르투갈 사람으로부터 화승총
두 정을 입수한 사건. 그 뒤 일본인들에게 널리 보급된 이 화승총은 임진
왜란 때 맹위를 떨쳤다)까지 올라가지만, 본격적인 문화적 접촉은
18세기 들어 막부의 명령으로 나가사키의 통역사들이 네덜란드
어사전을 편찬함으로써 개막됐다.

막부가 있던 에도(지금의 도쿄)의 난학자(란가쿠샤)들이 나가
사키 통역사들의 도움을 받아 개화시킨 난학의 요체는 번역이었
다. 난학자들은 네덜란드어(와 네덜란드어에 투영된 유럽의 여러 언어
들)를 통해서 유럽의 개념들을 일본어로 옮기기 위해 무진장 애
를 썼고, 그것은 메이지 유신 뒤 유럽문화의 수입이 본격화하면
서 훨씬 더 커다란 규모의 번역 사업으로 확장됐다. 이들의 번역
작업은 결코 만만한 일이 아니었다. 그들은 자신들보다 유럽 문
명과의 접촉이 앞섰던 중국을 통해서 유럽문화를 받아들인 것
이 아니라, 그런 매개 없이 유럽문화를 독자적으로 흡수해야 했
기 때문이다. 또 그들이 중국을 매개로 삼기를 원했다고 하더라
도, 중국의 유럽문화 흡수는 일본인들의 지적 욕구를 채워주기
에는 턱없이 부족한 것이었다. 요컨대 일본인들에게는 쉽게 편승
할 만한 전범이 없었다.

오늘날 예컨대 영한사전이나 불한사전을 편찬하는 한국의

사전 편찬자들에게는 영일사전이나 불일사전 같은 준거틀이 있다. 그러나 나가사키의 통역사들이나 에도의 난학자들에게는 그런 준거틀이 없었다. 그들은 네덜란드어의 한 단어를 일본어로 번역하기 위해, 그 단어의 어원, 변천과정, 당시의 쓰임새 등 전 역사를 조사한 뒤, 그에 상응한다고 판단된 한자들을 골라내 이를 조립해야 했다. 번역 대상이 네덜란드어로 된 책이라고 하더라도, 그 책 자체가 다른 유럽어의 번역본인 경우도 있었으므로, 통역사들이나 난학자들은 어설프게나마 유럽의 다른 언어들과 그리스·라틴어 등의 고전어에까지 기웃거려야 했다.

일본이나 동아시아에 비슷한 개념의 어휘들이 있을 경우엔 문제가 그리 크지 않았지만, 그들이 옮기려고 한 네덜란드어 단어들 가운데는 일본이나 동아시아의 문화적 전통에는 낯선 개념들이 태반이었으므로 그들의 고생은 더 컸다. 그것은 극도의 열정과 재능이 필요한 일이었고, 통역사들과 난학자들은 그 일을 성공적으로 해냈다. 오늘날까지도 쓰이고 있는 게이요시(形容詞, 형용사), 후쿠시(副詞, 부사), 니치요비(日曜日, 일요일), 세이산카리(靑酸加里, 청산가리), 산소(酸素, 산소), 스이소(水素, 수소), 가가쿠(化學, 화학), 주료쿠(重力, 중력), 규신료쿠(求心力, 구심력), 고세이(恒星, 항성), 사이보(細胞, 세포), 엔제쓰(演說, 연설), 사이반쇼(裁判所, 재판소) 따위의 말들은 모두 당시 에도의 난학자들과 나가사키의 통역사들이 네덜란드어를 번역해서 만들어낸 말이다. 아무래도 탐탁한 번역이 나오지 않는 경우에는 원어를 그대로 수입하기도 했다. 예컨대 난학자들은 네덜란드어의 natuur를 시젠(自然, 자연)이라고 옮기는 대신에 '나추루'라고 음역했다.

막부 말기에 요가쿠(洋學, 양학)의 중심은 란가쿠에서 에이가쿠(英學, 영어를 통해 서양문화를 연구하는 학문)로 바뀌었지만, 메이지 유신 이래 이른바 탈아입구脫亞入歐 노선에 의해 양학은 최전성기를 맞아 무수한 번역어들이 생겨났다. 막부 말기에 이미 한 달이면 수천 권씩의 양서洋書가 나가사키 항에 도착했는데, 메이지 유신 이후 그 경향은 더 심해져 서양문화는 물밀듯이 일본 열도를 휩쓸었다. 네덜란드나 영국, 미국만이 아니라 유럽 전체와 그 언어에 대한 심도 깊은 연구가 따랐고, 그 바탕 위에서 새 번역어들은 더 정교해졌다.

그 번역어들 중에는 리세이(理性, 이성), 론리(論理, 논리), 이시키(意識, 의식), 이시(意志, 의지), 구타이(具體, 구체), 랏칸(樂觀, 낙관), 히칸(悲觀, 비관), 고칸(交換, 교환), 분파이(分配, 분배), 도쿠센(獨占, 독점), 조치쿠(貯蓄, 저축), 세이지(政治, 정치), 세이후(政府, 정부), 센쿄(選擧, 선거), 게이사쓰(警察, 경찰), 호테이(法庭, 법정), 한케쓰(判決, 판결), 호쇼(保證, 보증), 도키(登記, 등기), 세이키(世紀, 세기), 간초(間諜, 간첩), 슈기(主義, 주의), 세이간(請願, 청원), 고쓰(交通, 교통), 하쿠시(博士, 박사), 린리(倫理, 윤리), 소조(想像, 상상), 분메이(文明, 문명), 게이주쓰(藝術, 예술), 고텐(古典, 고전), 고기(講義,

강의), 이가쿠(醫學, 의학), 에이세이(衛生, 위생), 호켄(封建, 봉건), 사요(作用, 작용), 덴케이(典型, 전형), 샤카이(社會, 사회)처럼 뜻이 얼추 비슷하거나 적어도 약간은 뜻이 서로 통한다고 생각되는 어휘를 중국의 고전에서 찾아내 서양어의 단어에 대응시킨 예도 있지만, 대부분은 한자를 결합해 일본인들 스스로 새로 만들어낸 말들이다.

조금만 예를 들어본다면 데쓰가쿠(哲學, 철학), 추쇼(抽象, 추상), 갸쿠타이(客體, 객체), 간넨(觀念, 관념), 메이다이(命題, 명제), 고사이(公債, 공채), 교산(共産, 공산), 긴유(金融, 금융), 세이토(政黨, 정당), 시혼(資本, 자본), 기카이(議會, 의회), 시칸(土官, 사관), 고쿠사이(國際, 국제), 덴포(電報, 전보), 겐리(原理, 원리), 겐소쿠(原則, 원칙), 가가쿠(科學, 과학), 유키(有機, 유기), 무키(無機, 무기), 겐소(元素, 원소), 분시(分子, 분자), 겐시(原子, 원자), 고센(光線, 광선), 에키타이(液體, 액체), 고타이(固體, 고체), 기타이(氣體, 기체), 센이(纖維, 섬유), 온도(溫度, 온도), 신케이(神經, 신경), 비주쓰(美術, 미술), 겐치쿠(建築, 건축), 지치(自治, 자치), 다이리(代理, 대리), 효케쓰(表決, 표결), 히케쓰(否決, 부결), 기노(歸納, 귀납), 사요쿠(左翼, 좌익), 우요쿠(右翼, 우익), 주코교(重工業, 중공업), 게이코교(輕工業, 경공업), 다이토료(大統領, 대통령), 기센(汽船, 기선), 기샤(汽車, 기차), 데쓰도(鐵道, 철도), 가이샤(會社, 회사), 히효(批評, 비평), 다이쇼(對稱, 대칭), 고가이(號外, 호외), 쇼쿄(宗敎, 종교), 가쿠이(學位, 학위), 갓키(學期, 학기), 민조쿠(民族, 민족), 한도(反動, 반동), 조쿠세쓰(直接, 직접), 간세쓰(間接, 간접), 조호(情報, 정보), 겐지쓰(現實, 현실), 겟산(決算, 결산), 신카(進化, 진화), 붓시쓰(物質, 물질), 기무(義務, 의무), 센센(戰線, 전선), 덴토(傳統, 전통), 슈단(集團, 집단), 요소(要素, 요소), 시료(資料, 자료) 같은 단어들이 그렇다.

에도 시대의 난학자들이 만들어낸 번역어들과 특히 메이지 시대 이래 일본어로 번역된 유럽어 어휘들은 그 대부분이 한자를 매개로 해 한국어 어휘에 흡수되었고, 또 그 상당량은 한자의 종주국인 중국으로 역수출되었다. 위에서 예로 든 일본어 단어들이 한자로 표기됐을 때 우리에게 얼마나 익숙한 단어들인지 생각해보자.

만약에 우리말에서 일본어의 잔재를 솎아낸다는 것이 일부 순수주의자들이 주장하듯 일본어에서 수입된 한자어까지를 배척하는 것이라면, 우리들은 외마디 소리 말고는 단 한 문장도 제대로 입 밖에 낼 수가 없을 것이다. 우리 국어사전에 올라 있는 어휘의 태반은 한자어이고, 그 한자어의 태반은 일본에서 만들어진 말들이기 때문이다. 우리 논의의 출발점이 된 책이 다루고 있는 주제인 '민족주의'라는 말 역시 일본인들의 발명품이다. 우리말에서 일본어를 몰아내자는 순수주의자들의 멋진 글들도 일본에서 온 말들로 이뤄져 있다.

그것은 우리로서는 섭섭한 일이다. 일본의 난학자들이나 메이지 이후의 서양학자들이 해냈던 번역 작업들을 우리의 가까운 조상들도 해냈더라면 좋았을 것이다. 그러나 서양과의 접촉에서 일본이 우리보다 한 걸음 빨랐고, 일본인들은 놀라운 먹성으로 서양문화를 흡수해 그것을 한자에 녹여냈으며, 한일합방 뒤 해방까지 한반도에서 일본어가 '국어' 행세를 했던 탓에, 우리는 독자적으로 서양문화를 받아들여 우리 언어체계 속에 녹여낼 기회를 얻지 못했다. 우리는 우리가 원했든 원하지 않았든, 일본 사람들의 노력으로 한자어화된 서양의 문화를 손쉽게 빌려 쓰는 길을 걸었다. 확실한 것은, 메이지 이래 일본 열도에서 만들어진 무수한 신조어들은 한자라는 매개를 통해 즉각 한국어에 흡수됨으로써 한국어의 어휘를 배가시키고 한국인들의 세계 인식 수준을 크게 높였다는 사실이다. 그 모든 것을 우리 자신의 힘만으로 해내지 못했다고 해서, 우리말의 풍부화와 그것을 통한 우리 의식의 획기적 전환이 우리에게 좋은 일이었다는 사실마저 변하는 것은 아니다.✦

✦ 아쉬운 것은, 해방 뒤의 국어사전 편찬자들도 한자어의 뜻을 매기면서 (국어의 실상을 관찰하는 번거로움을 피한 채) 일본어사전을 거의 베끼다시피 했다는 것이다. 그것은 20세기 한국의 언어민족주의를 이끌어온 한글학회의 《우리말 큰사전》에도 해당되는 이야기다. 한국의 이언어사전(二言語辭典, 영한사전·불한사전·한영사전·한불

사전 등) 편찬자들이 일본에서 나온 이언어사전들에 크게 의지해서 작업을 해온 것은 잘 알려진 사실이지만, 국어사전 편찬자들마저 자신들의 작업을 일어사전에 크게 의지해왔다는 것은 그간 별로 지적되지 않았다. (사전에 실려 있는) 현대 한국어와 현대 일본어의 한자어 풀이가 쌍둥이처럼 닮아 있는 데는, 다른 여러 언어적·언어외적 상황 말고도, 국어사전 편찬자들이 우리말 한자어의 뜻을 일어사전에 조회하는 관습을 타성적으로 지켜왔다는 부차적 이유가 있다. 일단 차용된 어휘가 새 언어의 어휘장에 흡수되면서 본래 의미의 굴절을 겪는 것은 언어사에서 드문 일이 아닌데, 개화기 이래 일본어에서 차용된 한자어들은 그런 의미의 굴절을 별로 겪지 않았다. 오히려 동일한 형태와 다른 의미로 한국에 이미 존재하던 한자어들이 본래의 뜻을 잃고, 일본어에서 담긴 의미를 새로 담게 되었다.

지금도 한국어사전과 일본어사전에서 표제어로 내세운 한자어들은 거의 일치하고, 그 한자어 표제어들이 부여받은 풀이 역시 상당 부분 일치한다. 그것의 일차적 원인은 말할 것도 없이 지난 한 세기 동안 일본(어)이 한국(어)에 끼친 막대한 언어적·정치적 영향이지만, 한 낱말이 자국어의 의미장 속에서 어떻게 사용되는지를 세밀히 추적하기보다는 그 낱말의 원산지에서 나온 사전을 손쉽게 베끼기로 결정한 우리 국어사전 편찬자들의 편의주의도 이 언어적 '내선일체'를 거들었다. 초창기의 사전은 일본어사전을 베끼고, 뒤이어 나온 사전들은 초창기의 사전을 베꼈다. 사전 편찬이 얼마나 지난한 작업인지를 잘 알고 있는 사람도, 그런 편의주의를 상찬할 만한 일이라고 생각하지는 않을 것이다. 그렇다고 그것을 무작정 비난할 수만도 없다. 일제강점기나 건국 초기의 문화적 여건은 지금 우리가 상상하는 것보다 훨씬 더 열악했으니 말이다. 그리고 현대 한국어와 현대 일본어의 한자 어휘부가 이렇게 닮게 된 것은, 그 자체로는 좋은 일도 나쁜 일도 아니다.

여기서 에도 시대 나가사키의 통역사들이나 에도의 난학자들이, 그리고 그들의 뒤를 잇는 메이지 이래의 서양학자들이 서양의 개념을 일본어로 옮기며 '한자를 사용했다는 사실'은 아주 중요하다. 그들이 한자를 사용해서 서양의 개념을 번역한 데는 여러 가지 이유가 있을 것이다. 우선 한자의 탁월한 조어력이 일차적 이유였을 것이고, 중국문화에 대한 일정한 존중심도 가세했을 것이다. 실제로 우리말에서 한자어가 대체로 고급스러운 개념어들이고 고유어가 대체로 기초 어휘이듯이, 일본어의 경우에도 간고(漢語, 중국에서 직접 수입된 단어이거나, 한자를 이용해서 일본에서 만들어진 말, 즉 우리말에서의 한자어에 해당한다)가 대체로 개념어들이라면 와고(和語, 한자어도 아니고, 서양 외래어도 아닌, 일본 고유의 말이라고 생각되는 단어. '야마토코토바大和言葉'라고도 한다)는 대체로 기초 어휘를 이루고 있다. 그런 문화적·언어적 분위기에서 서양의 새로운 개념을 번역하기 위해 난학자들과 그 후예들이 와고가 아니라 간고를 택한 것은 자연스러운 일이었을 것이다. 그들의 이 선택은 소위 야마토다마시大和魂를 숭앙하는 일본의 국수주의자들에게는 못마땅한 일이었겠지만, 바로 그 못마땅한 선택이 오늘날 일본어에 커다란 영예를 주고 있다.

<div align="center">~~~~~~~~~~~~~~~~~~</div>

✦

일본제 한자어의 생명력

우리가 알다시피 그들이 서양어를 번역하기 위해 새롭게 만들거나 중국의 고전에서 찾아내 새 의미를 부여한 낱말들은 거의가 한국어에 수입됐다. 그리고 그 상당수가 중국어에 수입됐다. 현대 한국어와 중국어에 일본어에서 수입된 말이 이렇게 많게 된 이유가 뭘까? 물론 거기에는 19세기 말 이래 일본의 문화적(그리고 정치적·경제적) 힘이 동아시아의 세 나라 가운데 가장 컸다는 사정이 작용했을 것이다. 더구나 한국인들은 20세기 전반부의 상당 기간 동안 일본어를 '국어'로 배워야 했으니, 일본어 어휘가 한국어에 많이 들어온 것은 이상한 일이 아니다.

그러나 일본인들이 그들의 신조어를 한자를 통해서가 아니라 그들의 고유어로 만들었어도 그 말들이 한국어나 중국어에 그렇게 대규모로 수입될 수 있었을까? 나는 그럴 수 없었을 것이라고 생각한다. 일정한 수의 어휘가 수입됐다고 하더라도, 이른바 '언어순화운동'에 의해 많은 부분이 곧 구축되고 말았을 것이다. 실제로 해방 뒤에 남북한에서 벌어진 언어순화운동은 일본어에서 건너온 외래어 가운데 한자어가 아닌 말들을 거의 구축해버렸다. '네다바이'니, '쓰리'니, '나와바리'니 하는 말들이 남아있기는 하지만, 그 수도 얼마 안 되고 생명력이 얼마나 길지도 알수 없다. 게다가 그 말들은 대개 직업적 은어이거나 비속어여서한국어의 중심부로 파고들기 힘들다. 그러나 일본제 한자어들은전혀 다르다. 그 단어들은 한국어가, 그리고 중국어가 존속하는한 긴 생명력을 유지할 것이다.

그렇게 된 중요한 이유 가운데 하나는 한국인이나 중국인이 그 단어들을 일본어라고 생각하지 않는다는 데 있다. 한자로쓰는 것이 가능하고, 또 일본음으로 읽는 것이 아니라 한국음이나 중국음으로 읽으므로, 그 말들은 한국어나 중국어의 기존 어휘들과 충돌을 일으킬 염려가 거의 없다. 실상 전문가가 아닌 평범한 한국인이나 중국인이라면, 어떤 한자어가 중국에서 만들어진 것인지, 한국에서 만들어진 것인지, 일본에서 만들어진 것인지 알 수도 없다. 한국의 개항 이래 한국어에 물밀듯이 쏟아져들어온 일제 한자어들은 당시의 한국인들에게 비록 새로운 말이라는 느낌은 주었을지언정 일본어라는 느낌을 주지는 않았던 것이다. 그 낱말들이 대체로 입말을 통해서가 아니라 글을 통해서들어온 것들이어서 더욱더 그랬다. 일본어를 전혀 모르는 사람들도 일본제 한자어들을 손쉽게 자기의 어휘목록 안에 집어넣을 수 있었고, 또 그 어휘들을 쓰는 것이 외래어·외국어를 쓴다는 심리적 부담감을 주는 일도 아니었다. 그 새로운 말들은 그들이 보기에 일본어가 아니라, 그들이 2,000년 가까이 익숙히 대하고 사용해온 한자어에 지나지 않았던 것이다.

이 사실은 간고가 아닌 와고라고 하더라도 한자가 매개가 되면 한국어에 수입돼 정착된다는 사실로도 확인된다. 즉 일본 어에서는 훈독을 하지만, 그것이 한국어에 수입돼 음독을 하게 되는 단어의 경우다. 예컨대 일본어 '구미아이'에서 온 조합組合, '미나라이'에서 온 견습見習, '하가키'에서 온 엽서葉書, '우라가키' 에서 온 이서裏書, '아미모노'에서 온 편물編物, '이에데'에서 온 가 출家出, '이리구치'에서 온 입구入口, '데구치'에서 온 출구出口, '이 로가미'에서 온 색지色紙, '우키하시'에서 온 부교浮橋, '우치와케' 에서 온 내역內譯, '와리비키'에서 온 할인割引, '니모쓰'에서 온 하 물荷物, '도리케시'에서 온 취소取消, '다테쓰보'에서 온 건평建坪, '다치바'에서 온 입장立場, '구미타테'에서 온 조립組立, '사시오사 에'에서 온 차압差押, '사키바라이'에서 온 선불先拂, '가시키리'에 서 온 대절貸切, '가시쓰케'에서 온 대부貸付, '데쓰즈키'에서 온 수 속手續, '오우리다시'에서 온 대매출大賣出 같은 단어들이 그렇다.

이 말들은 특히 국어순화론자들의 표적이 되어 예컨대 '수 속'은 '절차'라는 말로 바뀌고 있고, '대매출'이라는 말도 '바겐세 일'이라는 영어로 바뀌고는 있지만, 이런 유형의 수입어들이 쉽게 사라지지는 않을 것이다. 이 말들은 일본어의 훈독과는 전혀 다른 한국어의 음독으로 읽힘으로써 이미 한국어가 되어버렸기 때문이다. 이 말들이 만약에 일본어 훈독 그대로 수입됐다면, 오래 살아남기는 어려웠을 것이다. 꼭 국어순화운동가들이 아니더라도 언어민족주의가 드센 한국인들에게 다른 나라 말도 아닌 일본어를 그대로 가져다 쓰는 것은 적잖은 심리적 부담이 되었을 것이고, 이 말들은 이내 한국어 단어로 대치되었을 것이다. 그러나 이 단어들은, 말을 통해서가 아니라 글을 통해서, 즉 한자라는 매개를 통해서 '한국형'으로 바뀌어 수입됨으로써, 한국어에서 생명을 유지하고 있는 것이다. 한자를 매개로 해서 수입되고, 그 한자를 한국음으로 읽는 이상, 한국인들에게 그 단어들은 일본어가 아니라 한국어로 생각되는 것이다. 동아시아문화에서 한자가 갖고 있는 보편적 호소력이 바로 여기서 확인된다. 되풀이하자면, 난학자들의 '비일본적' 선택은 일본어의 영예를 일본열도 바깥에까지 드날리게 하는 데 결정적 역할을 했던 것이다.

✦

그리스어와 라틴어를 기반으로 한 유럽어

우리는 이와 비슷한 상황을 유럽어에서도 관찰할 수 있다.

유럽어에서 어려운 개념어들이 대체로 고대 그리스어나 라틴어에서 왔다는 것은 잘 알려져 있다. 프랑스어나 이탈리아어나 스페인어나 포르투갈어처럼 통속 라틴어가 진화해서 된 이른바 로만어들의 경우엔 그 어휘의 압도적 다수가 라틴어에서 왔으므로 어려운 개념어들이 라틴어에서 왔다는 말이 무의미하게 생각될지 모른다. 그러나 전혀 그렇지 않다.

예컨대 프랑스어를 보면, 어려운 개념어들은 라틴어의 형태를 비교적 가깝게 유지하고 있는 데 비해, 기초 어휘들은 그 어원이 라틴어에 있다고 하더라도 형태가 많이 일그러져 모어母語와의 상사相似가 얼른 눈에 잡히지 않는다. 그렇게 된 이유는 프랑스어의 기초 어휘들이 라틴어의 구어口語가 세월의 풍화를 겪으며 진화한 결과인 데 비해, 개념어들은 뒷날 학자들에 의해 고전 라틴어 문헌에서 차용된 말들이기 때문이다. 그래서 프랑스어에는 동일한 라틴어 단어에서 연원한 두 개의 어휘가 여럿 존재한다. 이런 쌍들을 쌍생어 또는 쌍형어doublets라고 한다. 한쪽은 시정市井에서 사용되던 통속 라틴어가 변한 것이고, 다른 쪽은 로마의 문필가들이 사용하던 고전 라틴어에서 차용된 것이다. 문헌학자들은 전자를 '민중형formations populaires'이라고 부르고, 후자를 '학자형formations savantes'이라고 부른다. 그 둘이 반드시 동의어인 것은 아니지만, 다소간 뜻이 서로 통하기는 한다.

예컨대 '응고시키다'의 의미를 지닌 라틴어 동사 coagulare

는 세월의 풍화를 입어 현대 프랑스어에서 cailler의 형태로 변했지만, 학자들은 라틴어 문헌에서 이 단어를 coaguler의 형태로 차용해 프랑스어에 들여왔다. 이 쌍생어의 뜻은 둘 다 '응고시키다, 응결시키다'의 뜻이지만, 민중형인 cailler보다는 학자형인 coaguler가 더 격조 있는 말이다. 굳이 우리말에 비유하자면 cailler가 '굳게 하다'에 해당하고 coaguler가 '응고시키다'에 해당한다고 할 수 있다. 또 '주의 깊게 듣다'의 뜻인 라틴어 동사 auscultare는 현대 프랑스어에서 écouter로 진화하는 한편 문헌을 통해서 ausculter라는 형태로 차용되었다. 민중형인 écouter가 대체로 라틴어의 뜻을 유지하고 있는 데 반해 학자형인 ausculter는 '청진하다'의 뜻으로 특화되었다. 라틴어 frigidus(차가운)가 froid(차가운)로 진화하는 한편 문헌을 통해 frigide(냉랭한, 냉담한, 차가운)의 형태로 차용된 것이나, 라틴어 navigare(항해하다)가 nager(헤엄치다)의 형태로 진화하는 한편 문헌을 통해 naviguer(항해하다)의 형태로 차용된 것도 프랑스어 쌍형어들의 또다른 예들이다. 이런 쌍형어들은 뜻이 서로 다른 경우도 많다. '관절'의 의미를 지닌 라틴어 articulus가 orteil로 진화하며 '발가락'이라는 의미로 변한 데 비해, 라틴어 문헌에서 차용된 article이 원래의 의미와 함께 '항목' '관사' '기사' 등의 의미를 갖게 된 것이 그 한 예다. 쌍형어의 뜻이 비슷한 경우엔 민중형은 구어체에 해당하고 학자형은 문어체에 해당한다고 할 수 있다.

물론 통속 라틴어의 진화와 고전 라틴어의 차용만이 쌍형어가 발생하는 유일한 경로인 것은 아니다. 비록 주변적 경로이기는 하지만, 프랑스어 쌍형어가 나온 경로는 이 밖에도 여러 가지가 있다. 예컨대 séculaire(100년마다의)와 séculier(세속의), original(최초의, 독창적인)과 originel(선천적인, 원래의), matériau(재료)와 matériel(설비)은 학자형으로만 이루어진 쌍형어들이다. 이런 유형의 쌍형어들은 동일한 라틴어 접미사를 서로 다른 형태로 프랑스어화함으로써 만들어진 것이다. 또 어떤 쌍형어들은 고대 프랑스어의 주격과 목적격이 동시에 살아남으면서 생기기도 했다. copain(친구)과 compagnon(친구), chantre(성가대원)와 chanteur(가수), maire(시장市長)와 majeur(성년자, 더 많은), moindre(더 적은)와 mineur(부차적인, 미성년자), on(사람들, 우리, 그들)과 homme(사람, 남자), pâtre(목자)와 pasteur(목자, 사제), nonne(수녀)과 nonnain(수녀), pute(창녀)와 putain(창녀), sire(경卿, 전하, 나리)와 seigneur(영주, 제후) 같은 쌍형어들이 그 예다. 둘 다 민중형인 déjeuner(점심)와 dîner(저녁식사)는 서로 다른 끼니 때에 배분되었다.

학자형이 라틴어 이외의 다른 로만어에서 차용된 경우도 있다. 민중형 noir(검은)는 통속 라틴어가 진화한 것이지만, 그 짝인 학자형 nègre(와 négro: 흑인)는 스페인어 negro(검은)에서 차용된 것이다. 물론 그 스페인어 negro의 어원은 프랑스어 noir의 어원처럼 라틴어 nigrum('검다'는 뜻의 niger의 중성)이다. 이와 비슷하게, 민중형 cheval(말)/chevalier(기사)/chevauchée(기마 행렬)의 학자형 짝인 cavale(암말)/cavalier(기병, 기수)/cavalcade(기마 행렬)는 이탈리아어에서 차용된 것이다. 민중형 chance(행운, 기회)의 학자형 짝인 cadence(박자)도 마찬가지다. 때때로 로만어 이외의 유럽어가 쌍형어의 형성에 간여하기도 한다. 민중형 voeu(맹세, 소원, 기원)의 학자형 짝으로 간주되는 vote(투표, 표)는 영어 vote를 차용한 것인데, 15세기에 정치용어로 등장한 이 vote라는 영어 단어는, 프랑스어 voeu와 마찬가지로, '봉헌물, 기원'이라는 뜻의 고전 라틴어 votum이 그 어원이다.

어떤 쌍형어의 경우에는 한쪽이 (최소한의 프랑스어식 화장도 없이) 라틴어 형태를 그대로 유지하고 있는 경우도 있다. auditoire(방청인, 법정)와 auditorium(강당), coude(팔꿈치)와 cubitus(척골), évier(개수대)와 aquarium(수족관, 어항), rai(수레바퀴의 살, 광선)와 radius(요골橈骨), tige(줄기)와 tibia(경골脛骨), voile(베일)과 vélum(커다란 천막), volubile(수다스러운)과 volubilis(메꽃과 식물)의 경우가 그렇다. 또 어떤 경우엔 형태가 셋으로 갈라지기도 한다. piètre(빈약한, 가련한)/pitre(어릿광대)/pédestre(걸어서 가는, 도보의)와 raide(뻣뻣한)/roide(뻣뻣한)/rigide(경직된)가 그 예다. 이런 경우 쌍형어가 아니라 '삼형어'라는 말을 쓸 만도 하다.

적지 않은 수의 쌍형어들의 기원은 고대 그리스어에까지 올라간다. 물론 라틴어라는 중간 사다리를 통해서 그렇다. 예컨대 amande(아몬드)와 amygdale(편도선) ≪ 라틴어 amygdala ≪ 그리스어 amugdalê; blâme(비난)과 blasphème(신성모독) ≪ 라틴어 blasphemia(신을 모독하는 말) ≪ 그리스어 blasphêmia(욕, 비방); cercueil(관棺)과 sarcophage(석관石棺) ≪ 라틴어 sar-cophagus(무덤) ≪ 그리스어 sarkophagos(살을 먹는); colère(노여움)와 choléra(콜레라) ≪ 라틴어 cholera(담즙의 병, 짜증내는 병) ≪ 그리스어 kholera(콜레라를 포함한 소화기의 병); parvis(앞뜰)와 paradis(천국) ≪ 라틴어 paradisus(울타리 안의 땅) ≪ 그리스어 paradeisos(울타리 안의 땅) ≪ 페르시아어 pardez(울타리 안의 땅); safre(산화코발트)와 saphir(사파이어) ≪ 라틴어 sapphirus ≪ 그리스어 sappheiros 같은 말들이 그렇다. 아랍어 같은 비유럽어에까지 거슬러 올라가는 쌍형어도 있다. chiffre(숫자)와 zéro(영) ≪ 아랍어 sifr(비어 있는, 영); émir(이슬람 교단의 수장)와 amiral(제독) ≪ 아랍어 'amir(왕자, 사령관, 지도자) 같은 말들이 그 예다.

쌍형어들 가운데는 양쪽이 다 차용어이되 그 차용의 시기가 달라서 생긴 것도 있다. communier(성체배령하다)와 commu-niquer(알리다, 연락을 취하다, 옮기다) ≪communicare(나누다, 관계를 맺고 있다)가 그 예다. 또 그 반대로 둘 다 진화한 것이되 그 음성적 도달점이 우연히 달라진 것도 있다. 예컨대 pavillion(정자후子, 막사)과 papillon(나비)은 '나비, 천막'을 뜻하던 라틴어 papilio(속격 papilonis)에서 왔다.

그러나 이렇게 다른 경로를 통해 형성된 쌍형어들은 프랑스어 쌍형어의 주류가 아니다. 일반적으로 프랑스어 쌍형어의 형성은 통속 라틴어가 진화한 민중형과, 고전 라틴어를 차용하거나 고전 라틴어를 기초로 해 새로 만들어진 학자형에 의해서 이뤄졌다고 할 수 있다.

쌍형어를 척 보아 알아낼 수 없는 경우도 많다. 그 형태나 의미가 거의 비슷한 경우도 더러 있지만, 꽤 큰 차이를 보이는 것도 많기 때문이다. 그리고 그 형태와 의미가 일그러지는 데는 거의 아무런 규칙이 없다. 시니피앙의 수준에서 예컨대 pitié(동정, 연민)와 piété(경건함, 신앙심) 같은 경우는 꽤 닮았지만, gaine(칼집)과 vagin(질膣)의 경우나 위에서 예로 든 orteil(발가락)와 article(항목)의 경우는 아주 다르다. 어원 연구를 통하지 않고서는 그 두 단어가 동일한 기원을 가졌다는 것을 알기 어렵다. 일반적으로 민중형 쪽이 학자형 쪽보다 더 짧다고 말할 수 있다. 통속 라틴어에서 프랑스어로의 진화과정이 흔히 음운탈락 현상을 수반했기 때문이다. 시니피에의 수준에서도 쌍형어의 두 짝 사이의 관계는 모호하다. 드문 경우이긴 하지만, 쌍형어가 거의 동의어인 경우도 있다. geindre와 gémir(신음하다), plier와 ployer(구부리다, 접다), pieu와 pal(말뚝)의 경우가 그렇다. grêle(가느다란, 홀쭉한)과 gracile(가냘픈, 섬세한), aigre(시큼한)와 âcre(신랄한, 자극적인), charbon(석탄, 숯)과 carbone(탄소), féal(충성을 다하는)과 fidèle(충실한), froid(차가운)와 frigide(냉랭한, 불감증의), jumeaux(쌍둥이)와 Gémeaux(쌍둥이좌座) 같은 경우는 동의어라고는 할 수 없지만, 그 의미의 차이가 뉘앙스 차이 수준을 크게 벗어나지 않거나, 다소간 뜻이 통한다. 즉 유의어에 가깝다고 할 수 있다. 그러나 essaim(꿀벌떼, 대집단)과 examen(검사, 시험), 위에서 이야기한 orteil(발가락)와 article(항목)의 경우에서처럼 그 뜻의 연결이 여간해서는 쉽지 않은 경우도 있다.

　이런 쌍형어들은 그 수에서는 차이가 있지만, 스페인어나 이탈리아어 같은 다른 로만어들에도 존재한다. 예컨대 라틴어 fragilis(부서지기 쉬운, 연약한)는 현대 이탈리아어에서 frale의 형태로 진화한 한편 문헌을 통해서 fragile의 형태로 차용되었다. 뜻은 비슷하지만 차용어 쪽이 더 문어체적이다. 또 '놓다, 배열하다'의 의미를 지닌 라틴어 동사 collocare는 현대 스페인어에서 colgar(걸다)로 진화한 한편, 문헌을 통해서 colocar(놓다, 배열하다)의 형태로 차용됐다.✦

✦　우리말에는 쌍형어라고 할 만한 것이 없을까? 있다. 우리말에는 본디 한자어였던 것이 민중의 입에서 입으로 전해지면서 그 형태가 일그러져 고유어처럼 변한 말들이 꽤 많이 있는데, 그 고유어와

그 기원이 된 한자어의 켤레는 쌍형어를 이룬다고 할 만하다. 예컨대 '광'과 '고방庫房', '사냥'과 '산행山行' 따위의 쌍이 그렇다. '광'이나 '사냥'은 한자어인 '고방'과 '산행'의 형태가 일그러져 한자로 표기할 가능성이 봉쇄되면서 고유어처럼 되어버린 말이다. 로만어의 쌍형어들이 동일한 라틴어 단어에 기원을 두고 있다면, 한국어의 쌍형어들은 동일한 중국계 단어(한자어)에 기원을 두고 있다. 나는 로만어의 예를 따라 한국어의 쌍형어들에 대해서도 형태가 일그러진 '광'이나 '사냥'을 민중형이라고 부르고, 본디의 한자어 형태인 '고방'이나 '산행'을 학자형이라고 부르려 한다. 한국어의 쌍형어들은 로만어의 쌍형어들처럼 시니피앙의 수준에서도 조금씩 다르고, 흔히는 시니피에의 수준에서도 다르다. '광'과 '고방'의 시니피에는 거의 동일하다고 할 수 있지만, '사냥'과 '산행'의 시니피에는 꽤 다르다. '광'과 '고방'에서도 볼 수 있듯이, 한국어 쌍형어의 민중형은, 로만어 쌍형어의 민중형처럼, 그 짝이 되는 학자형보다 형태가 짧은 경우가 많다. 학자형이 일그러져 민중형이 되는 과정은 음운의 탈락·변화만이 아니라 흔히는 음절 수준의 탈락까지를 포함하고 있기 때문이다.

그러나 한국어의 쌍형어와 로만어의 쌍형어가 다른 점도 많다. 우선, 한국어의 쌍형어는 민중형이든 학자형이든 둘 다 차용어다. 민중형의 경우는 그 형태가 일그러져 한자로 표기하는 것이 불가능해지면서 흔히 고유어로 간주되고 있지만, 기원적으로는 엄연히 차용어다. 반면에 로만어의 경우에는 학자형은 고전어 문헌에서 차용된 것이고, 민중형은 통속어가 진화한 것이다. 그러니까 로만어에서는 학자형은 '차용어'이고(비록 그 차용이 자신의 모어母語에서의 차용이기는 하지만), 민중형은 '고유어'다. 이런 차이는 물론 로만어가 라틴어의 '딸언어'라고 할 수 있는 데 비해, 한국어는 중국어와 족보가 아예 다른 언어라는 사정에서 나왔다. 둘째, 로만어의 경우에는 대체로 학자형이 민중형보다 뒤늦게 형성됐지만, 한국어의 경우는 민중형이 학자형보다 뒤늦게 형성됐다. 한국어 쌍형어에서 민중형이란 학자형이 형태적·의미적으로 일그러진 것에 지나지 않기 때문이다. 마지막으로, 한국어 쌍형어에선 학자형과 민중형이 유의어인 경우가 많다. 반면에 로만어에선 그런 경우가, 없지는 않지만, 드물다.

'광'과 '고방'처럼 쌍형어가 유의어를 이루고 있는 경우의 예로는 멱(미역)과 목욕沐浴, 밈과 미음米飮, 벼락과 벽력霹靂, 새앙과 생강生薑, 서낭과 성황城隍, 서랍과 설합舌盒, 설렁과 현령懸鈴, 썰매와 설마雪馬, 수세와 휴서休書, 숭늉과 숙랭熟冷, 시새와 세사細沙, 저와 적笛, 징과 정鉦, 철쭉과 척촉躑躅, 호락호락과 홀약홀약忽弱忽弱, 갸기와 교기驕氣, 겨자와 개자芥子, 골똘(하다)과 골독汨篤(하다), 과녁과 관혁貫革, 관디와 관대冠帶, 대추와 대조大棗, 도둑과 도적盜賊, 동아와 동과冬瓜, 마고자와 마괘자馬褂子, 모과와 목과木瓜, 방죽과 방축防築, 봉숭아와 봉선화鳳仙花, 봉치와 봉채封采, 사글세와 삭월세朔月貰, 산디와 산대山臺, 생목과 서양목西洋木, 수아주와 수화주水禾紬, 아둔(하다)과 우둔愚鈍(하다), 앵미와 악미惡米, 우엉과 우방牛蒡, 조금과 조감潮減, 재촉과 최촉催促, 조용(하다)과 종용從容(하다), 주리와 주뢰周牢, 채비와 차비差備, 추렴과 출렴出斂, 피마와 빈마牝馬, 황아와 황화荒貨, 데유와 도유塗油 따위의 말들을 들 수 있겠다.

또 '사냥'과 '산행'의 경우처럼 쌍형어의 뜻이 다소 다른 예로는 누비와 납의衲衣, 마냥과 매상每常, 바랑과 발낭鉢囊, 버꾸와 법고法鼓, 성 냥과 석류황石硫黃, 술래와 순라巡邏, 시중과 수종隨從, 얌체와 염치 廉恥, 자닝(하다)과 잔인殘忍(하다), 장난과 작란作亂, 짐승과 중생衆生, 챙과 차양遮陽, 처녑과 천엽千葉, 처란과 철환鐵丸, 가게와 가가假家, 가난과 간난艱難, 감자와 감저甘藷, 곤두박질과 근두박질筋斗撲跌, 과일과 과실果實, 과판과 국화판菊花瓣, 구완과 구원救援, 귀양과 귀 향歸鄕, 나인과 내인內人, 내숭과 내흉內凶, 동냥과 동령動鈴, 동네와 동내洞內, 미욱(하다)과 미혹迷惑(하다), 새경과 사경私耕, 수저와 시저 匙箸, 억수와 악수惡水, 엄두와 염두念頭, 이방과 예방像防, 재미와 자 미滋味, 푸만(하다)과 포만飽滿(하다), 흐지부지(하다)와 휘지비지諱之 秘之(하다), 고약(하다)과 괴악怪惡(하다), 채신과 처신處身, 초승과 초 생初生 따위가 있다.

말하자면 라틴어의 '딸언어들'인 로만어들에도 최소한 두 개의 어휘층—통속 라틴어가 입을 통해 진화한 단어들과 고전 라틴어가 글을 통해 차용된 단어들—이 존재한다. 한국어나 일 본어에 최소한 두 개의 어휘층—고유어와 한자어—이 존재하듯 이 말이다.

로만어가 아닌 다른 유럽어들의 사정은 한국어나 일본어의 경우와 비슷해 이해하기 쉽다. 예컨대 게르만어에 속하는 영어의 경우에 고급스러운 개념어들은 라틴어나 고대 그리스어에 연원 을 둔 것이 대부분이고, 앵글로색슨 계통의 말, 즉 게르만 기원의 어휘들은 대체로 기초 어휘들이다. 라틴어에 기원을 둔 영어 단어들 가운데는 고전 라틴어 문헌으로부터 직접 차용한 것도 있고 프랑스어를 통해서 간접 차용한 것도 있다. 앞쪽은 문헌을 통한 차용어여서 라틴어의 원형을 많이 유지하고 있는 데 견주어, 뒤쪽은 통속 라틴어가 변한 프랑스어와의 접촉을 통해 차용한 말이어서 형태가 많이 뒤틀려 있다. 물론 글을 통해 차용한 말, 즉 형태가 원형에 가깝게 보존되고 있는 말들이 더 격이 높게 보인다.

예컨대 영어 단어 regal과 royal과 kingly는 모두 다 '임금과 관련된'이라는 뜻의 유의어다. 그 가운데 regal은 같은 뜻의 라틴어 형용사 regalis를 문헌을 통해 직접 차용해왔거나, 고대 프랑스어가 이 regalis를 regal의 형태로 차용한 것을 다시 차용한 것이다. royal은 이미 라틴어 regal의 원형이 많이 망가져버린 고대 프랑스어 roial(근대 프랑스어 royal)을 영어가 차용한 것이다. kingly는 게르만 고유의 어휘다. 이 세 단어가 완전한 동의어라고는 할 수 없겠지만(실상 완전한 동의어란 거의 없다), 비슷한 의미를 지녔다고 할 때, 라틴어의 형태를 제일 많이 보존하고 있는 regal이 제일 고급스러운 표현이라면, '망가진' 프랑스어에서 온 royal이 그 뒤를 잇고 있고, 게르만 고유의 어휘인 kingly는 제일 평범한 말이다. 즉 비슷한 개념을 나타내는 말들이라고 할지라도 라틴어/프랑스어에 연원을 둔 말이 게르만 고유의 어휘보다 더 격이 높아 보이는 것이다. 이것은 우리말에서 한자어와 고유어가 유의어 상태에 있을 때, 한자어의 격이 고유어보다 더 높아 보이는 것과 비슷하다.

독일어의 경우엔 근세 초기의 맹렬한 언어순화운동 덕분에 개념어의 상당 부분을 게르만 계통의 어휘가 감당하게 됐지만, 그래도 개념어를 그리스어/라틴어 계통의 어휘가 감당하고 기초어휘 부분을 게르만 계통의 어휘가 감당하는 틀은 유지되고 있다. 유럽의 다른 언어들도 대체로 사정이 같다. 물론 예컨대 아이슬란드어처럼 거의 모든 외래어를 게르만계 어휘로 번역해 자국어휘에 편입시킴으로써 순수주의를 고집하고 있는 언어도 있지만, 대부분의 유럽어에는 다소간 그리스어/라틴어에 기원을 둔 단어들이 산재해 있고, 그 단어들은 대체로 '문화 어휘'라고 불리는 지적인 낱말들이다. 유럽 문명의 뿌리가 고대 그리스와 로마에 있다는 점도 이런 사정을 초래했지만, 더 직접적으로는 국경을 넘어서 유럽을 지배했던 가톨릭교회와 정교회가 오래도록 라틴어와 그리스어를 전례어로 삼았다는 점도 이런 사정과 관련이 있다.

난학 이래의 일본 학자들이 유럽의 개념들을 번역하거나 새로운 개념들에 이름을 줄 때 한자를 사용했듯이, 유럽의 학자들은 새로운 개념어들을 만들 때 대체로 고대 그리스어나 라틴어에 기댄다. 분야에 따라 차이가 있어서 예컨대 의학 분야에서는 그리스어가 우세하고 식물학에서는 라틴어 쪽이 압도적이라든가 하는 차이는 있지만, 아무튼 이 두 언어에 기대어서 새로운 용어들을 만든다. 라틴어를 모어로 삼고 있는 언어권의 학자들, 즉 프랑스어권이나 이탈리아어권의 학자들은 세월에 의해 형태가 망가진 '민중형' 어휘가 아니라 고전어의 형태를 거의 그대로 보존하고 있는 '학자형' 어휘를 사용해 새로운 술어를 만든다. 그들은 자기들이 명명할 새로운 개념이 나타났을 때, 고대 그리스인들이나 로마인들이 비슷한 뜻으로 사용한 말들이 있으면 그걸 직접 차용하고, 그런 말들이 고전 문헌에 없으면 고전어의 어근을 합성해서 새로운 말들을 만들어낸다. 일본인들이 서양의 개념어를 번역하면서, 중국의 고전에서 차용하거나 한자를 조립해 신조어를 만드는 것과 비슷한 과정이다.

이런 그리스·라틴형 신조어들은 유럽의 모든 나라에서 만들어진다. 물론 문화적 힘이 큰 나라에서 더 많이 만들어진다. 그 말들이 주로 프랑스어권에서 만들어진 시절도 있었고, 독일어권에서 만들어진 시절도 있었다. 예컨대 근대 화학의 초창기 시절, 원소 이름을 비롯한 대부분의 화학용어들은 프랑스에서 만들어졌고, 19세기부터 20세기 초까지 유럽에서 만들어진 생화학·의학 용어들은 많은 수가 독일어를 고향으로 삼았다. 지금은 주로 영어권에서 만들어진다. 물론 여기서 영어권이란 영국이 아니라 주로 미국을 가리킨다. 자연과학을 비롯해 학문의 전

분야에서 이제 미국의 선도성은 확고하니, 결국 새로운 용어, 그리스·라틴형 신조어는 미국에서, 즉 영어에서 탄생할 수밖에 없다.✦

✦ 로만어권 유럽 국가가 아니라 미국이 그리스·라틴형 신조어의 가장 중요한 제조 공장이 되고 있는 것은, 19세기 말 이래 한자를 이용한 신조어의 가장 중요한 생산지가 중국이 아니라 일본이었다는 사실에 비견될 만하다.

그리고 이 신조어들은 금세 전 유럽어권으로 퍼진다. 물론 각 언어의 형태론에 맞게 어미語尾 따위가 조금씩 변화한 채로 말이다. 이것은 프랑스나 독일에서 이런 신조어들이 주로 생산되던 과거에도 마찬가지였다. 그래서 이런 전문용어들은 언어와 상관없이 그 형태가 비슷하고, 전문가들이라면 처음 보는 말이라고 해도 한눈에 그 뜻을 알아볼 수 있다. 이것은 동아시아에서 한자로 쓰인 전문어가 해당 분야의 전문가에게, 한국인에게든 일본인에게든 중국인에게든, 금세 이해되는 것과 비슷하다.

일본에서 한자를 기초로 해서 만들어진 신어의 상당수가 한자의 본산인 중국으로 다시 수출되었듯, 유럽 여러 나라에서 그리스어 어근을 기초로 해서 만들어진 신어들이 그리스로 다시 수출되는 예도 흔하다. 예컨대 그리스어 어근을 기초로 해서 프랑스인들이 만들어냈거나 고전 그리스어에서 프랑스인들이 차용한 téléphone(전화), cinématographe(영화, 영사기), phonographe(축음기), lithographie(석판술, 석판화), microbe(미생물), thermomètre(온도계), hypertrophie(이상 비대), phobie(병적인 공포), chlore(염소) 따위의 프랑스어 낱말들은 현대 그리스어에 tiléphono, kinêmatográphos, phonógraphos, lithographía, mikróvio, thermómetro, ypertrophía, phovía, khlórion 등의 형태로 차용되었다. 이런 '신어'를 뜻하는 프랑스어 néologisme도 neologizmós라는 형태로 원래의 고향인 그리스를 찾았다. 가이사의 것이 가이사에게로 돌아간 셈이다.

그런데 유럽어에서도 이 신조어들이 그리스어/라틴어에 기반을 두고 만들어진다는 사실은 아주 중요하다. 유럽이나 미국의 학자들이 새로운 개념어들을 그리스어/라틴어에 기반을 두고 만드는 것은, 일본의 난학자들과 그 후예들이 서양의 개념을 번역하며 한자에 의존했을 때와 마찬가지로, 고전 그리스어/라틴어와 그 말로 이루어진 문화에 대한 존중 때문일 것이다. 그리고 자기들의 모국어가 이들 고전어와는 좀 거리가 있는 사람들, 예컨대 게르만어 화자나 슬라브어 화자는 그런 관행이 불만스러울지도 모른다. 그러나 학자들의 바로 그런 '비주체적인' 선택이 그 학자의 모국어에 영예를 주고 있다. 게르만어권의 학자나 슬라브어권의 학자가 만든 그 새로운 말들이 그리스어/라틴어에 기반을 두지 않았다면, 그것이 그렇게 쉽게 다른 언어권으로 전파될 수는 없었을 것이기 때문이다.

예컨대 게르만어로서의 영어에 대한 애착이 아주 강한 미국의 학자가 새로운 용어를 게르만어를 기반으로 해서 만들었다고 하자. 물론 미국의 힘이 아주 크므로, 그 말들이 영어권 바깥으로 퍼지기는 할 것이다. 그러나 그것이 그리스어/라틴어를 기반으로 한 경우만큼 빨리, 그리고 받아들이는 사람에게 심리적 부담을 주지 않고 퍼지지는 않을 것이다. 그 조어가 순수한 영어, 즉 게르만 계통의 영어를 바탕으로 했을 경우, 예컨대 프랑스인이나 폴란드인은 그 말을 완전한 외국어로 받아들이게 될 것이다. 그러나 그 조어가 그리스어/라틴어를 기초로 만들어졌을 때는 사정이 다르다. 그 새로운 말은, 그 말을 어느 나라 사람이, 어느 언어 화자가 만들었든, 유럽어를 쓰는 모든 사람에게 익숙하게 받아들여질 것이다. 그 신조어는, 1천 수백 년 동안 자기들 언어에서 흔히 보아왔던 고전어 계통의 단어일 뿐이기 때문이다. 말하자면 한자가 단지 중국인만의 것이 아니라 동아시아 사람들을 문화적으로 묶는 공통자산이듯, 고전 그리스어/라틴어(의 어근들)는 유럽어 화자들을 문화적으로 묶는 공통자산인 것이다. 어떤 의미에선 동아시아인 모두가 중국인이듯, 유럽인 모두가 그리스인인 것이다. 여기서 또 중요한 것은 동아시아 나라들에서 한자어의 차용 경로가 압도적으로 문헌을 통한 것이듯, 유럽어에서의 그리스어/라틴어 계통의 어휘가 차용된 경로도 그 절대 다수가 문헌을 통한 것이라는 점이다. 이것은 아주 오랜 세월 유럽의 공통문어가 라틴어였고, 동아시아의 공통문어가 고전 중국어 즉 한문이었다는 사정과 밀접한 관계가 있다. 그러나 그 문제는 뒤에 영어공용어론을 검토하며 다시 살펴겠다.

✦

한국어 문장의 시작은 번역문

번역문투에 대한 비판에 대해서는 길게 반박하지 않겠다. 복거일이 설득력 있게 반박하고 있기 때문이다. 다만 한 가지, 기록언어로서의 한국어의 출발이 번역문이었다는 것은 꼭 강조돼야 한다. 한글이 창제되기 전부터 한문을 이찰로 번역하는 것은 관청에 널리 퍼진 관행이었으니, 김지와 고사경이 번역한《대명률직해》(1395)는 조선조 초의 대표적인 이찰 번역이다. 훈민정음이 창제된 이후도 마찬가지다. 한글로 쓰인 첫 번째 한국어 문장은, 서울 지하철 3호선 교대역 내벽에도 크게 새겨져 있는, 그 유명한 "나랏말ㅆ미 듕귁에 달아 문ㅉ와로 서르 ㅅ뭇디 아니홀ㅆㅣ…" 운운인데, 한글 탄생의 매니페스토라고 할 만한 이 문장 자체가《훈민정음 언해》라는 이름의 번역문이다. 다시 말해 그

원문은 고전 중국어, 즉 한문인 것이다. 유교·불교 경전이나 중국의 고전 시를 대상으로 조선조 중기까지 활발히 이뤄진 언해는 구결이나 이찰식으로 한자어가 주가 된 직역의 형태를 띠기도 하고, 그 의미를 우리말로 자세히 풀어놓은 의역의 형태를 띠기도 해, 전자는 공문식 문체의 기초가 되고 후자는 일반문체의 기초가 되었다.

한글이 창제된 이후에도 한문의 위세에 눌려 한글 문헌의 축적이 두텁지는 않았지만, 그 두텁지 않은 한글 문헌의 큰 부분이 번역문이었다는 사실이 잊혀서는 안 된다. 《능엄경 언해》 《법화경 언해》 《금강경 언해》 《불정심다라니경 언해》 《부모은중경 언해》 등의 불경 번역, 《삼강행실도 언해》 《대학 언해》 《중용 언해》 《논어 언해》 《맹자 언해》 《주역 언해》 《시경 언해》 《소학 언해》 등의 유교 경전 번역, 《두시 언해》 등의 시 번역 등 이 '번역문체'의 한국어 문헌들은 조선조의 빈약한 한글 문헌의 주류를 형성하며 한국어 문장의 규범이 되었다. 흔히 19세기 말의 국한혼용체 문장을 오로지 일본문의 영향으로 성립된 문체로 치부하는 시각이 있지만, 언해식 문장과 국한혼용체 사이에는 분명한 연속성이 있다는 사실도 강조돼야 한다.

이렇듯 문장어로서의 한국어의 시초가 언해라는 이름의 번역문이었고, 현전하지는 않지만 문헌상의 기록으로 보아 존재했던 것이 확실한 수많은 명청대 소설의 번역문은 조선조 시대 한국어 문장의 실험실이었을 것이다. 한국어 문장이 번역으로 시작됐다는 것은 특이한 일도 아니고 부끄러운 일도 아니다. 근대 독일어가 루터의 성경 번역으로 시작된 것은 널리 알려진 일이고, 유럽의 다른 많은 언어들도 고전언어의 번역문들로써 초창기의 규범을 확립했다. 그렇다면 번역체가 아닌 한국어 문장이 어떤 것인지 나는 상상할 수 없다. 완전한 언문일치 문장이 그것이라고 말할 사람이 있겠지만, 그런 완전한 언문일치 문장이 가능하냐를 떠나서, 그런 언문일치 문장으로 우리가 할 수 있는 것은 낮은 차원의 잡담밖에 없다. 게다가 우리에게는 16세기 전반기 구어체 한국어의 편린을 엿볼 수 있는 자료로 중국어 회화책의 번역인《노걸대 언해》와《박통사 언해》가 있지만, 이것 역시 결국 언해, 곧 번역일 뿐이다. 그러므로 문제는 어떤 사람의 문장이 번역투냐 아니냐에 있는 것이 아니라, 그 문장이 번역투든 아니든 한국어의 통사규칙이 허용하는 범위 안에 있느냐 그렇지 않으냐에 있는 것이다. 번역투 문장에 대해서 새된 목소리로 비난하는 사람들이 흔히 오문투성이의 글을 쓰고 있는 것은 보기 딱하고 민망한 일이다.

　　외래어가 됐든 번역투가 됐든, 그것들을 인위적으로 몰아내 한국어를 순화하겠다는 충동은 근본적으로 전체주의적이라는 점이 강조돼야 한다. '국어순화'의 '순화'는 제5공화국 초기 삼청교육대의 저 악명 높은 '순화교육'의 '순화'다. 실상, 순결을 향한 집착, 즉 순화 충동은 흔히 죽임의 충동이다. 믿음의 순결성, 피의 순결성, 이념의 순결성에 대한 집착이 역사의 구비구비에 쌓아놓은 시체더미들을 잠깐 상상하는 것만으로도 우리는 '국어순화'의 충동에 내재된 위험을 감지할 수 있을 것이다.

✦
'순수한 독일어'라는 우상과 환상

나는 여기서 사람들이 자신들의 모국어에 대해 취하는 세 가지 태도를 검토하고 싶다. 그것은 독일형, 영국형, 일본형이라고 명명할 만한 것이다. 고유명사 대신 특징어를 집어넣는다면, 폐쇄형, 개방형, 양향형이라고도 말할 수 있겠다. 물론 이 특징들은 이 나라의 국민성을 가리키는 것이 아니라 특정한 역사적 시기에 이들이 자기들 언어에 대해 취했던 태도를 지칭할 뿐이다.

먼저 독일의 경우를 살피자.

1617년 루트비히 폰 안할트는 라틴어나 프랑스어 같은 '문화어들Kultursprachen'에 맞서서 독일어를 선양하고 순화하기 위한 단체를 만들었다. '결실의 모임Fruchtbringende Gesellschaft' 또는 '종려나무 교단Palmenorden'이라고 불렸던 이 협회는 쾨텐, 바이마르, 할레 등지에 사무실을 두고 '애국적 인사들'을 규합했다.

마르틴 오피츠, 요한 미하엘 모셰로슈, 프리드리히 폰 로가우, 유스투스 게오르크 쇼텔, 안드레아스 그리피우스 등 당대의 일급 지식인들이 회원으로 참가한 이 '결실의 모임'은 뒤이어 독일 전역에서 우후죽순처럼 결성될 수많은 순수주의 운동단체들(독일에서는 이 단체들이 언어협회들Sprachgesellschaften이라고 불렸다)의 효시였다. '성실한 잣나무 협회' '독일 애호협회' '페그네시아 꽃 모임' '엘베강 백조 교단' 등의 '향토적' 이름들을 지닌 이 언어협회들이 수행한 언어운동Sprachbewegung의 핵심은 '독일화Verdeutschung'였다. 즉 라틴어, 그리스어 같은 고전어와 특히 프랑스어에 깊이 침윤된 독일어 어휘를 순수하게 독일화하는 것이었다. 그들은 이런저런 글들을 통해 이른바 '알라모더라이(Alamoderei, 프랑스풍 생활양식이나 예절의 모방, 또는 독일어와 프랑스어를 섞어 쓰기. 특히 30년전쟁 기간과 그 이후 독일어에는 프랑스어 단어가 물밀듯이 파고들었을 뿐만 아니라, 지식층을 비롯한 일부 사회계층에서는 완전한 프랑스어/독일어 이중언어 상태나 프랑스어만을 쓰는 관습이 존재했다)'를 풍자하며, 차용어들을 대체하기 위한 순수한 독일어 어휘를 새로 만드는 데 열중했다.

예컨대 쇼텔은 Grammatik(문법)에 대하여 Sprachlehre라는 말을, Verbum(동사)에 대하여 Zeitwort라는 말을, Semicolon(세미콜론)에 대하여 Strichpunkt라는 말을 만들어냈다. 하르스되르퍼도 Correspondance(서신 교환)에 해당하는 Briefwechsel이라는 말과 Labyrinth(미로)에 해당하는 Irrgarten이라는 말을 만들어냈다. 이들 동시대인들 가운데서 이런 독일어화에 가장 열심이었던 사람은 필리프 폰 체젠이었다. 그는 차용된 지 오래돼 토착어나 다름이 없이 돼버린 단어들까지도 축출하고 새 말을 만드는 열의를 보여 언중의 외면을 받기도 했지만, 그가 만든 말들 가운데 상당수는 몇백 년의 세월을 견뎌내고 아직까지 쓰이고 있는 것도 사실이다. 예컨대 Dialekt(방언)에 해당하는 Mundart, Liberté de conscience(양심의 자유)에 해당하는 Gewissensfreiheit, Autor(저자)에 해당하는 Verfasser, Horizont(지평선, 수평선)에 해당하는 Gesichtkreis, Epigramm(풍자시, 격언시)에 해당하는 Sinngedicht 따위의 말들은 체젠이 만든 것이다. 때는 바로크의 세기였고 독일화의 열정은 자주 지나침이 있었다. 어떤 신조어들은 동시대인들에게 혐오감을 주어 받아들여지지 않았고, 또다른 어휘들은 일단 받아들여졌다고 하더라도 이내 사라졌다. 오늘날 Nase(코)를 Gesichtvorsprung(얼굴의 튀어나온 부분)이라고 말하는 독일 사람은 없고, Natur(자연)를 Zeugemutter(증거가 되시는 어머니)라고 말하는 사람도 없으며 Fieber(열병)를 Zitterweh(떨리는 아픔)이라고 말하는 사람도 없다. 더구나 Nase는 게르만계의 고유어인데도 외래어로 잘못 파악하고 우스꽝스러운 말을 만들어낸 것이다.

이런 언어운동가들이 한 일은 신어의 창조만이 아니라, 정서법의 통일과 문장규범의 확립 등 여러 면에 걸쳐 있었다. 이들 순수주의자들은 거의 전부가 프로테스탄트들이었으므로 그들이 전범으로 삼아 퍼뜨린 독일어는 루터 성경의 독일어였다. 그들은 루터 성경의 독일어를 기초로 삼아서 여러 방언들과 싸우며 표준적인 신고지독일어新高地獨逸語를 확립했다. 그들은 특히 정서법 확립에 힘을 기울였다. 쇼텔 이래로 독일어의 역사에 대한 관심이 확산된 것도 철자법 확립에 기여했다. 독일어 문법학자들은 독일어의 철자를 확립하는 데 단순히 그 발음만이 아니라 독일어사 연구에 따른 동원同源 여부를 고려하게 되었다. 그들은 많은 쌍자음을 없앴고, 그때까지 문장을 구분하던 횡선 대신에 쉼표와 마침표를 도입했으며, 문장의 문법적 마디를 명료하게 하기 위해서 명사의 첫 글자를 대문자로 쓰도록 규정했다.

순수파 문법학자들은 독일어 어휘부에 들어온 외래요소들을 몰아내고 형태부를 통일하며 철자법을 합리화하는 데 만족하지 않았다. 그들의 야심은 독일어를 세련화시켜서 문화어로 만들고 프랑스어와 같은 수준으로 이끌어올리는 것이었다. 그래서 문체와 시에 대한 연구는 언어운동가들의 주요한 관심이 되었다. 이들의 이런 노력이 뒷날 괴테와 실러에 의해 완성되는 '고전 문학어로서의 독일어'의 확립에 커다란 기여를 한 것은 분명하다.

그러나 이 순수주의자들의 첫 번째 관심이 독일어 어휘부의 '독일화'에 있었던 것 역시 분명하다. 독일어가 더이상 다른 문화어들의 위협을 걱정하지 않아도 되게 된 19세기 초까지 이 언어순화의 노력은 꾸준히 계속되었다. '외래어 사냥Fremdwortjagd'이라는 비아냥을 받으면서도 지속적으로 힘을 확장해온 이 순수주의는 19세기 초 요아힘 하인리히 캄페가 펴낸 두 종의 사전 속에 집대성됐다.《독일어 사전》(1807)과《외래 표현이 침투한 우리말의 설명과 독일화를 위한 사전》(1813)을 통해 캄페는 대부분의 차용어들이 순수한 독일어로 표현될 수 있다고 주장하며 일일이 그 예를 들어놓았다. 그가 직접 만들거나 지지한 신조어들의 상당수는 프랑스/라틴계 단어들을 대체하는 데 성공했거나, 그러지는 못했을지라도 오늘날까지 사용되고는 있다. 예컨대 캄페는 Zirkulation(순환, 유통)에 대응하는 Umlauf, Republik(공화국)에 대응하는 Freistaat, Supplikant(청원자)에 대응하는 Bittsteller, Rendezvous(회합, 데이트)에 해당하는 Stelldichein, Karikatur(풍자화)에 해당하는 Zerrbild, Appetit(식욕)에 해당하는 Esslust, Revue(열병閱兵)에 해당하는 Herrschau 같은 낱말을 새로 만들어 독일어 어휘 속에 포함시키는 데 성공했다. 캄페의 동료이자 체조 교사로 유명한 얀은 Nationalität(민족성)의 의미로 Volkstum이라는 말을 만들었고, Rezension(서평)이라는 의미로 Besprechung이라는 말을 사용해 독일어의 '독일화'에 기여했다. 그러나 이런 성공적인 예들 뒤에는, 사람들에 의해 받아들여지지 않아 이내 잊혀버리고만 무수한 하루살이 '독일어 단어'들이 있었다.

17세기 이래의 독일어 순화운동은 꽤 많은 '순수 독일계' 어휘를 독일어 어휘 속에 포함시키는 데 성공했고, 또 그만큼은 아닐지라도 상당한 수의 프랑스/라틴계 어휘, 그리스어계 어휘를 독일어에서 몰아내는 데 성공했다. 그러나 '독일어의 완전한 독일화'라는 순수주의자들의 목표는 그들이 처음 의도했던 것에는 훨씬 못 미쳤다. 지금의 어떤 독일어 사전을 펼쳐도 프랑스/라틴계, 그리스어계 단어들은 수두룩하다. 그것은 이 순수주의자들이 어떤 '문체적 의도들'을 무시한 채 오로지 언어의 피를 순화하는 데만 정신을 쏟았기 때문이다.

문제는 '독일어의 완전한 독일화'라는 이들의 궁극적 목표가 실패했다는 데 있는 것이 아니라, 독일의 역사에서 민족주의의 기운이 위험스러울 정도로 높아질 때마다 이 순수주의가 기승을 부렸다는 데 있다. 19세기 초 이래 얼마간 잠잠했던 순수주의는 프로이센-프랑스전쟁의 승리로 1871년에 제2제국이 성립하면서 다시 역사의 전면에 나타났다. 17세기 초처럼 다시 언어협회들이 생겼고, 이 세기 말부터 20세기 초에 걸쳐 열 권으로 된《독일화에 관한 책Verdeutschungsbücher》이 발간됐다. 헤르만 리겔이 이끈 대표적인 언어협회는 3만 명이 넘는 회원을 거느리고 있었고, 여기에는 공무원들도 상당수 포함됐다. 체신국장 하인리히 폰 슈테판은 체신 관련 외래어 760개를 '순수 독일어'로 바꾼 공로로 1887년에 이 언어협회의 명예회원이 되었다. Telefon(전화기)을 Fernsprecher로, recommandieren(등기로 부치다)을 einschreiben으로 바꾼 것이 바로 슈테판이다.

그러나 예컨대 Fernsprecher가 Telefon을 독일어에서 구축할 수는 없었다. 시민들은 오히려 일상적인 구어에서 Telefon이라는 외래어를 더 선호했다. 관습의 힘도 관습의 힘이지만, 이 단어가 독립적으로 존재하는 것이 아니라 독일어의 어휘장 속에서 이미 많은 파생어들을 생산해낸 상태였기 때문이다. 예컨대 Telefon이라는 단어는 독일어 속에서 telefonieren(전화 걸다), telefonisch(전화의), Telefonist(전화교환수), Telefongespärch(전화통화), Telefonhörer(수화기), Telefonbuch(전화번호부) 같은 단어들과 단단히 연결돼 있는데, Telefon이라는 단어를 포기하게 되면 다른 단어들도 포기해야 하므로, 그것이 일반인들에게는 불편한 일이었던 것이다.

그러나 빌헬름 왕조 시기에 독일을 풍미한 민족주의 열풍에 힘입어, 순수주의자들은 많은 외래어를 독일화하는 데 성공했다. 그 독일화는 이 시기에 독일에서와 같은 정도의 순수주의 운동이 없었던 오스트리아나 스위스의 독일어와 독일의 독일어 사이에 일정한 균열을 만들어내기도 했다. 예컨대 교통 분야에서 오스트리아 독일어나 스위스 독일어에는 Perron(플랫폼)이나 Coupé(칸막이 객석)처럼 오래전부터 써오던, 그리고 외국인들에게 쉽게 이해되는 외래어들이 지금도 남아 있지만, 독일에서는 이미 빌헬름 시절에 이 단어들이 Bahnsteig와 Abteil이라는 '순수 독일어'로 대치됐다.

이 언어순수주의자들은 두 차례의 세계대전 기간 동안에는 아마추어 언어학자로 남는 데 만족하지 않고, 정치적 운동을 조직하기도 했다. 제1차 세계대전 기간 동안 '순수한 독일어'를 쓰지 않는 사람들은 이들에 의해 '정신적인 반역자'로 매도됐고, "독일어를 사용하는 하나의 독일 민족만이 최고의 민족"이라는 구호가 횡행했다. 히틀러 치하에서 독일 민족주의가 극성을 부리며 최고의 시절을 맞게 된 언어협회는 제2차 세계대전이 발발하자 '모국어의 돌격부대'로 자처하며, "마르크스주의적·민주주의적 의회주의의 탈독일화되고 외국화된 언어"와의 투쟁을 선포했다. 그들이 생각하기에 당대의 독일어는 "유태인과 서유럽의 영향으로 붕괴돼버린 독일어"였다.

독일에서의 이런 언어순화론은 Radio(라디오)를 Rundfunk로 바꾸고, Television(텔레비전)을 Fernsehen으로 바꾸고, Journal(잡지)을 Zeitschrift로 바꾸는 '개가'를 이루어냈지만, 그 대가로 독일 역사의 한켠에는 '순수한 독일어'라는 우상을 섬기는 언어물신주의가 자리잡게 되었다.

오늘의 영어를 만든 '너그러움'

독일어와 같은 게르만어인 영어는 외래어·외국어에 대해 독일어가 취했던 것과는 전혀 다른 태도를 취했다. 이미 고대 영어 시절부터 라틴어 단어를 폭넓게 받아들였던 영어는 1066년 노르망디 공 윌리엄의 잉글랜드 정복 이래 프랑스어에 깊이 침윤되었다. 지배층은 오로지 프랑스어(정확히는 고대 프랑스어의 방언인 앵글로노먼)만을 사용했고, 영어는 피지배계급의 '천한' 언어였으나, 그 천한 언어에도 지배계급의 언어가 수혈돼 영어 어휘부에서 프랑스어/라틴어 계열이 차지하는 비중은 점점 늘어났다. 두 개의 중요한 사건이 없었다면 아마 영어는 프랑스어에 눌려 잉글랜드 영토에서도 소멸되고 말았을 것이다. 그 사건 가운데 첫 번째는 1204년에 잉글랜드가 노르망디의 영토를 잃어버린 것이다. 이것은 잉글랜드 왕실이 자신들의 고향인 유럽 대륙의 프랑스어 사용 지역을 프랑스 왕에게 빼앗김으로써 잉글랜드와 프랑스어권과의 영토적 관련이 끊겼다는 것을 의미한다. 두 번째 사건은 1337년부터 1453년까지 지속된 백년전쟁이다. 이 전쟁은 영국인의 애국심을 고양함으로써 '천한 언어'인 영어에 대한 애착을 불러일으켰다. 백년전쟁 기간 중인 14세기 중엽에 영어는 공용어의 지위를 되찾았지만, 이 중세 영어는 적어도 어휘부에서는 반 이상이 고대 프랑스어가 돼버린 언어였다.

그러나 영국인들은 자기들 언어에 깊숙이 들어온 프랑스어를 배척하려 하지 않았다. 영어가 공용어가 된 뒤로도 여전히 궁중의 일부와 법정에서는 프랑스어가 사용되었다는 사실도 이런 너그러움의 이유(또는 결과?)가 되었다. 영국의 법정이 프랑스어를 포기하고 영어를 채택한 것은 18세기(1731년)에 이르러서였다. 말하자면 영어와 프랑스어는 영국 땅에서 700년 가까이 동거한 셈이다. 그래서 영어는 영국에서 공용어의 지위를 되찾은 뒤에도 프랑스어로부터 끊임없이 새로운 단어를 수혈받았다. 그 단어들은 정치, 법률, 행정, 예술, 과학, 종교 등 상부구조 전반에 걸친 것이었다. 오늘날 영어 단어 가운데 비교적 고급스러운 말들은 대체로 프랑스어에서 온 말들이다.

그것보다 더 중요한 것은 이들 프랑스어의 수혈이 영어에 계열이 다른 유의어군을 형성해놓았다는 것이다. 즉 원래의 앵글로색슨어가 존재하고 있는 상태에서 프랑스어가 그 위를 덮어씌운 셈이어서 영어는 비슷한 의미를 지닌 무수한 쌍의 유의어를 갖게 됐다. 몇몇 동사의 예를 들자면 '대답하다'의 뜻인 to answer와 to reply, '시작하다'의 뜻인 to begin과 to commence, '숨을 들이쉬다'의 뜻인 to breathe in과 to inhale, '숨을 내쉬다'의 뜻인 to breathe out과 to exhale, '묻다'의 뜻인 to bury와 to inhume, '끝내다'의 뜻인 to end와 to finish, '먹이다'의 뜻인 to feed와 to nourish, '예언하다'의 뜻인 to foretell과 to predict, '돕다'의 뜻인 to help와 to aid, '늘이다'의 뜻인 to lengthen과 to elongate, '팔다'의 뜻인 to sell과 to vend, '이해하다'의 뜻인 to understand와 to comprehend, '뿌리 뽑다'의 뜻인 to uproot 와 to eradicate, '땀 흘리다'의 뜻인 to sweat와 to perspire, '앞서다'의 뜻인 to outrun과 to surpass, '주다'의 뜻인 to give와 to donate, '유지하다'의 뜻인 to keep up과 to maintain, '침 뱉다'의 뜻인 to spit와 to expectorate, '막다'의 뜻인 to hinder와 to prevent 같은 쌍들이 그렇다. 이 목록은 두터운 사전을 하나 만들 수 있을 만큼 길게 늘일 수 있다. 지금까지 우리에게 알려진 언어 가운데 영어만큼 어휘가 풍부한 언어는 없는데, 그렇게 된 가장 중요한 이유는 영어가 기본적으로 외래어에 열려 있었다는 데에서 찾을 수 있다.

그 외래어 가운데 가장 중요한 것은 이 프랑스/라틴제 말들이다. 이런 유의어 쌍에서 앵글로색슨 계통의 말이 대체로 친근하고 일상적인 단어들인 데 견주어 프랑스 계통의 말은 대체로 중후하고 공식적인 단어들이라는 건 위에 든 예에서도 쉽게 알 수 있다. 물론 '골짜기'를 의미하는 앵글로색슨계 단어 dale이 같은 뜻의 프랑스어계 단어 valley보다 더 문학적이고 어려운 말인 것처럼 여기에도 예외는 있지만, 대체로는 프랑스(/라틴/그리스)계 단어가 그 단어의 앵글로색슨계 유의어보다 뉘앙스가 무거운 것이 사실이다. 이것은 말할 것도 없이 우리말에서 흉부, 복부, 폐, 안구, 혈액, 피부, 체중, 신장, 전신, 연령, 해양, 과실, 두유, 분말, 한발 등의 중국계 어휘들이 그 고유어 계통의 유의어인 가슴, 배, 허파, 눈알, 피, 살갗, 몸무게, 키, 온몸, 나이, 바다, 열매, 콩기름, 가루, 가뭄 같은 말들보다 더 무겁고 공식적인 말들인 것에 거의 정확히 대응한다. 우리말에서도 예컨대 '발'이라는 말에 비해 '족'이라는 한자어가 더 비속한 어감이 담겨 쓰이는 경우가 있기는 하지만 그것은 예외일 뿐이다. 1066년 이래 프랑스어의 '침략'이 영어를 크게 살찌웠듯, 고대 이래 한자어의 '침략'(그것이 중국으로부터의 침략이든, 일본으로부터의 침략이든, 우리 자신이 한자를 사용해 새로 만들어낸 말이든)은 한국어의 어휘를 크게 늘리며 거기에 세련된 뉘앙스를 부여했다. 그리고 19세기 말 언어민족주의자들의 순화운동이 시작돼 한자어를 우리말에서 축출해야 한다는 주장이 나오기 전까지는, 영국 사람들이 프랑스어계 단어에 대해서 그런 태도를 취하고 있듯, 한국인들은 한자어를 한국어의 본질적인 구성 부분으로 받아들였다.

영어의 외국어 흡수는 프랑스어로 그친 것이 아니다. 르네상스 이래 영어는 직접 라틴어 문헌을 통해서, 또는 프랑스어를 매개로 무수히 많은 라틴어 단어를 받아들여 영어화했고, 라틴어에 녹아 있는 그리스어 단어들도 자연스럽게 영어로 수입되었다. 물론 인문주의자들은 직접 고전 그리스어 문헌을 읽으며 많은 그리스어 단어를 영어에 보탰다.

프랑스어나 유럽의 고전어들에만이 아니라, 영어는 어떤 외래어에도 저항을 보인 일이 없었다. 영국이 영어의 중심이었을 때도 이미 영어 속에는 세계 구석구석이 원산지인 단어들이 들어 있었고, 20세기 들어 영어의 새로운 중심이 된 미국의 영어는 이미 수백 년 전부터 아메리카 원주민들의 언어에서 많은 어휘를 차용했다. 그런 사정은 세계의 다른 곳에 뿌리를 내린 영어에서도 마찬가지였다. 그것은 영어를 위해 정말 다행스러운 일이었다. 수많은 언어로부터 영어에 흡수된 풍부한 어휘는 영어에 미세한 결들을 만들어 이 언어의 세련화에 크게 기여했기 때문이다.

물론 영어권 작가들에게도 순수주의가 전혀 없었던 것은 아니다. 찰스 디킨스, 토머스 하디, 제라드 맨리 홉킨스, 조지 오웰 같은 작가들은 앵글로색슨 계통 어휘의 힘과 아름다움을 찬미했다. 특히 낭만주의가 영국을 휩쓸던 19세기에 윌리엄 반스라는 시인은 영어의 게르만적 순수성을 보존하기 위해 프랑스어, 라틴어, 그리스어를 몰아내는 것을 필생의 사업으로 삼았다. 그는 conscience(양심)라는 말을 대치하기 위해 inwit라는 고대 영어를 부활시켰고, ornithology(조류학)라는 말 대신에 birdlore라는 신조어를 사용했다. 또 synonym(동의어)이라는 말을 대치하기 위해 matewording이라는 말을 만들어내기도 했다. 그러나 오늘날 영어권의 사전 편찬자들은 그의 신조어들을 거의 무시하고 있다. 옥스퍼드 영어사전에 그가 grammar(문법)의 의미로 만든 speechcraft와 astronomy(천문학)의 의미로 만든 star-lore 정도가 실려 있을 뿐이다.

실상 반스의 선배는 16세기에도 있었다. 존 치크라는 인문주의자가 바로 그 사람인데, 그 역시 성서를 영어로 번역하면서 lunatic(미치광이의) 대신 mooned라는 단어를 썼고, centurion(고대 로마 시대에 100명으로 이뤄진 부대의 대장) 대신 hundreder라는 단어를 썼으며, prophet(예언자) 대신 foresayer라는 단어를 썼고, crucified(십자가에 못 박힌) 대신 crossed라는 단어를 썼으며, resurrection(부활) 대신 gainrising이라는 단어를 썼다. 또 18세기에 시인 조지프 애디슨이 창간한 잡지《더 스펙테이터 The Spectator》가 영어를 순화하기 위해 프랑스어 단어를 몰아내려는 캠페인을 벌인 적도 있다.

그러나 역사의 우연이든 영국인들의 기질 탓이든, 영국에서의 언어순화운동은 개인들의 돌출적 행동이나 일과성 에피소드로만 나타났을 뿐, 독일에서처럼 집단적 운동 차원으로 발전하지는 못했다.

영어는 단지 외국어의 영향에만 둔감했던 것은 아니다. 영어는 그 자체의 '타락'에도 무심했다. 독일에서 창궐하던 '언어협회'들은 물론이고, 이탈리아의 아카데미아 델라 크루스카나 프랑스의 아카데미 프랑세즈에 해당하는 언어 보호 기관이 영국이나 미국에 없었다는 것은 영어 사용자들의 이런 열린 태도를 반영한다.

영국에서 그런 시도가 전혀 없었던 것은 아니다. 소설《걸리버 여행기》로 유명한 작가 조너선 스위프트는 그가 살고 있던 18세기 영어의 '타락'에 분개해서 아카데미를 만들자는 제안을 한 적이 있다. 그가 특히 걱정스러워했던 것은 축약형 단어들의 유행이었다. 그는 구체적으로 당시 영국에서 쓰이고 있던 rep, incog, plenipo, pozz, mob 등의 예를 지적했는데, 앞의 세 단어는 각각 reputation(명성), incognito(익명의), plenipotentiary(전권을 가진), positive(긍정적인, 실증적인)의 축약형이었고, '군중'이라는 뜻의 마지막 단어 mob은 라틴어 성구인 mobile vulgus(야단스러운 군중)에서 온 것이다. '군중vulgus'은 사라지고, '야단스러운 mobile'만 남아서, 더구나 그 축약형 mob이 '군중'이 된 것이다. 흔히 이런 축약형의 단어들은 20세기 저널리즘이나 신세대들의 발명품이라고 생각하기 쉽지만, 실상 이미 18세기부터 유행했던 '언중의 지혜'였다. 스위프트가 이런 축약 관습을 그렇게 비판했음에도 영어에서, 그리고 다른 언어에서도, 이런 축약 관습은 오늘날 점점 더 널리 퍼져가고 있다. 얄궂은 것은, 스위프트가 비난했던 예 가운데 mob의 경우, 오늘날 그 원래의 꼴인 mobile vulgus는 영어에서 사라져버리고 축약형만 살아남았다는 사실이다.

스위프트는 영어의 이런 '타락'을 상설적으로 교정하기 위해 아카데미의 창설을 제안했지만, 격렬한 논쟁 끝에 영국인들은 아무 일도 하지 않는 쪽을 택했다. 그 대신 그들은 사전을 편찬했다. 18세기 영국의 새뮤얼 존슨이 편찬한 영어사전과 19세기 미국의 노아 웹스터가 편찬한 미국 영어사전은 그 뒤 영어권에서 무수히 나온 사전들의 전범이 되었다. 이 사전들이 하는 일도 결국 아카데미가 하는 일처럼 언어의 규범을 세우는 일이지만, 아카데미(가 편찬한 사전)가 언어를 지도해나간다면, (민간인이 편찬한) 사전은 언어를 따라간다는 근본적 차이가 있다. 말하자면 영국인들이나 미국인들은 자기들의 언어를 자유롭게 풀어놓았던 것인데, 그것은 자기들의 언어를 우상으로 섬겼던 한때의 독일인들의 태도와 크게 대비된다.

◆

개방주의와 순수주의를 오락가락한 일본어

일본의 경우는 독일형과 영국형 사이에서 동요하고 분열한다. 일본어에 특별한 주술적 힘이 있다고 생각하는 이른바 고토다마言靈 사상은 태곳적부터 존재해, 일본 최고의 시가집인《만요슈萬葉集》에서 이미 "우리 나라는 고토다마가 행복을 가져다주는 나라다"라는 표현을 얻고 있다. 이런 유아론적 언어관은 에도 중기 이래의 고쿠가쿠國學의 지원을 받아 학문의 옷을 걸쳤다. 말에 대해서 특별한 신앙을 가지는 것은 세계 여러 곳의 고대인들에게서 흔히 보이는 일이지만, 일본의 경우는 그것이 역사를 관통해서 오늘날까지 이르고 있다는 것이 특이하다. 쇼와昭和 초기에 도쿄대학 국사학과 교수였던 히라이즈미 기요시平泉澄는 강단에서 학생들에게 이렇게 말하곤 했다. "일본어와 같은 계통의 언어가 없는 것은 당연하다. 일본은 신국神國이어서 일본어는 신의 말을 이어받았기 때문이다."

이 괴상한 언어신비주의는 오늘날까지도 그 흔적을 강하게 남겨, 심지어 언어에 대한 전문가들, 즉 일본의 언어학자들 가운데서도 일본어는 세상의 다른 어떤 언어와도 다른 특이한 언어라고 말하는 사람들이 있을 정도다. 1979년에는 쓰노다 다다노부角田忠信라는 학자가《일본인의 뇌》라는 책을 통해 일본인이 뇌를 사용하는 방식은 다른 나라 사람들과는 판이하다고 주장해 일본어의 '특수성'을 생리학적으로 뒷받침하기도 했다. 이런 언어신비주의가 주류 언어학자들에 의해 논파된 뒤에도, 예컨대 한자와 히라가나와 가타카나와 아라비아숫자 같은 상이한 체계의 문자를 함께 사용하는 것은 세상에서 일본어뿐이라거나, 한자를 읽는 법에 음독 말고도 훈독이 있을 뿐만 아니라 음독이든 훈독이든 읽는 법이 여럿이라는 점 등을 내세워 일본어의 특수성

을 강조하려는 시도는 아직까지도 있다. 그러나 이런 '특이성'의 본질인 표기의 불안정성(예컨대 '사람'을 뜻하는 '히토'를 人, ひと, ヒト 세 가지로 표기할 수 있는 것), 발음의 불안정성(예컨대 春秋를 '하루아키'라고도 읽고 '슌주'라고도 읽을 수 있는 것. 게다가 '본인 마음대로'라고 할 수 있는 인명의 읽기를 비롯해서 일반적인 단어들도 한자로 써놓으면 올바른 발음을 확정하기 어려운 것) 따위는 일본인들의 언어적 천재를 드러내는 것이 아니라, 일본어 자체의 미숙함은 아닐지라도 그 표기법의 미숙함을 드러낼 뿐이다.✦

✦   음독에서도 일본어의 한자 읽기가 들쭉날쭉인 것은 일본어의 한자음이 중국의 여러 시대 한자음을 표 나게 반영하고 있기 때문이다. 한국 한자음의 경우엔, 그것이 중국 어느 시대 어느 지방의 음을 그 기반으로 삼고 있는지에 대해서는 논자들 사이에 견해가 갈리지만, 결국 일자/일음주의가 확립됐다. 개별 한자나 한자어들이 수입된 시차에 따라서 여러 시대의 중국 한자음을 반영하고 있을 가능성도 배제할 수는 없지만, 한국 한자음이 그것을 '입체적으로' 반영하고 있지는 않다. 그래서 '북녘 북北'을 '달아날 배北'로 읽는다거나, '풍류 악樂'을 '즐길 락樂'이나 '좋아할 요樂'로 읽는 것처럼 극소수의 예를 제외하면, 일반적으로 한국 한자음은 한 가지로 고정돼 있다고 말할 수 있다. 즉 한국 한자음도 내부적으로는 혹시 중국의 여러 시대, 여러 지방의 음을 반영하고 있을지 모르지만, 외부적으로는 통일된 음이 확립됐다.

그러나 일본어의 경우엔 그 한자 읽기(음독)가 한자나 한자어가 수입된 여러 시기와 지방의 흔적을 단지 내부적으로 간직하고 있을 뿐만 아니라 외부적으로도 그대로 드러내고 있다. 즉 일본 한자음은 동일한 글자에 대해서도 그 글자(나 그 글자가 들어가는 단어)가 수입된 시기를 반영해서 여러 가지로 읽힌다. 한자(어) 수입의 역사를 입체적으로 보여주고 있는 것이다. 그런 서로 다른 한자음들은 흔히 고온古音, 고온吳音, 간온漢音, 도온唐音=소온宋音, 간요온慣用音 따위로 불린다. 한자음이 통일될 수 없었던 것은 일본이 전형적인 봉건제를 겪었던 것, 즉 중앙집권주의의 전통이 엷었던 것과도 관련이 있을 법하다.

라캉을 인용하며 일본어의 한자 훈독에 대해 '상징적 거세의 배제' 운운하는 가라타니 고진柄谷行人 역시 크게 보면 이런 언어신비주의의 자장 안에 있다. 《창작과비평》 101호(1998년 가을)에 실린 〈일본정신분석〉이라는 글에서 가라타니는 마루야마 마사오丸山眞男가 지칭한 '천황제의 구조'의 핵심적 특징인 '주체의 부재─무책임의 체계'를 설명하기 위해서는 일본어의 서기법에서 출발하는 것이 불가결하다고 말한다. 그 글의 요점은 이렇다.

중국에 대한 한국과 일본의 차이는 한자를 받아들인 방식에 나타나 있다. 이것은 여러 가지 차이 중의 하나가 아니라 모든 차이가 그것으로 나타나는 차이이며, 또한 그 자체가 현재에 이르기까지 차이를 형성하고 있는 차이이다. 한국과 일본의 주된 차이는 일본에서는 한자를 소리뿐 아니라 훈으로 읽는 방식이 택해졌지만, 한국에서는 소리로 읽고 훈으로 읽지 않았다는 점이다. 일본어에서 한자는 훈독에 의해 내면화되지만 문자는 외부적인 차원에 머물게 된다. 그 때문에 한자로 쓰인 것은 외래적이며 추상적인 것으로 간주된다. 한국에서는 한자를 받아들일 때 '거세'가 생겨나 그 억압에 의해 주체가 생겨났지만, 일본에서는 훈독 때문에 거세의 배제가 생겨서 주체가 충분히 구성되지 않았다. 라캉이 말하는 거세란 상징계, 즉 언어적 세계(문화)로 들어가는 일인데, 훈독은 그 세계에 들어가면서도 동시에 들어가지 않는 방법이기 때문이다. 거세는 억압에 의해 주체를 만들어내지만, 동시에 신경증적인 것이 그 주체에 따라붙는다. 한편 거세의 배제는 주체를 충분히 구성하지 않고 정신증(분열병)적인 것을 초래한다. 즉 한국과 일본은 한자를 받아들이는 방식의 차이를 통해 한쪽은 신경증적이 되었고, 다른 쪽은 정신증적이 되었다. 한국인이 한자를 받아들이며 경험한 거세는 선진적인 문명국가에 접했을 때 그 주변 민족들에게 일어난 일반적인 현상이다. 그 점에서는 한국인은 일본인보다는 서양인들이 이해하기 쉬운 존재라고 할 수 있으며, 바로 그 때문에 '수수께끼'를 남겨두지 않는다. 일본은 다르다. 세 종류의 문자를 사용하여 말의 출처를 구분하는 것은 일본밖에 없다. 이러한 일본적 특징은 문학은 말할 것도 없고 일본의 온갖 제도와 사고를 이해하는 열쇠다.

원래 제목이 '일본과 푸코/ 일본과 라캉'인 글의 '일본과 라캉' 부분을 옮겼다는 《창작과비평》의 〈일본정신분석〉은 그 적은 분량 속에도 '사실과의 불일치'와 '논리적 부정합'을 수두룩하게 포함하고 있다. 우선 강조돼야 할 것은 '훈독'이라는 것이, 그 말이 불러일으킬 수도 있는 오해와는 달리, '읽기의 방식'이 아니라 '쓰기의 방식'이라는 것이다. 한때 한국인들도 부분적으로 채용했던, 그리고 지금의 일본인들도 '부분적으로만' 채용하고 있는 한자의 훈독은(한자를 훈으로 읽는) 읽기의 방식이 아니라 (한국어나 일본어를 한자로 표기하는) 쓰기의 방식이며, 그것은 교착어에 어울리는 고유문자의 부재가 낳은 미숙한 표기법일 뿐이다. 가라타니도 이 점을 모르고 있지는 않다. 그래서 그는 일본인들이 훈독을 통해 우선 외래적인 한자를 '내면화'했다고 주장한다. 가라타니는 그 '내면화'의 의미를 설명하기 위해 친절하게도 "일본인은 이미 한자를 훈으로 읽는다고 생각하지 않고, 단지 일본어를 한자로 표현한다고 생각한다"라고 말하고 있지만, '일본인들이 이미 그렇게 생각하는 것'과는 아무런 상관없이 훈독의 '본질'이 바로 그런 것이다. 그 미숙한 표기의 관행을 일본어는 유지하고 있는 데 비해, 한국어는 그것을 버렸을 뿐이다.

만약에 훈독이 읽기의 방식이라면, 일본어는 '상형문자'(무의식)가 그대로 의식상(음성언어상)으로도 나타나고 있다는 가라타니의 논리도 설 땅이 있을 수 있고, 그래서 '거세의 배제'라는 멋진 수사가 뜻을 얻을 수 있을지도 모른다. 그러나 그것이 일본어(야마토코토바/와고)를 쓰는 방식인 이상, 그것은 처음부터 거세든 그것의 배제든 그런 것과는 무연한 자리에 있었다(단어가 아니라 문장의 경우라면, 예컨대《논어》같은 한문 텍스트를 일본어로 읽는 경우라면, 그때의 '훈독'은 '번역해서 읽는 방식'이므로 가라타니의 논리에 부합할 수도 있다).

또 라캉과 가라타니를 따라서 일본어의 훈독을 상징적 거세의 배제라고 이해하더라도, 일본어의 무수한 음독 한자들, 그러니까 간고의 문제는 여전히 남는다. 가라타니가 한국에 대해서 한 말을 그대로 옮기자면, 일본에도 한자와 함께 이 무수한 간고들이 들어왔을 때, 마땅히 '거세'가 생기고, 억압에 따른 주체가 구성됐어야 한다. 그래서 서양인들에게 '수수께끼'를 남겨두지 말았어야 옳다. 그렇다면 도대체 일본은 한자를 받아들이며 거세를 경험한 것인지 경험하지 않은 것인지가 모호하다.✦

✦ 한자 숙어의 일부분은 훈독을 하고 일부분은 음독을 하는 경우엔 가라타니의 주장이 더 희극적으로 들린다. 한자로 표기되는 일본어 단어 가운데는 부분 음독, 부분 훈독을 하는 것들이 드물지 않

다. 앞글자를 훈독하고 뒷글자를 음독하는 방식을 유토요미湯桶讀み라고 하고, 앞글자를 음독하고 뒷글자를 훈독하는 방식을 주바코요미重箱讀み라고 한다. '절이나 신사 등에서 식후에 마실 더운 물을 넣어두는 칠기'를 뜻하는 '유토湯桶'가 유토요미로 읽는 대표적 단어라면, '찬합'을 뜻하는 '주바코重箱'는 주바코요미로 읽는 대표적 단어다. 즉 '유토'는 湯을 훈독하고 桶을 음독한 것이고, '주바코'는 重을 음독하고 箱을 훈독한 것이다. 유토요미를 하는 예로는 유한(夕飯, 저녁밥, 저녁식사), 미혼(見本, 견본), 아이타이(相對, 마주 대함), 니모쓰(荷物, 짐, 하물), 구로마쿠(黑幕, 흑막) 따위가 있고, 주바코요미를 하는 예로는 료가에(兩替, 환전), 도도리(頭取, 우두머리, 은행장), 단고(団子, 경단), 조키(雜木, 잡목), 마이아사(毎朝, 아침마다) 따위가 있다. 실상 유토요미로 읽는 단어든 주바코요미로 읽는 단어든 그 본질은 간고(또는 간지漢字)와 와고의 복합어에 지나지 않는다. 즉 한자(어)와 일본 고유어가 어울려 만들어진 복합어 가운데 일본 고유어가 앞에 온 것이 '유토요미'로 읽는 말들이고, 한자(어)가 앞에 온 것이 '주바코요미'로 읽는 말들인 것이다. 표기체계의 차이를 떠나서 단어 형성의 측면만을 보면, 한국어에도 드물지 않게 존재하는 고유어와 한자어의 복합어와 다를 바 없다. 예컨대 '싸전'이나 '밥상'처럼 고유어 뒤에 한자어가 붙어 된 말이 유토요미에 해당한다면, '창살'이나 '분내'처럼 한자어 뒤에 고유어가 붙어 된 말은 주바코요미에 해당한다고 할 수 있다. 그건 어쨌든 서기체계의 측면에서 보면 유토요미나 주바코요미는 부분적으로 음독하고 부분적으로 훈독하는 방식이다. 그러면 이런 단어들을 처음 만들거나 익힐 때, 일본인들은 도대체 '거세'를 경험했는가 경험하지 않았는가? 음독한 부분만 거세를 경험하고, 훈독한 부분은 거세를 경험하지 않았나?

더 나아가, 야마토코토바를 한자로 표기하는 방식, 즉 훈독이 일본어에 존재하는 이상, "한자로 쓰인 것은 외래적인 것이며 추상적인 것으로 간주된다"거나 "세 종류의 문자를 사용하여 '말의 출처'를 구분한다"(작은따옴표는 인용자)는 가라타니의 발언은 사실과 어긋난다. 첫째, 한자로 표기된 야마토코토바는 결코 외래적인 것, 추상적인 것으로 간주되지 않으며, 둘째, 바로 그 이유로 한자로 표기됐다는 사실은 말의 출처를 구분하는 데 아무런 도움이 되지 않기 때문이다.✦

✦   중국에서 건너온 이른바 간고漢語만이 아니라, 야마토코토바 즉 와고和語도 한자로 표기될 수 있으므로. 말을 바꾸어, 일본어에는 한자의 음독 관행만이 아니라 훈독 관행도 있으므로.

그러니까 가라타니의 위 발언이 상정하고 있는 것은 야마토코토바가 아니라 간고다. 즉 훈독 한자가 아니라 음독 한자다. 가라타니는 '거세의 배제'를 합리화하기 위해 '훈독' 이야기를 하다가, 거기서 더 나아가 '문자(한자)의 외부적 차원'이나 '말의 출처를 구분하는 세 종류의 문자'를 거론하는 자리에선 갑자기 음독

이야기를 하고 있는 것이다. 그러니 한 페이지도 넘기기 전에 논리가 파탄을 맞는다. 되풀이하건대, 그것을 무시하고는 문학은 말할 것도 없고 일본의 온갖 제도와 사고를 이해하기가 불가능하다고 가라타니가 말하고 있는 일본만의 특징, 즉 세 종류의 문자를 사용하여 말의 출처를 구분하는 것, 이것은 전혀 일본의 현실이 아니다.

와고, 즉 일본 고유어는 히라가나로 표기되고, 간고 즉 넓은 의미의 중국계 외래어는 한자로 표기되고, 요고洋語를 비롯한 그 밖의 외래어는 가타카나로 표기된다는 것이 가라타니가 하고 싶은 말이었겠지만, 그것은 기능 어휘를 제외한 와고의 압도적 다수가 한자로 표기되는 일본어의 현실, 즉 가라타니가 라캉에 기대어 '거세의 배제'를 증명하기 위해 거론한 훈독 한자어들이 무수히 존재하는 일본어의 현실과는 동떨어진 발언이다.

가라타니의 말을 정정해서 일본어의 현실에 맞춘다면, 우리는 그저 일본어에는 크게 와고, 간고, 요고라는 세 개의 어휘층語彙層이 존재한다고 말할 수 있을 뿐이다. 그런데 그것은 일본어의 특징인 것만이 아니라 바로 한국어의 특징이기도 하다. 더 나아가, 그것은 크게 게르만계(앵글로색슨계), (그리스/)라틴/프랑스계, 기타 외래어로 어휘층이 구성되는 영어를 비롯해, 세계의 수많은 언어들에서 그 비슷한 예가 발견되는 전혀 일본적이지 않은 특징이다. 우리가 훈독의 현실을 무시하고(그럴 경우 가라타니의 글 전체가 무너져버리겠지만) 일본어에서는 대체로 어휘의 기원과 표기법을 와고/히라가나, 간고/한자, 요고/가타카나로 짝짓기할 수 있다고 말한다고 하더라도, 그것은 일본적 특징은 아니다. 어휘의 기원을 밝히기 위해, 또는 강조를 위해 여러 종류의 문자를 사용하는 것은 예컨대 미숙한 한국 중고등학생들의 잡기장이나 편지에서도 흔히 발견할 수 있는 관행이다. "어제 22번 bus를 타고 집에 돌아오며 情이란 게 뭘까 곰곰 생각했어" 하는 식으로 말이다.

'천황제'의 특징이 '무책임의 체계'라는 말은 그럼직하고, 그것을 문화사적으로 천착해보려는 시도는 나무랄 일은 아니다. 그러나 그 열쇠를 훈독에서 찾고, "말의 출처를 구분하는 세 종류의 문자"에서 찾으려는 가라타니의 시도는 지나쳐 보인다. 나는 그의 글에서 멋진 수사와 신기 취미만 도드라진 이어령식 문화론의 냄새를 맡는다. 서양인들이 일본(의 문화)을 신기해하며 신비화하니까, 일본인인 가라타니도 덩달아 자기 문화를 신기해하며 신비화한다! 훈독은 거세의 배제가 아니라 그저 미숙한 표기체계일 뿐이다. 그리고 말의 출처를 구분하는 세 종류의 문자라는 건 일본어의 현실과 무관하다. 설령 그런 것이 있다고 하더라도, 그것이 일본어를 특수하게 만드는 것도 아니다.

이렇게 일본적인 것, 일본어적인 것의 특이함을 찾는 분위기의 반대편에는 외국문화와 외국언어에 대한 열광이 있다. 고대 이래의 무수한 한자어 수입도 그렇지만, 메이지 이래 일본어의 유럽어 수입은 비유럽권 언어로서는 타의 추종을 불허해서, 오늘날 일본어 문장에는 외래어를 표기하는 가타카나로 눈이 어지러울 지경이다. 전국 시대 이후 막부 말기까지 들어온 외래어들은 주로 포르투갈어, 스페인어, 네덜란드어였고, 메이지 유신 이후에는 영어를 필두로 프랑스어, 독일어, 러시아어, 이탈리아어 등 주요 유럽어들이 대량으로 차용됐다. 물론 이 유럽계 차용어들의 압도적 다수를 차지하는 것은 영어다. 이들 유럽계 외래어의 상당수는 일제의 한국 병탄 이후 한국어에도 수입됐다.

일본어의 외래어(외국어) 애호에는 직업집단의 구분이 없고 특히 관청이 이런 언어개방주의를 전파하는 첨병의 구실을 하고 있다. 예컨대 1980년대에 우정성은 '데레토피아teletopia' 사업을 구상했고, 건설성은 '셰이푸 앗푸 마이 타운shape up my town' 계획을 세웠다. 더구나 일본인들은 수입한 유럽계 외래어들의 끝을 동강동강 잘라 편한 대로 발음하는 '자유주의'를 실천해서(예컨대 department store는 '데파토'가 되고, sandwich는 '산도'가 되어 sand를 차용한 '산도'와 동음이의어가 되며, puncture는 '팡쿠'가 되고, television은 '데레비'가 된다), 일본어를 배우는 서양인들이 원래의 일본어 단어보다도 유럽에서 수입된 단어를 배우기가 더 어렵다고 호소하는 지경에 이르렀다. 에도 시대의 난학자들 이래로 대량의 번역어들이 만들어지기 훨씬 전부터 솔찮은 양의 일본식 한자어[和製漢語]가 만들어졌듯이, 일본어에서는 또 수많은 일본식 영어가 만들어졌다. 거기에 더해 일본 고유어와 한자어, 외래어를 종횡무진으로 결합해 수많은 혼종어들을 만들어내기도 했다. 독일형의 폐쇄주의와 영국형의 개방주의를 오락가락하는 꼴이다.

언어에 대한 이 세 가지 태도 가운데 어느 것이 바람직한지가 내게는 자명해 보인다. 그것은 말할 것도 없이 영국형, 즉 개방형이다. 가장 좋은 문화 정책이 문화를 그냥 놓아두는 것, 즉 무책이듯, 가장 좋은 언어 정책은 언어를 그냥 놓아두는 것이다. 무책이 상책인 것이다. '무책'이 현실적으로 불가능하다면 적어도 '정책'을 최소화하는 것은 꼭 필요하다.

◆

복거일의 성찰과 제안

긴 길을 돌아왔다. 이제 복거일이 영어공용어화론을 주장하고 있는 두 글, 즉 〈국제어에 대한 성찰〉과 〈21세기를 어떻게 맞을 것인가〉를 살피자. 그 전에, 구체적으로 영어공용어화론을 주장하는 것은 아니지만 영어와 민족어의 미래를 예측하는 〈글쓰기의 미래〉를 살피자. 복거일은 이 글에서 하나의 지구문명으로 통합될 미래세계에서는 모든 사회들에서 공식언어로 쓰일 국제어가 나오게 될 것이라며, 현재 국제어가 될 가능성이 가장 높은 것은 영어라고 말하고 있다. 그런 사회에서는 거의 모든 저자들이 국제어로, 아마도 영어로 글을 쓸 것이고, 당연한 귀결로 전세계가 하나의 문학시장이 될 것이다. 복거일이 내다보는 미래세계에서 민족어들이 아주 없어지는 것은 아니다. 소수의 저자들, 특히 작가들은, 여전히 민족어로 글을 쓰겠지만, 그들의 영향은 작아질 것이다. 그 민족어들은 차츰 대중의 삶에서 떨어져서 일부 학자들이나 작가들에 의해 보존되는 '박물관언어'들이 될 것이다. 이렇게 '박물관언어'들이 된 민족어들은 사회의 진화에 맞추어 진화하지 못하고 이전에 기록되고 녹음된 상태로 보존될 것이다. 거기에 이어 〈국제어에 대한 성찰〉이라는 글에서 복거일은 현재의 추세가 계속된다면 다섯 세대 안에 영어가 대부분의 사회들에서 공용어가 될 가능성이 무척 높다고 보았다. 〈21세기를 어떻게 맞을 것인가〉라는 글에선 거기서 한 걸음 더 나아가 단 몇십 년 뒤엔 (영어가 아닌) 민족어를 모국어로 가진 것은 누구에게나 감당하기 어려운 짐이 될 것이라고 예측한다.

미래의 세계가 이렇다면 우리는 어떻게 해야 하는가? 한국어와 함께 영어를 공용어로 채택하자는 것이 복거일의 대답이다. 영어를 선뜻 쓰는 것이 가장 좋지만, 우리 사회의 거센 민족주의 감정이 그것을 용납하지 않을 것이고, 아울러 우리 시민들은 한국어의 습득에 큰 투자를 한 세대들로서 국제어의 채택으로 현실적 및 심리적 손해를 보게 될 것이므로, 상당 기간 한국어와 영어가 공존하는 상태가 나오는 것이 바람직하다는 것이 그의 처방이다. 그러나 아직 태어나지 않은 세대에게는 국제어인 영어와 민족어인 한국어 가운데 자신들의 삶에 나은 것을 모국어로 고르도록 하자고 제안하고 있다. 이 제안이 이른바 '영어공용어 논쟁'을 불러일으켰다. 〈조선일보〉✦ 지면을 통해 이뤄진 그 논쟁을 훑어보자.

✦ 나는 양식을 지닌 사람이라면 오로지 욕하기 위해서만 〈조선일보〉를 읽어야 한다고 생각한다. 프랑스에서 백수로 살 때—물론 지금도 나는 백수지만—나는 욕하기 위해서 〈조선일보〉를 구독했다. 욕의 근거를 마련하기 위해서 나는 〈한겨레〉도 함께 구독했다. 파리에서 한국 신문 둘을 한꺼번에 구독하는 것은 내게 적잖은 경제적 부담을 주었지만, 아무튼 〈한겨레〉도 〈조선일보〉도 내게 무료로 배달되지는 않았으므로, 나는 돈을 내고 그 두 신문을 구독했다. 그리고 밥 먹는 자리에서든 술 마시는 자리에서든, 한국인 친구에게든 외국인 친구에게든 기회만 생기면 〈조선일보〉 욕을 해댔다. 서울로 돌아온 뒤, 나는 〈조선일보〉를 끊었다. 서울에서는 훨씬 싼값에 〈조선일보〉를 구독할 수가 있었지만, 〈조선일보〉 욕하기에 지쳤기 때문이다. 아니 계속 〈조선일보〉를 보다가는 내 명대로 못 살고 화병으로 죽을 것 같은 사위스러운 생각이 들어서다. 특히 무슨 명함파동

(1997년 당시 제1야당이었던 새정치국민회의 소속 이석현 국회의원이 자기 명함 앞면에다 '대한민국 국회의원'이라고 인쇄하고 뒷면에다 대한민국 대신 영어 Republic of Korea와 중국식 표현 남조선南朝鮮이라고 인쇄한 데 대해 조선일보가 이 의원을 친북 인사로 몰아간 사건—편집자)인가 하는 게 터 졌을 때는—서울에 와서 알고 보니 터진 게 아니라 안기부와 〈조선 일보〉가 합작으로 터뜨린 거지만—치미는 울화로 몸이 많이 상했다. 명함파동 이야기가 나왔으니 하는 말인데, 대한민국에서 '한국'이라 는 말보다 '조선'이라는 말을 더 좋아하는 건 〈조선일보〉와 한총련 내의 주사파밖에 없는 것 같다. 대한민국의 법적·역사적 정통성을 확고히 믿고 있는 나로서는 철딱서니 없이 '조선의 청년'을 자임하는 주사파 학생들도 한심스럽지만, '조선'이라는 제호에 그렇게 집착을 보이는 〈조선일보〉도 아주 수상쩍다. 대한민국 정부 수립 50주년이 지나도록 이 신문은 북의 적敵들이 참칭하는 '국호'인 '조선'을 군세 게 고집하고 있는데, 이건 사실 보통 문제가 아니다. 확신범이 아니 고서는 이럴 수 없다. 도대체 전향의 의사가 손톱만큼도 없는 것 같 다. 나는 이 신문이 대한민국의 정통성을 부인하고 있는 게 아닌가 의심한다. 그 사실을 위장하기 위해서 파시스트 두목 박정희를 열심 히 찬양하고 있는 것 같은데, 사실 이 박정희라는 자가 알고 보면 진 짜 빨갱이였다, 빨갱이 짓으로 사형까지 당할 뻔한. 박정희는 자기가 빨갱이인 게 켕겨서인지 제 맘에 좀 안 들면 아무나 빨갱이로 몰았는 데, 〈조선일보〉가 하는 짓이 바로 그거다. '조선'을 고집하는 것도 수 상쩍기 짝이 없는데, 그게 켕겨서인지 이 신문도 제 맘에 좀 안 든다 싶은 사람이면 아무한테나 빨갱이 타령이고 주사파 타령이다. 나는

대한민국의 혜택을 많이 받아온 이 신문이 대한민국 정부 수립 50주년을 맞아 지금이라도 크게 반성하고 '조선'이라는 제호를 포기해야 한다고 생각한다. '한국'이나 '대한'으로 바꾸면 제일 좋은데, 그것들이 다 남들이 이미 써먹은 제호여서 그대로 바꾸기는 어려울 것이다. 그렇다고 내가 이 신문에 새 이름까지 지어줘야 하는 건 아닐 테니, 신문사 측에서 알아서 하리라고 믿는다. 애국단체들은 도대체 뭐하고 있는지 모르겠다, 이런 빨갱이 신문을 가만 놔두다니. 정말 나 같은 반공주의자는 불안해서 살 수가 없다.

요새 나는 〈한겨레〉와 〈동아일보〉를 구독한다. 〈조선일보〉를 끊은 뒤 내 정신건강도 한결 나아진 것 같다. 그건 일단 다행이다. 그렇지만 내가 나쁘다. 세상에 변하지 않는 것은 없는 법인데, 그간 〈조선일보〉가 환골탈태했을지도 모르지 않는가? 게다가 나는 〈조선일보〉에 아는 사람들이 없는 것도 아니다. 이상한 일은, 그 사람들이 대체로 점잖고 상식적이어서, 도무지 〈조선일보〉 지면과 연결이 안 된다는 것이다. 내가 '특별한' 〈조선일보〉 기자들만 알고 있는 것인지.

아무튼 내가 건강 사정으로 요새 〈조선일보〉를 멀리하고 있어서 나는 복거일의 책을 둘러싼 논쟁이 그 신문을 매개로 일어났다는 걸 한 친구가 전해줘서야 알았다. 그 친구도 오직 욕하기 위해서 〈조선일보〉를 읽는 사람이다. 논쟁의 내용이 궁금하기는 했지만, 그래도 내 건강을 생각해서 〈조선일보〉를 안 사 보는 게 낫다고 판단했다. 그래서 나는 그 논쟁의 텍스트를 논쟁이 끝나고 한참 지난 뒤에야 문학과지성사의 호의에 힘입어 읽어볼 수 있었다.

〈조선일보〉 지상을 통해 전개된 논쟁을 살펴노라면, 우리 사회에서 민족주의 문제가 얼마나 민감한 것인가를 다시 깨닫게 된다. "노예로서 편안하게 사느냐, 경제적으로 어렵더라도 주인 노릇을 하면서 제멋으로 사느냐"(한영우, 〈'지구 제국'은 강대국 희망 사항〉, 1998.7.9), "어머니가 문둥이라고 할지라도 클레오파트라와 바꾸지는 않을 것"(이윤기, 〈선택하라면 국어다〉, 1998.7.12)이라는 정서적 반응을 논리적 설득으로 변화시키기는 참으로 힘들다. 실상 복거일이 주장하는 것은 노예로서 편안하게 살자는 것이 아니라, 가능하다면 주인으로서 편안하게 살자는 것이고, 문둥이 어머니를 클레오파트라와 바꾸자는 것이 아니라, 자식들이라도, 그리고 가능하다면 그 어머니까지도 몹쓸 병고에서 풀어주자는 것이다. 우리가 만에 하나 한국어를 버리고 영어를 쓴다고 해서 노예가 되는 것은 아니다. 게다가 한영우는 집단적 수준의 주체성을 이야기하고 있지만, 복거일은 개인적 수준의 주체성을 이야기하고 있다. 그래서 그 두 사람 사이엔 의사소통이 힘들다. 또 이윤기의 '문둥이 어머니'라는 섬뜩한 비유는 적절하지도 않다. 나 자신 스무 해 남짓 전에 감동적으로 읽은 〈목근통신〉의 한 구절이 이윤기에 의해 이런 맥락에서 인용되는 걸 보고 당혹스럽기 짝이 없었는데, 복거일은 어머니가 문둥이라고 말하는 것은 아니다. 그리고 김소운 역시 어머니가 문둥이이므로 자자손손 그 병을 내림해야 한다고 말했던 것도 아니다.

이윤기의 글에서 우리가 귀담아들을 부분이 있다. 역설적이긴 하지만. 그것은 그가 '세계화주의자들'에게 보내는 충고다.

　　세계화주의자들이 모르는 것이 있다. 인간의 가장 자연스런 감정. 그가 가진 인간적 가능성의 만개를 위한 조건. 그의 존재에 의미를 주고 그를 가장 편안하게 하며 그를 가장 인간답게 하는 것은 추상적인 세계성이 아니라 집. 고향. 동네. 친구들 같은 구체적이고 특수한 '국지성'이며 국지적 관계이다. 이 국지성은 세계성과 반드시 상치 대립하는 관계에 있지 않고 세계성 때문에 희생되어야 하는 것도 아니다. 오히려 세계성은 국지성 '때문에', 그것을 근거로 해서 가능하다.

　　이 발언은 울림이 깊은 만큼 명료하지는 않아서, 이윤기가 하려고 하는 말이 정확히 무엇인지는 가늠하기 어렵지만, 적어도 이 발언이 복거일에 대한 비판은 될 수 없다. 이윤기가 '국지성'이라는 말로 오직 '민족'이라는 울타리를 지칭하는 것이 아니라면. 복거일은 이윤기가 말하는 그 집. 고향. 동네. 친구들을, 다시 말해 인간적 가능성을 만개시키기 위한 그 구체적 조건들을 '민족주의'라는 억압적 힘으로부터 해방시키자는 것이다. 이윤기는 '추상적인 세계성'이라고 말하고 있지만, 내게는 흔히 '상상된 공동체'라고 불리는 '민족'이 '세계'보다 덜 추상적으로 보이지는 않는다. 복거일의 '세계성'(물론 복거일은 '세계성'이라는 말을 사용하지도 않았지만)은 '개인성'의 다른 이름이고, 그 '개인성'은 민족을 포함한 어떤 집단적 속성보다 더 구체적—이윤기의 말투를 빌리면 '국지적'—이다. 이윤기의 '국지성'이 '개인성'으로 수렴될 수 있는 것이라면, 이윤기는 자신의 의도와는 상관없이 복거일을 지지하고 있다. 만약에 이윤기의 '국지성'이 오직 민족이라는 울타리를 뜻한다면, 그러니까 우리 집, 우리 고향, 우리 동네, 우리 친구들이 민족의 울을 벗어나서는 안 된다는 것이 그의 뜻이라면, 위에 인용된 발언의 마지막 두 문장은 정직하지 않다.

✦

정과리의 '반쪽짜리 옹호'

논리가 궁색하기는 복거일을 옹호하는 측도 마찬가지다. 정과리는 이 논쟁이 "민족주의와 세계주의의 대립으로 이해되고 있으나, 실제로는 아니다"((영어 '내것화'가 관건이다), 1998.7.13)라고 말하고 있는데, '실제로'도 그렇다. 그 '세계주의'라는 것이 개인주의, 즉 세계시민주의를 뜻한다면 말이다. 또 정과리는 복거일의 처방이 "역설적이게도 뜨거운 민족주의적 열정을 담고 있"으며, 그래서 이 논쟁이 "원리민족주의와 실용적 민족주의의 대립"이라고 말하고 있으나, 나는 복거일의 책에서 '뜨거운 민족주의적 열정'도 읽지 못했고, '실용적 민족주의'도 읽지 못했다.

정과리가 '뜨거운 민족주의적 열정' 또는 '실용적 민족주의'라고 잘못 읽은 복거일의 태도는 민족(복거일의 글에서 흔히 한국 민족이 소재가 되기는 했으나 어느 민족이든)을 포함한 여러 수준의 집단을 이루고 있는 개인개인의 복지에 대한 관심이다. 그런 개인의 복지에 대한 관심을, 복거일이 구체적으로 거론한 그 개인들이 한국인일지라도, '민족주의적 열정'이라거나 '실용적 민족주의'라고 부를 수는 없다.

또 정과리는 "복거일 씨의 문제 제기는 팍스 아메리카나의 수락이 아니다. 씨가 추구하는 것은 세계화의 이중적 상황에서 한국인에게 요구되는 불가피한 생존조건에 대한 성찰일 뿐"이라고 말하고 있으나, 이 판단은 반만 옳다. 복거일은 팍스 아메리카나를 수락하고 있다. 그리고 그 기초 위에서 한국인 '개개인의' 생존조건에 대해 성찰하고 있다. 정과리는 또 "복거일의 영어공용어화론은 영어의 모국어화와는 다른 착상"이라고 말하고 있으나, 이 판단 역시 부분적으로만 옳다. 복거일은 영어의 모국어화가 궁극적으로 가야 할 길이라고 생각한다. 복거일이 〈21세기를 어떻게 맞을 것인가〉에서 제안한 사고실험을 회상해보자.

만일 막 태어난 당신의 자식에게 영어와 조선어 가운데 하나를 모국어로 고를 기회가 주어진다면, 당신은 자식에게 어느 것을 권하겠는가? 한쪽엔 영어를 자연스럽게 써서 세상의 모든 사람들과 쉽게 어울리고 일상과 직장에서 아무런 불이익을 보지 않고 영어로 구체화된 많은 문화적 유산들과 첨단 정보들을 쉽게 얻는 삶이 있다. 다른 쪽엔 조상들이 써온 조선어를 계속 쓰는 즐거움을 누리지만 영어를 쓰는 것이 힘들고 괴로워서 다른 나라 사람들과 어울리는 것을 기피하고 평생 갖가지 불이익을 보고 영어로 구체화된 문화적 유산들을 거의 향수하지 못하고 분초를 다투는 정보들을 실시간으로 얻지 못하고 뒤늦게 오역이 많은 번역으로 얻어서, 그것도 이용 가능한 정보들의 몇십만 분의 일이나 몇백만 분의 일만 얻어서, 세상 사람들과 경쟁해야 하는 삶이 있다. 당신은 과연 어떤 삶을 자식에게 권하겠는가? 아예 그에게서 선택권을 앗겠는가? 당신의 자식은 아직 조선어를 배우고 쓰지 않아서 조선어에 대한 심리적 투자가 없고, 자연히, 조선어에 큰 애착을 지니지 않은 터에?

—《국제어 시대의 민족어》, 192~193쪽

이 질문에 대한 대답이 개개인에 따라 어떻게 나오든, 복거일은 영어의 모국어화를 궁극적 도달점으로 상정하고 있다. 다만 "영어가 국제어라고 해서, 우리가 영어를 선뜻 쓰기는 어려"우므로, "무엇보다도, 우리 사회의 거센 민족주의적 감정이 그런 일을 용납하지 않을 것"이므로, "아울러 우리 시민들은 한국어의 습득에 큰 투자를 한 세대들로서 국제어의 채택으로 현실적 및 심리적 손해를 볼 사람들이"므로, "따라서 국제어의 채택에 반대하는 목소리들은 거셀 수밖에 없으므로", "상당 기간 한국어와 영어가 공존하는 상태가 나오는 것이 바람직"하고, "그렇게 하기 위해선 영어를 공용어로 채택하는 조치가 현실적"(179~180쪽)이라고 말하고 있는 것이다. 그런 점에선 그야말로 '민족주의적 열정'에 휘둘려 차분한 토론을 거부하고 있는 남영신("남영신 씨, 복거일 씨의 '국제화' 비판", 1998.7.6)이 복거일을 제대로 읽고 있는 셈이다.✦

✦   사실 나를 포함해서 한국어 사용자라면 누구도 언어 문제를 놓고 남영신을 비판할 수는 없을 것이라고 생각한다. 그는 성실하고 유능한 사전 편찬자로서 동시대의 어느 작가나 국어학자 못지않게 한국어/한국문화의 창달에 공헌했다. 언젠가 그에 대해서 기다란 경의의 글을 쓸 기회가 오기를 바란다.

물론 정과리가 복거일을 잘못 읽고 있는 이유를 억지로 찾아보려면 그 이유가 없는 것도 아니다. 복거일의 책이 정교하고 수미일관한 논리를 체계적으로 진행시키고 있는 저술이 아닌 데다가, 그가 더러 '열린 민족주의'와 '닫힌 민족주의'에 대해 말하고 있다는 사실이 그것이다. 그러나 복거일의 책을 꼼꼼히 읽은 사람이라면 그의 '열린 민족주의'란 '개인주의·자유주의'의 면사포에 지나지 않는다는 것을 알 수 있을 것이다. 그래서 나는 우리 글판에서 총명함으로는 두 번째 자리도 사양할 정과리가 복거일을 무심코 잘못 읽었다고는 생각하지 않는다. 말하자면 그는 복거일을 의도적으로 잘못 읽고 있는 것이다. 왜냐하면 의도적으로 잘못 읽지 않으면 복거일을 옹호하기가 껄끄럽기 때문이다.

나는 여기서 우리 사회의 가장 뛰어난 지식인들까지를 옭아매고 있는 민족주의 밧줄의 질김을 다시 한 번 확인한다. 정과리는 복거일이라는 이름을 옹호할 수는 있었지만, 복거일의 실체, 즉 그의 민족주의 비판까지를 옹호할 수는 없었던 것이다. 그는 "영어에 대한 준비와 아울러 한글✦의 세련화를 서로 떼어놓을 수 없는 이중적 과제로 떠맡아야 한다"는 말로 그의 글을 마무리하고 있다. 그것은 바람직한 제안이지만, 복거일에 대한 옹호는 아니다, 복거일이 '한글의 세련화'에 대해서 이야기하고 있는 것은 아니므로. 그건 어떻든 나는 정과리의 그 제안에 크게 공감한다.

✦   나는 우리 글판의 일부 인사들이 '한국어'라고 쓸 자리에 '한글'이라는 말을 쓰는 악습을 견지하고 있는 게 못마땅하다. 그러나 내가 거듭 지적을 한다고 해서 정과리가 자신의 말버릇을 고치지는 않을 것이다.

◆
최원식의 궤변

〈조선일보〉를 통한 저번 논쟁에서 논쟁 자세의 가장 나쁜 예를 보여준 것은 최원식일 것이다. "솔직히 말해서 복거일 씨의 영어공용어론에 대해 이처럼 여러 사람이 나서서 토론을 벌일 필요가 있는 것인지 약간의 회의가 없지는 않다"(〈영어공용화론 서구패권주의 연장〉, 1998.7.20)는 거드름으로 시작되는 그의 글은 김수영의 시 〈거대한 뿌리〉를 인용하며 '전통'을 찬미하는 것으로 끝난다. 토론할 필요를 느끼지 않으면 침묵하고 있으면 그만이다. 최원식이 이 '불필요한' 논쟁에 왜 끼어들었는지 그 이유를 나는 모르겠다.

최원식이 '전통'을 찬미하는 것은 "국가의 우상과 시장의 우상을 함께 넘어서는 새로운 모델"이 그 '전통'에서 솟아오를 것이기 때문이다. "국가의 우상과 시장의 우상을 함께 넘어서는 새로운 모델"이라는 말을 최원식이 처음 한 것도 아니지만, 나는 자신의 주견이 없는 사람들, 책임에서 벗어나고 싶어하는 사람들이 일종의 도피처로서, 유예된 결정의 명분으로서 늘상 내세우는 그 '새로운 모델'에 이제 신물이 난다. (신비롭고 모호하기 짝이 없는 그 '새로운 모델'이 언제쯤 나오려나. 그걸 탐색하는 사람들이 살아 있는 동안에는 나와주어야 할 텐데. 하긴 그게 안 나와야 이 사람들이 계속 바쁜 체할 수 있을 것 같기도 하고. 있는 것 조금 손질해가면서 쓰면 될 텐데, 왜 이 사람들은 '개비改備'하는 걸 이다지 좋아할까?) 토니 블레어의 '제3의 길'이나 게르하르트 슈뢰더의 '새로운 중도'라는 것도 결국 혼합경제를 옹호하는 자유주의의 품 안에 있다. 주류 자유주의자들은 줄곧 사회보장제도에 대해 관심을 가져왔다. 우리가 진정 넘어서야 할 것은 '새로운 모델'이라는 우상이다. 복거일은 진지하고 점잖은 사람이어서 그런 '새로운 모델'에 대해 나처럼 비아냥거리지 않는다. 그 대신 그는 '새로운 모델'의 탐색자들을 선의로 대하며 이렇게 차분히 말한다.

마르크스주의 명령 경제의 실상이 알려지면서, 자유시장을 바탕으로 한 혼합경제가 실존하는 경제체제들 가운데서는 가장 훌륭하다는 사실이 다시 확인되었다. 그러나 우리 사회에서는 아직도 대체적代替的 사회들이 큰 매력을 지닌다. 그런 까닭은 아마도 그것들이 실존하지 않는, 상상 속의 이상화된 사회들이어서, 실존하는, 그래서 매우 불완전한 체제와 비교된다는 사실일 것이다. 그것들이 구현된다면, 마르크스주의 명령 경제만 한 것이 나올 가능성도 없다. 복잡한 현대 사회가 경제활동을 조직하는 기구로 지금까지 알려진 것은 시장과 국가의 관료기구뿐이다. 애매하고 비현실적인 대체적 경제체제들에 비하면, 마르크스주의 명령 경제는 아주 뚜렷하고 현실적이다. 그것은 적어도 사회적 문제들을 나름대로 해결하면서 70여 년 동안 존속해왔다.

복거일의 민족주의 비판을 비판하기 위해 '전통'을 내세우는 것은 별로 효과적이지도 않다. 복거일은 '전통'을 폐기하자는 것이 아니라, 유럽에서 기원한 문화의 많은 부분이 이미 우리 '전통'의 일부가—사실은 지배적 전통이—되었다고 말하고 있기 때문이다. 복거일의 견해에 따르면 이제 우리를 만들어낸 것은 한국이나 동양의 역사만이 아니라 서양의 역사이기도 하다.

그러나 최원식의 그 무성의한 글에서 독자를 가장 불쾌하게 하는 것은 논쟁 상대를 거꾸러뜨리기 위해 궤변을 일삼는 것이다. "서구주의와 국수주의는 단순한 대립물이 아니라 일종의 동전의 양면과 같다" "서구주의의 뒤집혀진 형태가 국수주의다" "(복거일의) 서구주의는 민족주의의 매우 특이한 변종일지도 모른다" 따위의 발언들이 그것이다. 최원식에 의해서 복거일은 '국수주의자' '민족주의자'의 영광을 얻었다. "갑과 을은 동전의 양면과 같다" "갑의 뒤집혀진 형태가 을이다" "갑은 을의 매우 특이한 변종이다" 따위의 말투는 논리와 수사를 멋들어지게 결합해서 듣는 사람들에게 깊은 울림을 남긴다. 멋쟁이 지식인들이 애용하는 이런 '지적' 논법의 명제들이 어떤 맥락에서는, 그리고 깊은 수준에서는 더러 진실을 담고 있는 것도 사실이다. 그러나 그런 맥락, 그런 수준의 진실들은 굳이 말할 필요도 없는 진실들이다. 그리고 발언의 맥락이 그런 깊은 수준이 아닐 때는 궤변이 되고 만다.

예컨대 나는 최원식의 말투를 빌려 이렇게도 말할 수 있다. "박정희와 장준하는 단순한 대립물이었던 것이 아니라 일종의 동전의 양면과 같았다, 김동리의 뒤집혀진 형태가 김정한이다, 백낙청은 김현의 매우 특이한 변종이다…, 에라, 어차피 만물은 유전하는 것인데 자유주의의 전화轉化가 파시즘이고, 파시즘의 전화가 민주주의고, 민주주의의 전화가 볼셰비즘이고, 볼셰비즘의 전화가 아나키즘이고, 그래서 색즉시공이고 공즉시색이다, 늬들 왜 싸우니 그놈이 그놈인데…." 이런 무책임한 말투는 도사들에게나, 그러니까 성철 정도 되는 두목급 중들에게나 허여되는 말투지, 현실을 분별하는 것이 직무인 세속의 글쟁이에게 허여되는 말투가 아니다.✦

✦ 나는 최원식이 왜 〈조선일보〉에 글을 쓰는지 모르겠다. 내가 논쟁의 참가자들 가운데 다른 사람들은 제쳐놓고 굳이 그를 거론하는 것은, 그들 가운데 '진보 진영' 운운이 말버릇이 돼 있는 사람은 최원식밖에 없기 때문이다. 나는 확신을 지닌 파시스트를 빼고는 〈조선일보〉에 글을 쓰는 사람들을 다 나쁘게 생각하지만, '진보'라는 말 좋아하면서 〈조선일보〉에 글을 쓰는 사람들을 특히 더 나쁘게 생각

한다. 그 사람들이 왜 더 나쁜지에 대해서는 강준만이 이런저런 자리에서 입이 아프도록 이야기했으니까, 굳이 부연하지는 않겠다. 최원식이 '진보'라는 명패를 이마에 붙이고 〈조선일보〉에 글을 쓸 때, 파쇼 진영이 짓는 웃음과 반파쇼 진영이 내지르는 탄식이 최원식의 귀에는 정말 안 들리는 것인지. '자유주의자'인 나는 〈조선일보〉가 그렇게 끔찍한데, '진보주의자'인 그가 〈조선일보〉를 그렇게 좋아하는 것은 참 얄궂다. 내가 최원식이 〈조선일보〉를 '그렇게' 좋아한다고 말하는 것은 단순히 그가 〈조선일보〉에 글을 쓰기 때문만은 아니다.《창작과비평》의 편집자로서 그가 그 잡지와 관련된 기사를 〈조선일보〉에, 다른 신문은 안 되고 오로지 〈조선일보〉에, 내기 위해 얼마나 애를 써왔는지를 알고 있기 때문이다.

'자유주의자'인 내가 〈조선일보〉를 싫어하는 건 그 신문이 자유주의의 적, 열린 사회의 적이라고 생각하기 때문인데, '진보주의자'인 최원식이 〈조선일보〉를 좋아하는 건 어찌된 영문인지 모르겠다. 좋게 생각하자면, 그는 〈조선일보〉의 위대했던 시기를 생각하고 있는지도 모른다. 분명히 〈조선일보〉에도 위대한 시절이 있었다. 최원식이 좋아하는 좌우합작의 위대한 전범인 신간회 시절의 〈조선일보〉 말이다. 정말 최원식은 그 시절의 〈조선일보〉를 생각하는 것일까? 그렇다면 최원식의 시간 지각에는 커다란 문제가 있는 셈이다. 그게 아니라면, 그의 논법대로 파시즘과 진보주의는 동전의 양면과 같아서,《창작과비평》은 〈조선일보〉의 매우 특이한 변종이든지. 설마 그렇지는 않을 것이다. 내가 나쁘다, 그의 〈조선일보〉 사랑의 깊은 뜻―뭔지는 모르지만 아무튼 '새로운 모델의 탐색'과 관련돼 있을 깊은 뜻―

을 몰라주다니.

그렇지만 그 깊은 뜻이 뭐든, 최원식이 과거의 최원식이 아니라는 걸 누구보다도 최원식 자신이 알아야 한다고 나는 생각한다. 그가 단지 《창비》편집자 여러 사람들 가운데 하나였을 때, 그가 그저 소박한 문학평론가였을 때, 그의 〈조선일보〉사랑은 선의로 해석하면 최원식 개인의 취향으로 판단될 수도 있었다. 그러나 그는 이제《창비》의 주간이다. 그의 개인적 취향이나 지적 그릇이 어떻든, 그는 한국의 진보적 지성의 큰 부분을 감당하고 있는 잡지의 편집 책임자다. 그는 자신의 글과 행동이 자신의 개인적 글과 행동이 아니라《창비》의 입장을 대변하는 것으로 해석될 수도 있다는 것을 의식해야 한다. 자신의 글이 발표되는 지면에 대해서까지도 신중해야 한다고 나는 생각한다. 내 생각으로, 〈조선일보〉는《창비》의 주간이 글을 쓰기에 적절한 매체는 아니다.

〈조선일보〉를 통한 논쟁에 참여한 논자들 가운데서 가장 온당한 견해를 제출하고 있는 사람은 박이문일 것이다(《탈민족주의에는 찬성》, 1998.7.17). 그는 복거일의 민족주의 비판을 전폭적으로 지지한다. 민족주의는 산을 못 보게 하는 나무와 같기 때문이다. 그러나 복거일의 영어공용어화론에 대해선 지지를 유보한다. 중세 유럽 지식인들이 학문과 문명화를 위해 지방어를 버리고 라틴어를 공용어로 택한 것은 현명한 일이며 또한 그들은 그런 선택을 할 수밖에 없었지만, 우리 사정은 그와 똑같지 않기 때문이라고 그는 말한다. 공용어화가 바람직하다고 해도 그것은 몇 세기 후 영어가 널리 자연적으로 보급된 상황에서만 가능하다고 그는 덧붙인다. 더 나아가 그런 공용어화가 가능하다고 해도 7000만의 정신적 유산이 담긴 민족어를 생판 외국어로 대치하는 것이 합리적 선택인지는 심각하게 더 논의해야 한다고 그는 말한다. 박이문은 또 복거일이 전제하듯 언어가 도구만으로 존재하는 것은 아니라고 지적한다. 나는 박이문과 복거일 사이에서 동요하고 있는 것 같다.

◆

보편어로서의 라틴어

잠재적 보편어로서의 영어와 손쉽게 비견되는 것은 중세 유럽에서의 공통문어였던 라틴어와 동아시아에서의 공통문어였던 고전 중국어 즉 한문이다, 비록 영어와 그 두 고전어의 사회언어학적 자리는 많이 다르지만.

로마가 멸망한 뒤로도 라틴어는 오래도록 유럽 대부분의 나라에서 학자와 사제를 포함한 지식계급의 언어였다. 적어도 18세기 말까지 이 언어는 학문 분야의 국제어였고, 그래서 학자들의 저술만이 아니라 그들끼리의 서간문도 라틴어로 작성됐다. 라틴어는 또 20세기 중엽까지 교회의 행정언어였다. 공식적으로, 1963년의 바티칸 제2공의회 때까지 라틴어는 가톨릭의 전례언어였다. 언어들의 전통적 위계 질서 내에서 '속어' 즉 민족어를 쓰는 것은 지식인에게는 자기 추방의 결단과도 같았다. 라틴어를 포기한다는 것은 학문의 세계를, 문학의 공화국을 떠나는 것이었다. 또 그것은 무명 상태로 남는 것, 그래서 쉽게 표절의 위험에 노출되는 것을 의미하기도 했다.

라틴어는 특히 르네상스 시기에 영광을 얻었다. 이 시기에 라틴어는 인문주의의 보편언어로까지 승격됐다. 르네상스라는 것이 고전 시기의 가치들로 회귀하는 것을 뜻했고, 인문주의자라는 것은, 말의 엄밀한 의미에서, 무엇보다도 고전언어의 연구자들, 고전 텍스트들의 편집자들을 뜻했으니만큼, 이것은 자연스러운 현상이었다. 라틴어는 이렇게 르네상스 말까지 유럽을 지배했고, 그 이후에도 여러 분야에 남았다.

르네상스 시기에, 라틴어로 글을 쓰는 것은 국적을 불문하고 모든 일급 저자들의 철학적·미학적 의무이기도 했다. 네덜란드에서는 에라스뮈스가《우신예찬》(1511)을 라틴어로 썼고, 이탈리아에서는 마키아벨리가《군주론》(1532)을 라틴어로 썼으며, 영국에서는 토머스 모어가《유토피아》(1516)를 라틴어로 썼다. 아마도 토마스 아 켐피스로 추측되는 익명의 저자가 라틴어로 써 1418~1427년경에 처음 나온《그리스도를 본받아》는 20세기 초까지 무려 6,000여 쇄를 찍었다.

특히 과학자들은 라틴어 이외의 다른 언어로 글을 쓴다는 것은 상상할 수도 없었다. 라틴어는 우선 보편적이어서 서로 다른 언어권 학자들 사이의 커뮤니케이션을 가능케 했을 뿐만 아니라, 일종의 '박물관언어'로서 무엇보다도 안정적이었기 때문이다. 근대 과학 발전에 기여한 위대한 저자들은 거의 라틴어로 글을 썼다. 천문학에서의 코페르니쿠스, 튀코 브라헤, 케플러, 갈릴레이, 해부학과 생리학에서의 안드레아스 베살리우스와 윌리엄 하비가 대표적인 예다. 라틴어는 영국의 왕립학회(1660년)나 프랑스의 과학원(1666년) 같은, 민족어로 작업을 하는 과학단체들이 생긴 뒤에도 여전히 생명력을 보였다. 1687년에 뉴턴은《프린키피아》를 라틴어로 썼고, 1735년에 린네는 그의《자연의 체계》를 라틴어로 썼다. 린네가 학명들을 라틴어로 짓지 않았더라면, 그것이 식물 분류의 결정적인 국제체계로 자리잡을 수는 없었을 것이다.

학자들이 라틴어로 글을 쓰는 관행이 단지 권위를 뽐내기 위해서가 아니라 소통과 전파를 위해서였다는 사실은 특히 강조돼야 한다. 갈릴레이의《두 우주체계에 대한 대화》(1632)나 베이컨의《실바 실바룸》(1627, 일종의 과학 백과사전이라고 할 만한 이 책의 제목은 '숲들의 숲'이라는 뜻의 라틴어지만, 내용은 영어로 서술돼 있었다)은 저자들의 사후에 라틴어로 번역됐으며, 데카르트는《방법서설》을 1644년에 라틴어로 자신이 직접 번역했다. 민족어들이 집필언어로 발전하는 것에 발맞추어서, 그 민족어로 된 책들을 라틴어로 번역하는 일이 잦게 된 것이다. 라틴어로 번역이 되어야만 외국의 독자들에게 읽힐 수 있었고, 또 같은 언어권에서도 라틴어로만 작업을 하는 학자들을 고려해야 했기 때문이다.

이렇게 라틴어는 18세기 전반까지 과학언어로 사용됐고, 20세기 초까지도 신학 강좌나 고전어 강좌는 라틴어로 이뤄졌다. 대학에서의 과학교육이 부분적으로나마 민족어로 이뤄진 것은 독일에서는 1740년부터였고, 프랑스에서는 1789년의 대혁명 이후부터였다. 그러나 프랑스의 대학만 해도 20세기 전반까지 적어도 부분적으로는 라틴어가 사용됐다. 문과대학에서 라틴어로 쓰는 것이 의무적이었던 제2논문이 폐지된 것은 1908년에 와서였다. 말하자면, 과학과 철학의 언어로서의 라틴어는 고등교육을 독점했다. 거기에는 라틴어가 로마 철학의 직접적 계승자이자, 그리스 철학의 전달언어라는 후광이 작용했다. 민족어로 된 대학 텍스트들은 아예 구할 수조차 없었다.

라이프치히대학의 토마지우스는 1687년에 독일의 대학 역사상 처음으로 독일어로 강의를 했지만, 독일어가 연구의 대상으로서 독일 대학에 설치된 것이 19세기에 들어서서였듯이, 대학에서의 강의가 독일어로 이루어진 것 역시 19세기에 와서였다.

학자들이 더이상 라틴어를 사용하지 않게 된 뒤로도, 라틴어(그리고 그리스어)는 과학 술어에 남았다. 19세기 유럽 과학자들은 연구의 새로운 영역과 새로운 개념들을 명명하면서 라틴어(그리고 그리스어)에 의지했다. 그것이 각 언어별 혼동을 피하고 국제적 표준을 세울 수 있는 길이었기 때문이다. 오늘날, 식물학, 동물학, 해부학의 국제용어는 여전히 라틴어가 주류다. 과학의 다른 분야에서도 라틴어에서 차용된 단어나 라틴어 어근을 이용해서 만든 술어들이 흔히 발견된다. 이렇듯, 라틴어는 엄밀히 말해 '사어死語'가 아니다.

◆

보편어로서의 한문

유럽에서의 라틴어와 마찬가지로, 고전 중국어 즉 한문은 동아시아 지식인들의 국제 공통문어였다. 중국만이 아니라 한국이나 베트남이나 일본에서도 한문으로 된 문학작품들, 역사서적들, 외교 문서들 따위는 그들 나라의 문화적 유산의 중요한 부분을 이룬다. 중국에서 백화문이 서기언어로 자리잡은 것은 '민주와 과학'의 기치 아래 문학혁명이 일어난 20세기 초 이후였다. 일찍이 한자와 한문을 받아들인 이웃나라들의 경우도 대동소이하다. 한국에서는 훈민정음이 창제돼 민족어로 집필이 가능해진 15세기 이후에도, 한문은 여전히 서기언어의 주류로 남아 19세기 말까지 위세를 잃지 않았다. 유럽에서와 마찬가지로 한국에서도 민족어로 글을 쓴다는 것은 지식인 사회에서 '퇴출'된다는 것을 의미했다. 그래서 한국에서는 지식인들 사이에 엄격한 '디글로시'가 자리잡았다. 그들은 말은 한국어로 하지만, 글은 한문으로 썼다.✦

✦ 한 개인이나 개인들의 집단이 두 개의 언어를 사용하는 상태, 즉 두 개 언어 병용을 프랑스어로는 bilinguisme(영어의 bilingualism)이라고 한다. 이것은 넓은 의미의 bilinguisme이다. 프랑스어권의 일부 언어사회학자들은 이런 넓은 의미의 bilinguisme을 다시 '좁은 의미의 bilinguisme'과 'diglossie'(영어의 diglossia)로 구분하기도 한다. '좁은 의미의 bilinguisme'(이하 bilinguisme)은 한 개인이나 사회가 두 개의 언어를 사용하고, 그 두 언어가 사회적 기능에서 차별적이지 않은 경우를 지칭한다. 예컨대 캐나다의 퀘벡 지방에서는 프랑스어와 영어가 둘 다 통용되고, 퀘벡 사람 개인들도 대개 그 두 언어를 병용한다. 그리고 이 두 언어가 기능적 차이를 거의 지니고 있지 않다. 이 경우가 bilinguisme이다. 반면에 diglossie는 한 개인이나 사회가 두 개의 언어를 사용하고, 그 두 언어가 사회적 기능에서 차별적인 경우를 지칭한다. 예컨대 캘리포니아의 코리아타운에 사는 한인들은 영어로 교육을 받고 영어로 공적인 활동을 하지만, 이웃끼리 파티를 열거나 화투를 칠 때는 한국어를 사용할 것

이다. 여기서 한국어의 기능은 영어의 기능과 다르다. 이 경우가 di-glossie다. 중세의 유럽이나 19세기까지의 한국은 라틴어와 민족어, 한문과 한국어가 사회적 기능을 달리한 채 병존하고 있었으므로 diglossie 상태에 있었다. 그리고 라틴어를 알았던 중세 유럽 지식인이나 한문을 알았던 조선조의 한국 지식인도 두 언어를 다른 사회적 맥락에서 사용했으므로 diglossie 상태에 있었다.

한 사회가 bilinguisme 상태에 있을 경우엔, 즉 그 사회에서 사용되는 두 언어의 지위나 기능이 동일할 경우엔, 한 개인이 한 언어만을 알아도 그에게 큰 불이익은 없다. 예컨대 어떤 퀘백 사람이 프랑스어 한 가지나 영어 한 가지만 알아도 사는 데 큰 불편은 없다. 그러나 한 사회가 diglossie 상태에 있을 때, 한 개인이 그 가운데 한 언어만을 안다면 그것은 그에게 큰 불이익으로 작용한다. 예컨대 영어를 모르는 캘리포니아의 한국인들은 여러 가지로 큰 불이익을 겪는다. 미래의 어떤 시점에서 우리 사회가 한국어와 영어를 함께 쓰는 이중언어 상태가 된다면, 그것은 bilinguisme보다는 diglossie에 가까운 상태일 것이다. 이 점을 지적하는 것은 매우 중요하다.

이미 9세기 말에 와카를 짓는 것이 귀족들의 일상생활이 되고 10세기 초에는 모노가타리라는 이름의 일종의 소설들이 등장해 자국어 문학의 전통이 비교적 두텁고 오래된 일본에서도, 한문에 대한 교양은 지식인의 표지였다. 한문 텍스트를 읽고 쓸 수 있다는 것은 교양인의 필수적 자질이었다.

이렇게 동아시아의 지식인들은 비록 그들이 상대방 나라의 언어를 모를지라도 한문이라는 공통문어를 통해서 의사를 소통할 수 있었다. 한문은 '눈으로 읽는 에스페란토'였던 것이다. 라틴어가 유럽인들의 보편어였듯, 한문은 동아시아인들의 보편어였다. 그리고 이제 영어가 라틴어와 한문을, 지식인과 대중을 묶으려 하고 있다.

✦

지구 제국의 메트로폴리스, 미국

복거일의 주장들 가운데 논란의 대상이 된 것은 크게 세 가지다. 첫째는 머지않은 시기에 영어가 국제어가 되어 모든 사회에서 공식언어로 쓰일 것이라는 것, 둘째는 민족어들은 차츰 대중들의 삶에서 떨어져 일부 학자들이나 작가들에 의해 보존되는 '박물관언어'들이 될 것이라는 것, 셋째는 인류의 표준언어가 되어가고 있는 영어를 공용어로 채택하자는 것. 이 문제를 검토하는 데 관건이 되는 낱말은 복거일이 그의 책에서 사용하고 있는 '지구 제국'이라는 말이다. 국경이 점점 낮고 성기어져 세계가 하나로 통합되어가면서 제국의 성격을 띤 질서가 나타났으며, 이 제국의 실질적인 중심부는 미국이라는 것이 그의 주장이다.

과학소설·미래소설들에서 우리가 익히 들어온 '지구 제국'이라는 것이 눈앞의 상황은 아니다. 복거일 자신도, 그 말을 따옴표로 두른 데서도 짐작되듯, '지구 제국'이라는 말을 엄밀한 의미로 사용하고 있는 것은 아니다. 그러나, 비록 과거의 로마제국이나 중국 같은 제국은 아닐지라도, 예컨대 도시국가들을 느슨하게 묶는 고대 그리스 같은, 또는 좀더 과감하게 말한다면 중세의 신성로마제국이나 심지어 20세기 초까지의 오스트리아-헝가리 제국 같은, 다중심多中心의 느슨한 제국의 형태로 세계가 변하고 있는 것은 확실하다. 물론 그 속도에 대해서는 여러 견해가 있을 수 있겠지만, 복거일의 '지구 제국'을 '지구라는 단일 문명권'으로 이해한다면 커다란 추세가 그렇다는 것을 부인하기는 힘들다. 점점 더 커질 무역과 자본 이동이 그런 추세를 가속시키기도 할 것이다. 게다가 '세계 정부'라는 것은 우리들의 궁극적 이상이기도 하다.

그리고 이런 상징적 제국의 메트로폴리스가 미국인 것 또한 분명하다. 역사의 어느 시기에나 가장 뛰어난 재능들이 제국의 중심부로 몰렸듯, 오늘날 어느 분야에서든 가장 뛰어난 재능들은 미국으로 몰린다. 적어도 미국에서 데뷔하지 않은 재능은 국제적으로 인정받기 어렵다. 그리고 활동의 근거지가 미국이든 아니든, 영어로 쓰이지 않은 출판물이, 특히 그것이 자연과학 분야의 글이라면, 세상에 알려지기는 어렵다. 오늘날 언어의 위계 질서 내에서 가장 높은 자리에 있는 것은 영어다. 그리고 앞으로 머지않은 시기에, 영어를 쓰지 않고 민족어를 쓴다는 것은 지식과 정보의 세계로부터 자신을 추방하는 것을 의미하게 될 것이다.

다섯 세대 안에 영어가 대부분의 사회들에서 공용어가 될 가능성이 무척 높다거나 단 몇십 년 뒤엔 (영어가 아닌) 민족어를 모국어로 가진 것은 누구에게나 감당하기 어려운 짐이 될 것이라는 복거일의 예측은 무척 대담해 보이지만, 내게는 그것마저 매우 조심스러워 보인다. 사실은 지금도 영어가 아닌 민족어를 모국어로 가진 것은 적어도 지식과 정보에 관련된 직업을 가진 사람에게는 만만찮은 짐이며, '대부분의 사회들'이라는 것을 우리가 느슨하게 이해할 경우 영어가 공용어가 되는 데 다섯 세대까지 걸릴 것 같지는 않다. 그때, 영어를 공용어로 쓰게 된 사람들이, 20세기가 끝나갈 무렵 한국에서 복거일이라는 사람이 영어공용어화론을 제안했다는 사실을 알게 된다면, 그리고 그 제안이 커다란 비판에 직면했다는 것을 알게 된다면, 그들은 몹시 의아스러워할 것이다. 그 제안의 지당함과 그 지당함이 맞닥뜨렸던 저항에 말이다.

민족, 민족어, 민족국가

그러나 민족어들이 대중의 삶에서 떨어져서 일부 학자들이나 작가들에 의해 보존되는 '박물관언어'가 되는 것은 또다른 문제다. 내가 제대로 읽었다면 복거일은 영어의 국제어화와 민족언어들의 '박물관언어화', 즉 민족언어들의 실질적 소멸 사이에 그다지 긴 시간을 설정하지 않고 있는 것 같다. 나는 그러나 영어의 국제어화와 민족어의 소멸은 별개의 문제라고 생각한다. 즉 영어와 민족어는 긴 시간 동안 공존해, 영어가 모국어가 아닌 사람들은 이중언어 사용자가 되리라고 생각한다. 나로서는 민족어가 사라지는 상황이 상상조차 되지 않는다. 나는 민족어들이 사라져서는 안 된다고 말하는 것이 아니라, 민족어가 쉽사리 사라지지 않을 것이라고 말하는 것이다.

그것은 무엇보다도 민족이, 민족국가가 쉽게 사라지지 않을 것이기 때문이다. 민족국가는 적어도 이론적으로는 그것의 소멸을 추구했던 70여 년의 사회주의 실험을 거치고도 살아남았다. 그런 생명력을 가진 민족국가가 세계화 바람 앞에 쉬이 사라지리라고 생각되지는 않는다. 따라서 민족국가와 민족어가 반드시 함께 가는 것은 아닐지라도, 민족어 역시 쉬이 사라지리라고 생각되지는 않는다.

무엇보다도, 중국어와 아랍어가 떠오른다. 다가오는 세기를 '문명의 충돌'의 세기로 파악하는 관점을 수용하지 않는다고 하더라도, 서양 문명에 대한 구심력과 원심력을 동시에 감당해야 할 10수억의 중국인들이 자기들의 언어를 박물관으로 보내는 순간을 나는 상상할 수 없다. 한자와 긴밀히 연결된 일본어도 마찬가지다. 1억 수천만의 일본어 사용자가 그 언어를 버리고 영어를 모국어로 택할 것 같지는 않다.

이슬람권도 그에 못지않다. 그들은 지금보다는 훨씬 빠른 속도로 '지구 문명'에 포섭되겠지만, 그들이 영어를 공용어로 채택한다고 해서 '코란의 언어'라는 위세를 지니고 있는 자신들의 언어를 버릴 것 같지는 않다. 서로 조금씩 다른 아랍어들을 지금까지 묶어온 것은 코란이라는 거룩한 텍스트였고, 그것은 이슬람교가 존재하는 한 계속 그럴 것이다. 아랍인들이 자기들의 종교의식을 영어로 거행하는 장면이 내게는 좀처럼 상상되지 않는다. 이슬람교가 존속하는 한 (고전) 아랍어는 이슬람세계에 여전히 남아 있을 것이다. 물론 영어 옆에 말이다.

유럽인들도 마찬가지다. 영어를 사용하는 러시아인, 영어를 사용하는 스페인인, 영어를 사용하는 프랑스인은 앞으로 점점 더 늘어나 언젠가는 그들 모두가 영어를 사용할 수 있겠지만, 그때도 그들의 언어가 박물관으로 가지는 않을 것이다.

민족으로서나 언어로서나 그들보다 훨씬 더 세력이 약한 우리도 마찬가지다. 오히려 유럽인들에 비해 민족 형성의 역사가 오래고 군건한 탓에, 또 오래도록 일민족/일국가/일언어라는 특이한 상황에 익숙해온 탓에, 민족과 언어의 접착력이 아주 강해서, 한국어는 웬만한 유럽어들보다도 더 오래 살아남을 것이다. 물론 상황이 지금처럼 지속되지는 않을 것이다. 우리도 미래의 어느 시점에는 다민족국가가 될 수 있고, 민족 자체가 소멸하지는 않을지라도 민족에 대한 소속감이 급격히 엷어질 수는 있을 것이다. 그러나 그런 상황은 또다른 민족주의적 반동을 불러올 것이고, 그래서 민족의 가장 강한 표지로서의 민족어는, 세력이 지금 같지는 않겠지만, 오래오래 살아남을 것이다. 물론 지금도 세력이 아주 약해서 머지않은 시기에 영어에 밀려 '박물관언어'가 될 민족어들도 꽤 되겠지만, 한국어를 포함한 많은 민족어들은 질기게 생명을 유지할 것이다. 그래서 지금의 영어권 사회를 뺀 다른 사회들의 대부분은 민족어와 영어가 함께 공용어로 사용되는 이중언어 사회(디글로시 사회la société diglossique)가 될 것이다.

잠재적 국제어로서의 영어의 지위는 지금 다른 어떤 언어에 의해서도 도전받고 있지 않으며, 상상할 수 있는 앞날에도 그런 일이 없으리라는 것은 확실하다. 그리고 '만국공용어'의 지위를 향해 영어가 접근하는 속도는 지금까지보다 더 빨라질 것이다.

제1차 세계대전을 계기로 (미국) 영어는 대서양을 건너 유럽 대륙에 상륙했고, 제2차 세계대전을 거치고 나서는 유럽만이 아니라 전세계를 연결하는 국제 커뮤니케이션 언어가 됐다. 소비에트 블록의 붕괴가 영어의 확장에 또다른 계기를 마련했지만, 베를린장벽의 붕괴 이전에도 이미 영어의 세계 지배가 되돌릴 수 없는 기정사실이었다는 점은 강조돼야 한다. 동유럽을 포함한 공산권 국가들에 영어 바람이 분 것이 페레스트로이카라는 파란불이 켜진 뒤는 아니다. 경제와 과학기술 연구 분야의 세계화, 미디어와 광고의 촘촘한 망에 편승해 영어는 근대성의 운반자를 자처하며 유럽만이 아니라 전세계에 퍼졌다. 라틴어가 중세에 과학과 문화를 운반하는 보편어였던 것처럼, 영어는 우리 시대의 보편어가 되어가고 있다.

✦

영어공용어화 반대의 계급적 함의

물론 이 시점에서, 중세의 라틴어와 오늘날의 영어는 그 사회언어학적 지위가 다르다. 라틴어가 한정된 수의 지적 엘리트들의 유일한 작업언어·문화언어였던 데 견주어, 영어는 직종을 가리지 않는 전 세계의 수많은 사람들에 의해 다소 피상적으로 습득되어 한정된 목적과 활동에 사용되고 있다. 중세와 근대 초기 유럽 엘리트들의 지적 교육이 오직 라틴어로 이뤄졌던 데 비해, 오늘날 앞선 나라들에서는 대개 민족어들이 교육의 수단이 되고, 기초적인 작업언어·표현언어가 돼 있다.

중세의 라틴어와 오늘날의 영어가 다른 점 또 한 가지는 영어와 달리 라틴어의 정통성이 '고전성'에 대한 믿음을 기반으로 삼았다는 것이다. 라틴어는 유럽인들에게는 유럽인 모두에게 공통된 상징적 자본의 운반자였다. 이것은 오늘날 사람들이 영어를 받아들이는 태도와는 다르다. 적어도 지금으로서는, 비영어권 유럽인들의 대다수가 영어를 통해서가 아니라 자신들의 언어를 통해서 고전적 자산에 접근한다. 즉 오늘날 세계에서 영어는 라틴어 같은 초국가적인 언어라기보다는 국제보조어로 기능한다. 이 언어가 몇몇 국가의 민족어여서, 고전주의 시대에 라틴어가 누렸던 '중립성'의 복을 누리지 못하고 있다는 점 때문에 더 그렇다. 이것은 영어의 약점이다.

그러나 영어는 그 약점을 충분히 벌충할 만한 강점을 지니고 있다. 중세의 지식인들이 라틴어나 한문을 사용했을 때, 그들에게는 일종의 특권의식이 있었을 것이다. 또 그 언어들이 민족어들에 의해 대치된 뒤에도, 그들에게는 고전어 기원의 단어들을 사용함으로써 자신들이 받은 교육의 특권을 향유하려는 태도가 분명히 있었을 것이다. 민족어 사용운동이나 민족어 순화운동은 바로 그런 맥락에서 수긍할 수 있는 바도 있다. 그러나 영어는 중세의 라틴어나 한문과는 다르다. 이 언어는 그리스·로마적 영양분을 듬뿍 담고 있으면서도, 그 고전 언어들에 비교할 만한 권위를 내뿜고 있지 않다. 중세 유럽에서 라틴어에 대한 지식이 특권의 상징이었던 데 비해, 지금 영어를 공용어로 쓰자는 것은 그런 특권을 폐기하자는 것이다. 이 점이 매우 중요하다.

영어의 전파가 용이하게 된 이유 가운데 하나를 미국으로 대표되는 이 언어권의 통속성, 즉 반귀족성에서 찾는 사람도 있다. 한 언어가 퍼져나가는 데 경제적·정치적 요인 말고도 문화적 요인, 정확히는 이미지적 요인이 작용한다는 사실은 언뜻 보기보다 더 중요하다. 예컨대 18세기에 프랑스어는 라틴어를 대치해서 유럽의 '보편어' 노릇을 했다. 프로이센의 베를린아카데미는 모든 기관지를 프랑스어로 출판했고, 프랑스어가 보편어가 된 이유에 대한 논문을 현상 공모하기까지 했다. 19세기 말에 이르기까지 러시아의 궁중에서는 프랑스어가 쓰였다. 그러나 이런 것들이 프랑스의 경제적·정치적 힘 때문만은 아니었다. 그것은 프랑스 문화가 유럽인들에게 준 보편성의 이미지 때문이었다. 냉전 시기의 동유럽 국가들에서 러시아어가 각급 학교의 필수 과목이었는데도 막상 그것을 배우는 사람들이 그 언어에 대해서 심리적으로 저항했다는 것은, 냉전이 끝나자마자 이 지역에서 러시아어가 물밀듯이 빠져나가버렸다는 사실로 증명된다. 동유럽 사람들에게 러시아어는 차르 시절 이래 러시아의 이미지와 맞붙어 있었던 것이다.

지금 단기적으로 영어에 대적할 만한 언어들의 고향인 유럽에서 영어의 패권이 확립되고 있는 이유 가운데 하나로 이 대륙에서 언어들의 전선이 본질적으로 영어와 프랑스어 사이에 형성돼 있다는 사실을 드는 사람들이 있다. 그 전선이 영어나 프랑스어와 독일어, 또는 영어나 프랑스어와 스페인어 하는 식으로 여러 곳에 형성됐다면 영어의 패권 확립이 더디게 진행됐을 텐데, 오직 프랑스어만이 영어라는 거인에 맞서 있어서 영어의 유럽 대륙 진출이 더 쉽다는 것이다.

그러면 과거에 커다란 언어였던 독일어나 스페인어는 왜 몰락해서 자신들의 국경 안에 갇혀 있게 됐는가? 그 이유 가운데 하나는 이 언어들이 정치적으로 '타락한' 국가와 문화의 언어라는 데 있다. 한 언어가 민족주의, 인종주의, 전체주의 같은 이데올로기의 전달자가 될 때, 사람들은 그 언어에서 그 이데올로기의 흔적을 상상한다. 한 언어가 부당한 특권을 향유하는 민족이나 영토의 표현이 됐을 때, 또 그 언어가 인종적 순수성을 고취하는 도구로 사용됐을 때, 그 언어는 보편성을 주장할 근거를 잃어버린다. 그런데 1930년대와 40년대를 통해서 유럽에서 그런 역할을 한 것이 독일어와 스페인어였다. 스페인어의 경우엔 전쟁이 끝난 뒤에도 프랑코가 사망한 70년대 중반까지 그런 역할을 해왔다. 제2차 세계대전이 추축국의 패배로 끝났을 때, 독일어는 예전의 문화어로서의 권위를 완전히 잃어버렸다. 스페인의 카탈루냐 지방 사람들이 완강하게 자기들의 언어를 지켰던 것은 스페인어가 프랑코주의의 상징처럼 여겨졌던 탓도 있다. 이렇게 독일어와 스페인어가 비운 공간을 영어가 채웠다.

그러면 영어의 이미지는 어떤가? 어느 사회도 그렇듯 미국을 비롯한 영어권 사회에도 많은 그늘이 있고, 그래서 여러 반론이 있을 수 있겠지만, 영어의 이미지가 미국 사회의 다인종성, 다문화/다종교성, 개방성, 대중성, 진취성, 반권위주의, 세속주의, 자유주의, 개인주의 같은 것을 요소로 짜여지는 것도 사실이다. 제3세계를 비롯해 세계 여러 곳에서 형성된 미국의 제국주의적 이미지, '국제 헌병'의 이미지는 방금 거론한 그런 가벼움의 이미지들에 의해 상당 부분 중화된다. 위에서도 잠깐 언급했듯이, 그것은 영어가 고전어들에 대해 내세울 수 있는 강점이다. 이 언어에는 이 언어를 새롭게 배우는 사람들에게 심리적 저항감을 불러일으킬 역사의 짐이 비교적 가볍게 지워져 있는 것이다.

그래서 본질적으로는 경제의 논리에 의해, 그리고 부수적으로는 정치적·문화적 요소들이 겹쳐져, 영어는 머지않은 미래에 세계 대다수 사람들을 이중언어 사용자로 만들 것이다. 설령 우리가 예상하는 것보다 더 빨리 미국이 제국의 중심부에서 탈락한다고 하더라도, 그때도 제국의 공용어는 여전히 영어일 것이다. 로마가 멸망했어도 라틴어는 서유럽에 여전히 남았고, 그리스가 보잘것없게 된 후에도 오래도록 그리스어는 중세 동방교회의 언어였다.

사정이 그렇다면, 영어의 공용어화를 미룰 이유는 얼른 발견되지 않는다. 중요한 것은 자연스러운 흐름을 차단하지 않는 것이다. 영어의 공용어화는 자연스러운 흐름이다. 적극적으로 영어공용어화를 추진하는 것이 부자연스러운 일이라면, 영어가 공용어로 되어가는 추세를 인위적으로 막는 것도 부자연스러운 일이다. 그 추세를 막기 위해 민족주의라는 벽돌로 담장을 두른다고 해서, 영어의 물결이 그 담장 바깥에 머물러 있어주지는 않을 것이다. 법령으로 강요한 것도 아니지만, 한국인들의 영어 학습 열기는, 대부분의 비영어권 사회에서와 마찬가지로, 나날이 더 커지고 있다. 그 흐름을 막아보려고 애쓰는 것은 부질없는 짓이다. 어려서부터 가르친다면, 사람들이 이중언어 사용자가 되는 것이 그리 힘든 일은 아니다.✦

✦ 물론 그것을 힘들어하는 아이도 있을 것이고, 힘든 상황도 있을 것이다. 만약에 내 아이가 그런 상황에 놓인다면? 그렇다면 복거일이 제안한 사고실험에서 내가 내놓을 답은 명확하다. 나는 죽을 때까지 영어로, 또는 다른 외국어로 글을 쓰지 않겠지만(내가 아무리 노력해도, 머리가 커서 배운 언어가 모국어만은 못할 테니까), 막 태어난 내

아이가 어떤 이유로 이중언어 사용자가 못 될 것이 확실하다면, 그리고 그 아이에게 영어와 한국어 가운데 하나를 모국어로 고를 기회가 주어진다면, 나는 그 아이의 보호자로서 거리낌 없이 그 아이에게 영어를 택하도록 하겠다. 언어는 도구만은 아니지만, 그것이 다른 무엇에 앞서 도구인 것도 사실이기 때문이다.

언어를 도구 이상으로 보려는 시도는 고대의 언어신비주의에서부터 영어권의 사피어와 워프, 그리고 독일어권의 민족학·철학·언어학에 이르기까지 인류 지성사의 한 중요한 흐름에 얹혀 있다. 흔히 듣는 "한 언어가 담아온, 또는 그 언어로 표현된 문화와 세계관의 고유한 특질" 운운하는 언설이나, "우리는 우리의 모국어가 지령하는 대로 자연세계를 분단한다"는 벤저민 리 워프의 단언은 그런 언어관의 표현이다. 세계관의 언어 종속성을 정식화한 사피어-워프 가설의 예로 흔히 거론되는 것은 에스키모인들의 언어에 눈雪을 뜻하는 시니피앙이 여남은 개나 된다는 사실이다. 그래서 에스키모인은 한국인이나 유럽인이 보지 못하는 다른 종류의 눈을 식별할 수 있다는 것이다. 또 사피어-워프 가설의 지지자들은 사람들이 육안으로 변별할 수 있는 무지개 빛깔의 수는 자기 모국어가 구별하는 무지개 빛깔의 수만큼이라고 말하기도 한다.

그런 주장들에 전혀 근거가 없는 것은 아니겠지만, 그것들은 세계관의 언어 종속성을 정당화하기엔 너무 빈약한 것이 아닌가 싶다. 영어의 to be에 해당하는 동사가 스페인어에는 ser와 estar로 구분되는 것을 근거로 '존재'에 대한 스페인 사람들의 더 섬세한 성찰을 가정한다거나, 영어의 to have가 지닌 의미를 흔히 '있다[有]'라는 동사로 표현하는 동아시아어를 근거로 동아시아 사람들의 특이한 소유관념을 가정하는 것도 마찬가지다. 언어가 인간의 기본적인 지각의 범주와 인식작용을 일정하게 반영하는 것은 명확하지만, 반대로 그것들을 규정한다고 말하기는 곤란하다. 물론 그 규정력이 일방통행은 아니어서 언어와 정신이라는 것이 서로 규정하고 규정받는 것이기는 하겠지만, 대체로 독립변수는 정신이고, 언어는 그 정신의 함수라고 말하는 것이 안전할 것이다. 요컨대 근본적인 지각의 범주와 인식작용은 언어들의 표면구조와는 독립적인 보편성을 띠고 있고, 그 지각과 인식의 보편성을 반영하는 언어들도, 촘스키 이후의 언어학자들이 가정하듯, 심층구조에서는 서로 동일한 문법을 지니고 있다고 보는 것이 옳을 것이다. 그렇다면 언어가 지닌 도구 이상의 몫이 언어의 본질적인 부분은 아닐 것이다.

여기서 꼭 강조돼야 하는 것은 영어공용어화의 반대가 지닌 계급적 함의다. 공용어로서의 영어를 반대한다는 것은, 지식과 정보를 특정 집단이 독점하는 걸 허락하겠다는 뜻이다. 라틴어와 한문을 읽고 쓸 수 있었던 중세의 엘리트들이 지식을 독점했듯이 말이다. 지식과 정보는 곧 권력이다. 영어가 공용어가 되든 안 되든, 우리 사회의 지배계층은 자기 자식들에게 영어를 열심히 가르칠 것이다. 그리고 영어에 익숙해진 그들의 자식들은 영어에 익숙하지 못해 지식과 정보에서 소외된 일반 대중의 자식들 위에 다시 군림할 것이다. 내가 알고 있는 민주주의는 특정

집단에 의한 그런 식의 지식의 독점을 당연시하지 않는다. 민주주의의 문제를 떠나서, 한 사회가 습득할 수 있는 지식을 특정 계급이 독점하는 사회와 전 구성원이 공유하는 사회 사이에는 많은 차이가 있을 것이다.

✦

우리는 모두 '개인'이다

우리가 이중언어 사용자가 됐을 때, 더 나아가 우리가 상상할 수 없는 먼 미래에 민족어가 '박물관언어'가 됐을 때, 궁극적으로 민족이 사라져버렸을 때, 우리는 잠시 정체성 문제에 맞닥뜨리게 될지도 모른다. 그러나 나는 그 문제에 대해 크게 걱정하지 않는다. 민족이 사라진다고 해서 우리가 정체성을 잃는 것은 아니다. 우리가 잃는 것은 민족으로서의 정체성일 것이다. 우리는 민족으로서의 정체성을 잃는 대신에 세계시민으로서의 정체성, 인류로서의 정체성을 얻을 것이고, 민족주의의 억압이 풀린 여러 단계의 인간관계 속에서 새로운 정체성들을 얻게 될 것이다. 그때 우리가 사용하는 영어는(그 언어를 영어라고 부른다면) 그리스/로마 문화만이 아니라 태고 이래 그때까지의 동서 인류문화를 한껏 빨아들인 영어일 것이고, 부분적으로 지방화된 영어일 것이다. 그리고 그때 우리가 사는 사회는 지금의 한국 사회와는 달리 단일인종 사회는 아닐 것이다. 우리는 우리와 '피'를 나누지 않은 이웃들과 사귀는 법을 배울 것이고, 또 그들과 '피'를 나누는 법도 배울 것이다. '혼혈인'이라는 말이 지금처럼 경멸의 울림을 갖고 있기는커녕, 혼혈이 너무나 일반적이어서 '혼혈인'이라는 말이 사전에서 사라져버릴지도 모른다. 물론 먼 미래에, 우리가 상상하기 힘든 먼 미래에 말이다.

우리는 모두 그리스인이다. 우리 모두가 중국인이고 한국인이듯. 먼 미래에 그렇다는 것이 아니다. 지금도 이미 우리는 모두 그리스인이다. 우리가 지금도 10대 때부터 배우고 있는 영어에 그리스 이래의 유럽문화가 담겼다는 의미에서만은 아니다. 그리스 이래의(또는 이집트 이래의) 유럽문화는 지금 우리 제도, 우리 일상생활, 우리 사상의 본질적 부분이 되어 있다. 그것은 복거일이 지적하듯, 이미 우리의 '지배적' 전통이 되었다. 그것이 '외래 문명'이라는 것은 문제가 아니다. 그 '외래 문명'의 힘에 많은 부분이 밀려난 우리의 '재래 문명'―한문 문명―역시 우리가 조금 일찍 받아들인 외래 문명일 뿐이다. 말을 바꾸어, 유럽에서 온 그 '외래 문명'은 우리가 조금 늦게 받아들인 재래 문명일 뿐이다.

그 두 '외래 문명' 또는 그 두 '재래 문명' 사이의 시간 차는 고작 1천 수백 년에 지나지 않는다. 그리고 그 1천 수백 년은 인류가 자연 상태를 벗어나 문화를 만든 이후부터 따져도 그리 긴 시간은 아니다. 거기에 대해, 그 1천 수백 년의 밀도는 그 이전 수만 년의 밀도보다 훨씬 더 촘촘하다는 지적이 나올 수 있다. 그러나 우리가 유럽 문명을 전통화하며 살아낸 지난 100여 년의 밀도는 그 이전 1천 수백 년의 밀도와는 비교가 되지 않을 만큼 촘촘하다. 더 중요한 것은 그리스인과 우리를 나누는 특질들은, 중국인과 우리를 나누는 특질들처럼, 그들과 우리를 인류로서 묶는 특질들에 견주면 무시해도 좋을 만큼 적다는 것이다. 우리가 모두 그리스인이라는 말은 우리가 모두 개인이라는 말이다. 인류의 기본적 단위로서의 개인, 궁극적 소수로서의 개인 말이다.

복거일은 어느 자리에서 "자신이 틀릴 가능성을 아예 배제함으로써 자신이 태어난 세상의 철학적 틀 속에 갇히는 것이 모든 종교적 지식체계의 운명"이라고 말했다. 그러나 그 말이, 노골적으로 알몸을 드러내는 종교적 지식체계에만 해당되는 것은 아닐 것이다. 거의 모든 지식체계는 다소간 종교적 속성을 지녀서, 자신이 태어난 세상의 철학적 틀 속에 갇히게 마련 아닐까? 이 글에서 내가 비판한 견해들처럼, 그 견해들을 비판하는 내 견해도 분명히 지금 세상의 철학적 틀 속에 갇혀 있을 것이다. 다만 내가 삼가 바라는 것은, 이 글에서 스승의 목소리가 조금이라도 감지되었으면 하는 것이다.

02

버리고 싶은 유산, 버릴 수 없는 유산

✦

한자에 대한 단상

~~~~~~~~~

지난(1998년—편집자) 10월 24일 저녁, 교육방송은 '50년 문자 전쟁: 한글 전용 대 한자 혼용'이라는 제목으로 생방송 토론 프로그램을 내보냈다. 리모콘으로 이리저리 채널을 옮겨다니다 우연히 마주친 프로여서 처음부터 보지는 못했지만, 나는 지루해하는 둘째아들 녀석의 표정을 모른 체하고 토론을 끝까지 지켜보았다. 채널을 교육방송에 맞춰놓은 것은 당초 그 주제가 흥미로워서는 아니었다. 토론자로 출연한 분들 가운데 아는 얼굴들이 비쳤던 것이다. 그러나 그 프로를 끝까지 지켜본 것은 토론이 어떻게 전개돼 어떻게 마무리될지가 이내 궁금해졌기 때문이다.

지난 50년 동안 그랬듯, 이날의 토론도 어느 한쪽의 승리로 마무리되지는 않았다. 양쪽의 의견은 줄곧 평행선을 그었고, 우리가 채택해야 할 서기체계에 대한 두 견해는 그대로 교육 문제에까지 투영되었다. 즉 한글 전용을 주장하는 이들은 죄다 초등학교에서 한자를 가르쳐서는 안 된다는 견해를 내놓았고, 한자 혼용을 주장하는 이들은 예외 없이 초등학교에서부터 한자를 가르쳐야 한다고 말했다.

내겐 그것이 좀 신기했다. 나는 지금까지 한국어를 표기하는 데 한글만을 쓰는 것은 당연한 일이라고 생각해왔고, 또 한국어를 사용하는 사람이라면 되도록 일찍부터 한자를 배워야 한다고 생각해왔기 때문이다. 나의 이런 생각은 어설픈 절충론이라고 핀잔받을 만하지만, 내게는 그것이 논리적 모순이 아니다. 그러니까 내게는 한글 전용과 한자교육이 서로 길항하지 않는다. 그 문제 말고도 그 프로는 내게 이런저런 생각을 떠올렸다. 이 글은 그때 떠오른 단상들을 두서없이 적은 것이다.

◆

'말하기'가 서툰 사람들

첫째는 우리 사회의 토론문화에 대한 것. 흔히 지적되고 있는 것이지만, 우리 국어교육은 말하기와 글쓰기를 등한시해왔다. 대학입학시험에 논술이라는 과목이 포함된 뒤로 글쓰기 교육이 어느 정도 이뤄지고 있기는 하지만, 아직 충분해 보이지는 않는다. 말하기 교육은 거의 없다고 해도 좋다. 그것은 서양에서의 언어교육과 크게 다른 점이다. 글로써든 말로써든, 자기 생각을 논리적으로 표현할 수 있게 훈련시키는 것은 서양의 언어교육에서 가장 커다란 몫을 차지한다. 당연히 그렇게 자란 서양인들은 토론에 능하다. 유럽의 텔레비전은 우리의 경우보다 토론 프로그램을 내보내는 일이 훨씬 더 잦은데, 출연자들이 대개 다 청산유수의 달변이다. 때때로 얄밉게 보일 정도다.

거기에 견주어 한국인들은 공적인 자리에서 말이 무척 서툰 것 같다. 그것은 학교에서 말하기 교육을 거의 받지 못한 데 큰 이유가 있겠지만, 능변을 덕성으로 치지 않는 우리 문화 탓도 있는 듯하다. 말하는 것이 직업인 정치인들까지도 마찬가지다. 신문이나 잡지의 인터뷰에서 그럴듯하게 말을 하는 것 같았던 정치인들이 막상 텔레비전에 출연해 쏟아놓는 그 바보 같은 외마디 소리들을 생각해보라. 24일의 토론에 출연했던 분들도, 그들이 대체로 국어교육이나 언론에 관여하는 사람들이었음에도, 말하기에 그리 능숙하지는 못했다. 그들은 대체로 자기 생각을 명확하게 표현하지 못했고, 흔히 논점에서 벗어나기 일쑤였다.✦

✦ 이렇게 말하는 나 자신도 말하기에 무척 서투르다. 텔레비전 카메라가 앞에 있다면, 아마 혀가 굳어버릴 것이다.

반면에 토론이 떠들썩하게 진행된 것은 내게 좋아 보였다. 때때로 예의에 벗어난 말투도 튀어나오곤 했는데, 내겐 그런 날 것의 말들이 오히려 토론에 활력을 부여하는 것처럼 보였다. 사실 점잔을 빼고 말을 돌려 하다보면, 논점이 흐려지고 결국 '좋은 게 좋은 것'이 되기 십상이다.

✦

한자의 매력과 약점

둘째는 한자의 매력에 대한 것.

○ 상商 왕실의 점복占卜 기록인 갑골문에서 시작해, 주대周代의 금문金文, 춘추전국시대의 대전大篆과 고문古文, 진秦의 소전小篆을 거쳐, 한대漢代 이후의 예서隷書·해서楷書·초서草書·행서行書에 이르는 그 필체의 변천. 한자는 글자쓰기('글'쓰기가 아닌 '글자' 쓰기!)를 하나의 독특한 예술 갈래로 만든 거의 유일한 문자체계다. '한글 서예'라는 것이 있기는 하지만, 그것은 고작 한자 서예의 그림자라고나 할 만하다. 인쇄체 말고 따로 필기체를 개발한 대부분의 다른 문자체계들도 글자쓰기를 깊이 있는 예술로 만들지는 못했다.

○ 상형象形·지사指事·회의會意·형성形聲의 네 조자법造字法과 전주轉注·가차假借의 두 용자법用字法 등 이른바 육서六書를 통한 기호와 현실의 짝짓기. 한자 역시 다른 모든 문자체계처럼 음성언어의 그림자일 뿐이지만, 한자의 이 독특한 발달과정은 한자 하나하나가 실물이라는 환각을 때때로 불러일으킨다. 한자는 모든 문자체계 가운데서 그것이 표상하는 세계와 가장 밀착된 듯이 보이는 기호다, 비록 그것이 착각일지라도.

○ 후한대後漢代《설문해자說文解字》(100)의 9,300여 자에서 시작해, 청대淸代《강희자전康熙字典》(1716)의 4만 7,000여 자를 거쳐, 중화인민공화국《한어대자전漢語大字典》(1986~1990)의 5만 6,000여 자에 이르기까지, 왕조를 거치며 새로운 자전이 출간될 때마다 보태지는 글자 수. 한자는 모든 문자체계 가운데 글자 수가 가장 많은 기호체계이고, 그 진화와 생성의 과정이 가장 길었던 체계다. 그 진화/생성은 아직도 끝나지 않았다. 글자의 일부가 제적되고, 새로운 글자가 신분증을 얻는다. 지금까지 그래왔듯 앞으로도 그럴 것이다. 그 진화/생성은 주로 형성을 통해서, 그러니까 뜻을 나타내는 부분과 소리를 나타내는 부분의 결합을 통해서, 이루어져왔고 앞으로도 그러리라. 鈾(유: 우라늄), 硒(서: 셀레늄)를 포함해 화학원소를 의미하는 100여 개의 새로운 한자가 만들어진 것은 20세기 들어서다. 그 모두가 형성자였다.

○ 갑골문자가 사용되던 기원전 1300년께부터 3천 수백 년 동안 본질적으로 동일한 체계를 유지해온 그 문자사文字史의 연면성連綿性. 한자는 지금 사용되고 있는 문자체계 가운데서 가장 기다란 역사를 지닌 체계다. 지금 세상에서 가장 널리 쓰이는 문자이자 서양문화를 그 뿌리부터 담아온 로마자의 역사도 2,500년에 지나지 않는다. 문자의 발달 단계로 보면 한자보다 훨씬 더 나아간 체계인 한글의 역사는 5백 수십 년에 지나지 않는다.

○ 형태가 소리만이 아니라 의미와 대응하는, 그래서 일음절로 발음되는 하나의 글자가 그대로 하나의 형태소가 되는 표의성表意性. 위에서 언급한 한자의 독특한 발달과정과 함께, 바로 이 점이, 즉 표의성과 표음성의 결합이, 한자 물신주의를 낳는다. 그것은 위험한 유혹이지만, 뿌리치기 힘든 유혹이기도 하다. 한자는 그 하나하나가 의미 단위다. 다시 말해 형태소다. 또 한자는 그 하나하나가 음절 단위다. 한자는 부분적으로 소리글자이기도 하다. 한자의 대부분을 차지하는 형성자는 '소리글자로서의 한자'라는 만화경 속의 아름답고 진기한 풍경들이다.

○ 역사적으로 존재했던 이런저런 속자俗字들, 국민당 정권의 간체자簡體字와 공산당 정권의 간화자簡化字, 일본식 약자略字 등 수많은 이체자異體字의 존재. 이것은 로마글자의 I와 J가 한 뿌리

에서 나왔다거나, V와 U가 한 뿌리에서 나온 것과는 비교도 할수 없는 문자의 곡예다. 한자는 모든 문자체계 가운데 가장 호사스러운 체계다.

○ 중국 바깥에서 만들어진 한국제 한자와 일본제 한자(이른바 화제한자和製漢字)의 존재. 대한해협 양쪽의 두 나라에서 지금도 부분적으로 한자를 사용하고 있다는 사실과 함께, 바로 이 외국제 한자의 존재가 한자를 중국만의 것이 아니게 만든다. 여기에다가 비록 전적으로 문자체계의 영역에 속하는 것은 아니지만, 일본 에도 시대의 난학 이래, 특히 메이지 유신 이후 양학洋學 열풍 이래 일본어에서 한자를 형태소로 해 만들어진 무수한 신어新語의 존재를 덧붙여야 할지 모른다. 그 대부분이 한국어에 차용되고 상당수가 중국으로 역수출된 이 일본제 한자어의 존재는, 1천 수백 년 전부터 한국과 일본에 존재해온 무수한 전통 한자어들과 더불어, 본디 중국글자인 한자를 일본의 글자로도 만들고, 한국의 글자로도 만든다.

이런 매력들 가운데 일부는 자주 한자의 약점으로 거론되는 것이다. 그러나 그것은 기나긴 세월 동안 하나의 문자체계가겪은 화려한 모험의 흔적이다. 나는 한자가 겪은 그 모험의 흔적들을 생각하며, 인류가 생각해낸 다른 어떤 문자체계도 겪지 못한 그 거대한 모험의 흔적들을 생각하며, 때때로 넋을 놓는다. 그래, 나는 일찍부터 한자에 반했다. 나는 한자를 사랑한다.

～～～～～～

◆

한자를 유혹하는 한글체제

한국어를 표기하는 데, 한글을 전용할 것인가, 그렇지 않으면 한글과 한자를 혼용할 것인가? 우리가 사적인 글을 쓸 때, 한글만을 쓰든 한자를 섞어 쓰든 그건 개인의 자유다. 우리는 한자만이 아니라, 그 기원에 따라 로마자나 가나를 섞어 쓸 수도 있다. 예컨대 볼썽사납긴 하지만, 친구에게 보낸 사신私信에다가 우리는 "어제 教育放送局에서 내보낸 그 program은 썩 괜찮았어. 그 地質學者가 つなみ에 對해서 아주 쉽게 說明해주더군"이라고 적을 수도 있다. 더 나아가 그것이 꼭 사신이 아니더라도, 한자를 쓸 것이냐 말 것이냐, 그리고 쓴다면 어느 정도까지 쓸 것이냐는 쓰는 사람이나 구체적으로 쓰인 문장의 스타일의 문제로 치부할 수도 있다. 사람의 취향에 따라서, 또는 어떤 문체적 의도에 따라서 한자를 사용할 수도 있다. 요컨대 우리는 어떤 사람이 한자를 사용한다고 해서 그걸 법령으로 금지할 수는 없다, '그 친구 되게 배운 티를 내는군!'이라고 흉볼 수야 있겠지만.

실상 한자를 혼용하고 싶은 유혹은 한글이라는 문자체계에 내재해 있다. 한글은 음소문자이면서도 낱글자를 음절 단위로 네모지게 모아쓰는 이른바 '음절합자식音節合字式' 철자법을 취하고 있다. 즉, 다른 음소문자들이 알파벳을 이어 바로 단어를 구성하는 데 견주어, 한글은 일단 낱자들을 네모꼴로 모아서 한 음절을 구성하고 그 이후에 이 음절들을 결합해 단어를 구성한다. 그래서 우리의 철자법은 '맞춤법'이기도 하다. 그 '맞춤'은 음소를 맞추어 음절을 만들고, 음절을 맞추어 단어를 만드는 과정이다.

이렇게 한글의 실제적 운용이 음절문자식이어서, 한글의 한 음절과 한자의 한 글자는 쉽게 대응한다. 한자 역시 한 글자가 한 음절을 이루고 있기 때문이다. 우리가 처음부터 한글을 풀어썼더라면, 그래서 음소 수준과 단어 수준 사이에 음절이 끼어들 여지가 적었다면, 한글 속에 한자가 섞일 여지도 적었을 것이다. 로마문자로 쓰인 텍스트 안에 한자가 끼어들었을 경우의 그 부자연스러움을 상상해보라. 그러나 우리는 한글을 음절 단위로 모아 씀으로써, 한자가 끼어들 여지, 즉 국한 혼용의 여지를 만들었다. 더 정확히 말하면, 문자 창제자들 자신이 처음부터 이런 국한 혼용을 염두에 두었을 것이다. 그러니까 한글의 문자체계가 우연히 음절 단위의 모아쓰기가 돼 한자가 개입하게 된 것이 아니라, 처음부터 한자의 개입을 허용하기 위해서 한자처럼 음절 단위의 네모글자들을 만들었을 것이다. 그것은 한글의 불행이다. 똑같이 음절 단위의 네모글자여서, 한글 사이에 한자가 끼여도 '튄다'는 느낌이 덜한 것이다. 한자는 분명히 한글과는 이질적인 글자인데도, 그 이질성이 커 보이지 않는 것이다. 한자 혼용에 대한 유혹은 이렇게 한글의 음절문자적 성격에 내재해 있고, 한자를 아는 한국인이라면 누구라도 이따금씩 그 유혹을 느낄 것이다.

✦

한글 전용은 한국어의 모범적 서기체제

그러나 내 개인적 생각으로는, 적어도 공적인 출판물에서는 한글을 전용하는 것이 옳을 듯싶다. 예컨대 위에서 인용한 문장이 어떤 희곡이나 소설 속의 대사라면 한글을 전용해서 "어제 교육방송국에서 내보낸 프로그램은 썩 괜찮았어. 그 지질학자가 쓰나미에 대해서 아주 쉽게 설명해주더군"이라고 써야 하지 않을까 싶다. 실제로 우리가 한글 전용에 대해 열띤 토론을 하든 안 하든, 현실의 추세는 그쪽 방향으로 가고 있다. 전통적으로 한글 전용을 해온 소설은 물론이고, 이제 신문들도 대부분 한글 전용으로 가고 있다. 학술서적들도 마찬가지다. 그것은 문자체계를 하나로 통일하고 싶다는 언중言衆의 무의식적 욕망이 낳은 자연

스러운 흐름이다.✦

✦ 근대 이후에 한글 전용을 가장 먼저 시작한 것이 조선조 말기의 번역 성서였고, 그 뒤를 소설이 이었다는 사실은 시사하는 바가 크다. 말하자면, 한글 전용은 대중과 통화하고 싶은 욕망의 결과다. 한글 전용은 민주주의라는 가치와 긴밀히 연결돼 있다.

중화민국 초창기에 중국 지식인들이 외치던 "한자가 망하지 않으면 중국이 망할 것"이라는 구호를 흉내 내어 혼용론 진영의 일각에선 최근 "한글이 망하지 않으면 한국이 망할 것"이라는 도발적 구호를 만들기도 했지만, 한글의 흥망과 한국의 흥망이 어떻게 관련되는지 나는 모르겠다. 한글 전용 출판물들은 지금까지 점점 늘어났고, 앞으로도 그럴 것이다. 흥망성쇠는 자연과 역사의 이법이어서 언젠가 한국이 정말 망할지도 모르지만, 한글 때문에 망하지는 않을 것이다. 한국이 이만큼이나마 흥한 것은 사실 한글 덕도 있다. 20세기 초 이래의 한글보급운동은 한국인의 문맹률을 크게 낮췄다. 한글만을 사용해서 의미가 분명히 들어오지 않는 낱말은 괄호 안에 한자를 병기해주면 그만이다.

그러나 출판물에서의 한자 노출을 금지하는 것도 어리석은 짓이다. 한글 사용을 금지한 연산군 시대의 희비극이 우리 역사에 존재하기는 했지만, 도대체 어떤 문자의 사용을 법으로 금지하는 것도 우스꽝스러운 일이고, 한자를 쓰겠다는 욕망이 있는 한 법으로 금지한다고 해서 그 관행이 사라지지도 않을 것이다. 이미 큰 흐름이 한글 전용으로 가고 있으므로, 단지 그 흐름을 방해만 하지 않아도 족하다.

개인적인 견해를 하나 덧붙인다면, 적어도 각급 학교의 교과서에서는 한글 전용을 하는 것이 옳다고 생각한다. 교과서는, 말하자면, 한국어의 표준적 텍스트를 모아놓은 것이다. 그런 표준적 텍스트들에는 한국어의 모범적 서기체계가 반영되는 것이 옳다. 한국어의 모범적 서기체계는, 말할 것도 없이, 민주주의적 가치를 담고 있는 한글 전용이다.

사실, 하나의 언어가 하나의 문자체계로 표기되는 것은 아주 자연스러운 현상이다. 한 텍스트나 한 문장 안에서 이질적인 문자체계를 병용하는 관습이 있는 나라는 한국과 일본 이외에 얼른 떠오르지 않는다. 예컨대 옛 유고슬라비아의 제1공용어인 세르보크로아티아어는 키릴문자로도 표기되고 로마문자로도 표기되지만, 이 언어의 경우에도 한 텍스트 전체를 키릴문자로 쓰거나 로마문자로 쓸 뿐, 한 텍스트 안에서, 심지어 한 문장 안에서 두 개의 문자체계를 혼용하는 것은 아니다.

한글 표기가 익숙한 세대들

한자 혼용을 주장하는 사람들은 한자어는 한자로 표기돼야 그 뜻이 얼른 들어온다고 말한다. 이런 주장이 터무니없는 것은 아니다. 낱말에 따라서, 맥락에 따라서, 한자어의 표의성이 크게 효과를 발휘하는 경우가 있기는 하다. 또 한자 혼용문에 익숙한 나이 든 세대의 경우, 한자어가 한글로 표기됐을 때보다는 한자로 표기됐을 때 더 뜻이 쉽게 파악될 수도 있다.

그러나 그렇게 한자가 더 편한 세대는 이제 점점 사라지고 있다. 그리고 한글이라고 해서 표의성이 없는 것은 아니다. 한글맞춤법은 서유럽 언어학계에서 형태음소론이라는 것이 체계화되기 전에 마련됐지만, 놀랍게도 형태음소론의 이론이 그대로 반영돼 있다. 즉 한글맞춤법에서 하나의 형태소는 늘상 동일한 형태를 갖게 돼 있다. 독립적으로 발화되면 똑같이 [낟]이라고 발음되는 낟, 낫, 났, 낮, 낯, 낱 따위 말들의 맞춤법을 구별하는 것이, 한글맞춤법의 형태음소론적 성격을 또렷이 드러내는 예로 흔히 거론된다. 이런 낱말들의 맞춤법은 표음기능만이 아니라 표의기능까지 겸하고 있는 것이다.

그러나 한글맞춤법의 이런 형태음소론적 특성과는 무관하

게, 표음문자도 그것이 사람들에게 익숙하게 될 때는 어느 정도 표의성을 띠게 된다는 사실이 지적돼야 한다.✦

✦ 실상 우리가 표음문자와 표의문자를 구별할 때, 그 문자체계들의 주된 특성을 추상해서 그리 명명한 것일 뿐, 실제로 표음문자가 오로지 표음만을 하고, 표의문자가 오로지 표의만을 하는 것은 아니다. 표음문자에도 표의적 요소가 있고, 표의문자에도 표음적 요소가 있다.

예컨대 내게는 '해병대'라는 글자들의 꼴이 '海兵隊'라는 글자들의 꼴보다 훨씬 더 직접적으로 '해병대'의 개념을 연상시킨다. 나는 '해병대'의 개념을 담은 '해병대'라는 글자꼴에는 아주 익숙해 있지만, '海兵隊'에는 그리 익숙하지 않기 때문이다. 이 경우에 내게 '해병대'는 '海兵隊'보다 훨씬 더 표의적이다. 물론 내게도 '해'와 '병'과 '대'라는 글자들 하나하나가 '海'와 '兵'과 '隊'라는 글자들 하나하나보다 더 표의적인 것은 아니다. 그러나 적어도 그 글자들이 모여 단어를 이룬 뒤의 '해병대'는 '海兵隊'보다 내게 더 표의적이다. 우리는, 적어도 나는, 낱말 단위의 글자 뭉치를 익히고 읽는 것이지 글자 하나하나를 익히고 읽는 것은 아니기 때문이다.

학교에 다니면서 한자를 배울 만큼은 배운 셈이지만, 적어도 한국어 문장에서는 한자 혼용문보다 한글 전용문에 더 익숙한 나의 경우에는, 한자로 표기됐을 때보다 한글로 표기됐을 때 더 뜻이 금방 들어오는 한자어들이 '해병대' 말고도 수두룩하다. 예컨대 내게는 國民會議, 自尊心, 宿泊業所, 組織犯罪, 整理解雇, 財閥改革, 傳貰房, 自轉車보다 국민회의, 자존심, 숙박업소, 조직범죄, 정리해고, 재벌개혁, 전세방, 자전거가 훨씬 더 표의적이다. 심지어 '대한민국'이라는 말도 그렇다. 내게는 '대한민국'이 '大韓民國'보다 더 표의적이다. 즉 '대한민국'이 '大韓民國'보다 더 직접적으로 그 뜻이 전달된다. 그게 과장이라면, '대한민국'이 적어도 '大韓民國'만큼은 직접적으로 그 뜻이 전달된다. '대한민국'이라는 글자의 꼴이 '大韓民國'이라는 글자의 꼴보다 더, 또는 적어도 '大韓民國'이라는 글자의 꼴 못지않게, 눈에 익숙한 탓이다.

사실인즉 나는 '大韓民國'이라는 글자꼴을 보면, 도쿄나 베이징의 한국 대사관 정문 앞에 내걸려 있을 법한 현판을 연상한다. 즉 '大韓民國'이 내 첫눈에는 일본어나 중국어처럼 생각된다, 비록 실제로 일본어나 중국어에서는 한두 자를 약자나 간화자로 쓰겠지만. 물론 이것은 착시다. 그러나 나는 이런 착시가 내 개인적 경험이 아니라, 한글 전용문에 익숙한 세대들에게 공통되는 현상이라고 생각한다. 한글 전용문이 일반화되면서, 어느 틈에 한글도 표의성을 띠게 된 것이다. 그러니까 이제 적어도 40대 이하의 한국인에게는 한글 역시 부분적으로는 '표의문자'가 되었다는 것을 인정해야 한다. 그 세대에게 한자 혼용문은 단지 쓰기만 불편한 것이 아니라, 읽기도 불편하다.

~~~~~~~~~~~~~~

✦

한자가 가지고 있는 표의성의 한계

다음, 세대를 떠나서, 한자의 표의성이 어떤 경우에나—즉 낱말이나 맥락을 막론하고—한글보다 더 뛰어난 것은 아니다. 다시 말해, 우리가 늘 단어를 구성하는 한자 하나하나의 의미를 통해서 그 단어의 의미를 파악하는 것은 아니다. 우리는 '학교'라는 낱말을 통째로 배우는 것이지, '학'이 '學'이고, '교'가 '校'라는 것을 안 뒤에야, 그러니까 '學校'를 통해서, '학교'의 의미를 파악하는 것은 아니다. 말을 바꾸어, 우리는 '학교'의 의미를 그 자체로 배우는 것이지, ① '학교'를 두 구성 부분으로 나눈 뒤에 ② '학'은 '배우다'의 의미를 지닌 형태소이고 '교'는 '집'이라는 의미를 지닌 형태소라는 걸 알고 나서 ③ 그다음에 다시 그걸 조립해 '학교'의 의미를 알게 되는 것은 아니다. 이 점을 지적하는 것은 매우 중요하다. 우리가 낱말을 배울 때, 그리고 그것을 사용할 때, 항상 그 어원을 염두에 두고 배우거나 사용하는 것은 아니라는 사실 말이다. 이 점을 표 나게 강조하기 위해서, 개화기 이후에 일본어의 영향을 받아 그 뜻이 변하게 된 전통적 한자어의 예를 살피는 것은 적절한 일인 듯하다.

예컨대 방송放送이라는 말은 전통적으로 '죄인을 풀어준다'는 뜻이었지만, 일본어 호소放送의 영향을 받아 이제는 '보도나 연예를 라디오나 텔레비전의 전파에 실어 내보내는 것'을 뜻하게 되었다. 발명發明은 전통적으로 '죄가 없음을 말하여 밝힘', 즉 '변명'의 뜻이었지만, 일본어 하쓰메이發明의 영향으로 이제는 주로 '새로운 기술이나 물건 따위를 만들어냄'의 뜻으로 쓰이고 있다. 그러니까 당초 중국에서 수입됐거나 한국에서 만들어진 한자말들이, 19세기 말, 20세기 초 이후 똑같은 형태의 일본 한자어와 접촉하면서 일본어의 간섭을 받아, 일본 사람들이 담은 의미를 새로 담게 된 것이다. 우리가 흔히 사용하는 한자어들 가운데도 이런 유형의 어휘들은 기다란 목록을 만들 수 있을 만큼 많다. 그 가운데 몇 개만 더 예를 들어보자.

중심中心이라는 말은 본디 '마음속'을 뜻했지만 이젠 일본어 주신中心의 영향으로 '한가운데, 한복판'의 의미를 지니게 되었다. 발표發表라는 말은 본디 '뾰루지 같은 것이 피부 바깥으로 자라는 것'을 뜻했지만, 지금은 일본어 핫표發表의 영향을 받아 '사람들에게 널리 드러내 알림'의 뜻이 되었다. 발행發行이라는 말은 본디 '길을 떠난다'는 뜻이었지만, 이젠 일본어 핫코發行의 영향을 받아 '책이나 신문 따위를 인쇄해 펴냄'('관공서·학교·회사

등이) 증명서 따위를 만들어 그것을 요구하는 사람에게 내어줌'
'(정부가) 화폐를 만들어 사회에 내놓음' 따위의 의미를 지니게 되
었다. 본디 '막 결혼한 사람'이라는 뜻이었던 신인新人은 이제 '어
떤 분야에 새로 나서서 활동을 시작한 사람'이라는 뜻이 되었다.
생산生産은 본디 '아이를 낳는 것' 즉 '출산'의 의미였지만 이젠 일
본어 세이산生産의 쓰임새에 영향받아 '인간생활에 필요한 물건
을 만듦'의 의미를 지니게 되었다. 물론 '생산'이라는 말이 지금
도 '출산'의 의미로 사용되고 있기는 하지만 그것은 이차적·주
변적 의미가 되었고, 그런 의미의 '생산'에는 낡은 말투라는 뉘앙
스가 있다.

실내室內라는 말도 마찬가지다. 본디 남의 아내를 점잖게 이
르는 말이었던 이 말은 이젠 그런 용법을 거의 잃어가고 있다. 대
신에 일본어 시쓰나이室內의 영향으로 '방 안, 집 안'을 의미하고
있다. 산업産業이라는 말은 본디 '소유하고 있는 것'이나 '직업'을
의미했지만, 지금은 일본어 산교産業의 영향으로 근대적 의미를
얻게 돼 '생산을 목적으로 하는 사업'을 가리키게 되었다. 사회社會
라는 말은 본디 일종의 전통적 제의를 위한 모임을 뜻했지만, 이
젠 일본어 샤카이社會의 영향으로 '공동생활을 하는 인간의 집
단'을 의미하게 되었다. 자연自然이라는 말은 글자 그대로 '스스로
그렇다'는 뜻이었지만, 이젠 여러 가지 철학적·과학적 개념을 담
게 되었다.

이런 한자어들을 이루는 개개 한자어의 의미를 합성한 것이 이 단어들의 옛날 의미에 더 가까운지, 아니면 새로운 의미에 더 가까운지는 확실치 않다. 확실한 것은, 이러한 의미 변화 자체가, 우리가 한자어의 의미를 파악할 때 한자의 뜻을 합성해서 파악하는 것은 아니라는 증거가 된다는 사실이다. 한자어의 의미가 오로지 그 한자어를 이루고 있는 한자들의 의미를 합한 것이라면, 의미 변화가 이렇게 흔히 생기는 것은 부자연스럽다. 즉, 우리는 단어를 배우는 것이지 글자를 배우는 것이 아니다.✦

✦　물론 여기서도 이런 관점을 지나치게 몰고 가서는 안 된다. 대부분의 경우, 분명히 한자어의 의미와 그 한자어를 이루는 한자의 의미 사이에는 깊은 관계가 있다. 내가 여기서 비판하는 것은 한자어의 의미를 사회적 맥락에서 절단해 오로지 그 구성 한자의 의미의 함수로 보는 소박한 견해일 뿐이다.

교육방송의 프로그램에 나온 토론자 한 분은 집 가家 자와 허물 죄罪 자의 예를 들며, 한자의 우수성을 찬미했다. 家 자는 아래쪽에 돼지豕를 키우며 살았던 옛 중국인들의 가옥구조를 나타내고 있고, 罪라는 게 별것이 아니라 '사방에서罒 아니라고非 하는 것'이 죄라는 것이다. 그렇기는 할 것이다. 그러나 그것이 우리가 한자를 써야 할 이유가 되는가? 한자 몇 글자의 유래를 아는 것이 때로 옛 중국인들의 생활풍습이나 상상력을 짐작하는 데 도움이 될 수는 있다. 그것은 충분히 흥미롭고, 때때로 사람들의 호기심을 자아낼 만하다. 그러나 그런 흥미와 호기심을 대부분의 한자가 유발할 수 있는 것은 아니다.

또 만보를 양보해서 대부분의 한자가 우리의 호기심과 흥미를 유발할 만한 매력을 지니고 있다고 하더라도, 그것이 문자로서의 한자의 강점이 되는 것은 아니다. 더더구나 그것이 우리가 한자를 써야 할 이유가 되는 것은 결코 아니다. 막상 한자를 써야 할 대부분의 사람들에게 한자는 중국을 대상으로 한 인류학의 열쇠로 기능하는 것이 아니라, 그저 하나의 문자체계로 기능할 것이기 때문이다. 좋게 이해하자면 그 말을 한 토론자가 일종의 유머감각으로 그 말을 꺼낸 것인지도 모르겠지만, 그 유머는, 요즘 아이들의 문자로, '썰렁했다'.

✦

한글과 한자의 상호의존성

그러면 우리는 한자를 배우지도 말고 가르치지도 말아야 하나? 나는 당연히 배우고 가르쳐야 한다고 생각하고, 어차피 배우고 가르쳐야 하는 것이니 되도록 일찍부터 배우고 가르쳐야 한다고 생각한다. 낮추어 잡아도 우리말 어휘의 반 이상은 한자어이고, 그 한자어들의 꽤 많은 수는 한자에 대한 지식 없이는 쉽게 이해되지 않는다. 우리가 한글을 전용한 문장을 쉬이 이해할 수 있는 것은 한자에 대한 지식이 어슴푸레하게나마 밑바탕에 있기 때문이다. 이것은 한자교육에 반대하는 사람들이 동의하지 않는 견해이기는 하다. 내 이야기는 한글로 표기된 한자어들이 모두 다 그렇다는 것이 아니라, 꽤 많은 수의 한자어들이 그렇다는 것이다.

게다가 한글맞춤법 자체가 한자에 대한 지식을 전제하고 있다. [동님문]이라고 읽는 독립문을 우리가 '독립문'이라고 표기하는 것은, 그것이 한자 獨立門에 대응하기 때문이다. 이 주장에 대해서, 그것은 한자와 무관하게 형태소를 고정시키기 위한 것이라고 반박할 수도 있다. 말하자면, 한국어에서 '독'은 '홀로'라는 의미를 지닌 형태소이고, '립'은 '서다'라는 의미를 지닌 형태소이므로, 그리고 '동님문'의 첫 형태소와 둘째 형태소는 그 '독'과 '립'이므로, '동님문'이라고 써서는 안 되고 '독립문'이라고 써야 한다고 말이다. 물론 그것은 옳은 말이다. 즉, 한글맞춤법의 원리를 설명하는 데 꼭 한자가 매개가 돼야 하는 것은 아니다. 그러나 한글맞춤법을 처음 배우는 아이들이나 외국인에게, 한자의 매개 없이 그걸 설명하는 것이 그리 쉬운 일은 아닐 것이다.

물론 독학, 독재, 독점, 독창, 독자적, 독보적, 독방, 독단, 독신, 독선, 독주, 독백, 고독, 단독 등 형태소 '독'을 포함하는 낱말들을 배워가면서 '독'의 의미를 자연스럽게 알게 될 수도 있을 것이고, 기립, 수립, 자립, 설립, 조립, 대립, 시립, 도립 등 형태소 '립'을 포함하는 낱말들을 배워가면서 '립'의 의미를 자연스럽게 알게 될 수도 있을 것이다. 그리고 위에서 이야기했듯 아예 처음부터 '독'은 '홀로'라는 뜻이고, '립'은 '서다'의 뜻이라고 설명할 수도 있을 것이다. 한자의 매개 없이 말이다.

그러나 한자의 매개 없이 그것을 설명하자면, "방금 말한 그 '독'은 '독약'이나 '해독'의 '독'과는 다르고, 또 '독촉'이나 '감독'의 '독'과도 다르고, 또 '독서'나 '애독'의 '독'과도 다르고, 또 '독지가'나 '위독'의 '독'과도 다르다. 그걸 잘 구별해야 한다. 다음, 우리가 말한 '립'은 '소립자'의 '립'과는 다르다. '소립자'의 '립'은 '낟알'이라는 뜻이다. 또 '도롱이와 삿갓'을 뜻하는 '사립'이라는 말이 있는데, 거기서 '립'은 삿갓이라는 뜻이어서, 우리가 지금 말하는 '립'이 아니다. '독'도 여러 가지고, '립'도 여러 가지니, 그걸 잘 구별해야 한다"라며 길고 복잡하게 설명할 수밖에 없을 것이다. 말하자면 한국어에는—한국어만이 아니라 일본어도 마찬가지고, 정도의 차이는 있지만 중국어도 마찬가지인데—음이 같은 형태소들(이 경우엔 한자들)이 너무 많은 것이다. 이때, 한자를 개입시키면 설명이 훨씬 깔끔하고 간단해질 것은 분명하다.

음이 같은 한자 이야기를 함으로써, 이제 우리는 자연스레 우리말 한자어들의 동형同形 문제로 접어들 수 있게 되었다. 실상 한국어 사용자들에게 한자 지식이 필요한 가장 커다란 이유는 한자어에 동형어들―동음이의어들―이 너무 많다는 것이다. 이 동형어 문제는 한자 혼용론자들이 자신들 주장의 논거로 으레 내세우는 단골 아이템이다. 그때마다 한글 전용론자들은 동음이의어는 어느 언어에도 있는 것이고, 단어는 독립적으로 쓰이는 것이 아니라 특정한 맥락 속에서 사용되는 것이므로 그 맥락을 따져보면 쉽게 이해할 수 있다고 반박해왔다. 나는 원칙적으로 전용론자들의 견해에 동의한다. 분명히 동음이의어는 어느 언어에도 있고, 단어는 문맥 속에서 구체적 뜻을 획득하는 것이므로 그것이 한자를 혼용해야 할 이유는 될 수 없다. 문맥으로도 뜻이 모호한 경우에는 괄호 안에 한자를 병기해주면 그만이다.

그러나 내가 한자교육을 불필요하게 생각하는 한글 전용론자들에게까지 공감하는 것은 아니다. 괄호 안에 한자를 병기하거나, 그 병기된 한자를 이해하는 데도 한자 지식은 필요하기 때문이다.

더 중요한 것은, 우리말 동음이의어에 대한 한글 전용론자들의 주장이 흔히 거친 재단으로 현실을 왜곡하고 있다는 점이다. 말하자면, 그들은 이 문제에 대해서 정직하지 못하다. 우리말의 동음이의어들은, 일본어를 제외한다면, 널리 알려진 어떤 언어에서보다도 많고, 그 동음이의어의 압도적 다수는 한자어다.

그렇게 된 사정은 한자에 대응하는 음의 가짓수가 한정돼 있고, 두 음절로 이뤄진 한자어들이 제일 많은 데 있다. 스물 가까운 이질적 의미를 지닌 '사기'라는 말은 혼용론자들이 흔히 내세우는 예로서 별난 것이기는 하지만, 우리말 한자어가 한두 개의 동형어를 지닌 것은 예외적 현상이 아니라 아주 흔한 현상이다. 국어사전의 어떤 페이지를 펼쳐도 동형어들은 금방 눈에 띈다. 이런 것을 어느 언어에도 있는 현상이라고 속 편하게 말할 수는 없다.

　'사기'를 비롯한 무수한 한자어 동형어에 대해서 일부 전용론자들은 영어의 take나 have 같은 동사에도 수십 가지의 의미가 있다고 내세운다. 그러나 이것은 전혀 적절치 않은 비교다. '사기'의 경우와 'take'의 경우는 본질적으로 다른 언어 현상이기 때문이다. '사기'가 지니고 있는 것은 동형성(同形性＝동음이의 homonymy)이지만 'take'나 'have'가 지닌 것은 다의성(多義性, polysemy)이다. '동형성(동음이의)'이란 이질적인 의미가 우연히 한 형태 속에 스며든 경우에 사용하는 말이다. 그러니까 동형어(동음이의어)는, 겉보기에 형태는 하나지만, 실은 여러 개의 서로 다른 기호들이다. 반면에 '다의성'은 비록 어떤 단어가 여러 의미를 가졌다고 하더라도 그 의미들이 최초의 한 의미에서 가지를 쳐나간 경우에 사용되는 말이다. 당연히 이 경우엔 그 여러 의미들이 어원적 동일성을 유지하고 있다. 그래서 다의어는 본질적으로 한 개의 기호다. 그런데 우리에게 문제가 되는 한자어들은 동형어들이고, 일부 한글 전용론자들이 거론하는 영어의 take나 have 같은 동사는 다의어다. 실제로는 엄격한 의미의 다의어에도 못 미칠 정도로 take나 have가 지니는 여러 의미들 사이에는 밀접한 연관이 있다.

이런 동형어들의 개념을 구분하기 위해서도, 한자교육은 필요하다. 그리고 어차피 한자교육이 필요하다면, 그것은 일찍 시작할수록 좋다. 기억력이 스펀지 같을 때 배우는 것이 부담이 덜하기 때문이다.

물론 한자는 배우기 어렵다. 한글에 견준다면 정말 배우기 힘들다. 글자의 수효도 많고, 한 글자 한 글자의 형태와 소리와 의미를 함께 익혀야 하기 때문이다. 그러나 한자의 대부분은 형성문자이므로, 즉 의미를 나타내는 부분과 소리를 나타내는 부분을 결합해서 만든 글자이므로, 한자들 사이의 소리 연관, 의미 연관이 없는 것은 아니다. 그러니까 예컨대 한자 2,000자를 배우는 것이 한글 스물넉 자나 로마자 스물여섯 자를 배우는 것보다 100배 가까이 힘든 것은 결코 아니다. 갑골문에서는 20퍼센트 정도였던 형성자는, 한대漢代의 허신許慎이 편찬한 최초의 자전인 《설문해자》에서 이미 80퍼센트까지 늘었고, 현재는 한자의 90퍼센트 이상이 형성자라고 한다.✦

✦ '설문해자說文解字'의 字가 바로 이 형성문자를 가리킨다. 《설문

해자》는, 글자 그대로, 文을 설명하고 字를 풀이한 책이다. 허신에 따르면 文이란 대개 사물의 종류에 따라 그 꼴을 본뜬 글자이고, 字란 그후에 꼴과 소리가 서로 더해져 이뤄진 글자다. 요컨대 文이 상형자라면, 字는 형성자인 것이다.

또 우리가 배워야 할 한자가 수만 자인 것은 아니다. 한 통계에 따르면 중국어에서도 출판물의 90퍼센트를 차지하는 것은 950자이고, 99퍼센트는 2,400자로 채워진다. 중국에서는 1988년에 국가교육위원회와 국가어언문자공작위원회國家語言文字工作委員會가 공동으로 '현대한어상용자표現代漢語常用字表'를 공포해 상용자 3,500자를 정했는데, 이 3,500자의 사용 빈도율이 99.48퍼센트나 된다고 한다(최영애,《한자학 강의》, 통나무, 1995, 21쪽; 최영애,《중국어란 무엇인가》, 통나무, 1998, 161쪽). 중국에서도 제대로 교육을 받은 사람이 아는 한자 수가 대략 3,000에서 4,000자라고 하니, 우리가 그만큼을 알 필요도 없을 것이다. 2,000자 남짓만 안다고 하더라도 한국어에 대한 감각을 유지하는 데는 충분할 것이다. 실제로 우리말에서 생산성이 아주 높은 한자들은 불과 몇백 자 정도일 것이다. 얼른 대大, 불不, 무無, 성性, 화化, 자自 같은 한자 형태소들이 떠오른다.

'전중'은 존재하지 않는다

끝으로 일본어 고유명사 표기에 대하여 한마디. 일본어에서 田中이라고 표기되는 사람 이름에 대하여 '다나카'보다는 '전중'을 고집하는 사람들이 아직도 있다, 비록 예전보다는 많이 줄었지만. 이 사람들은 일본어에서 大阪, 東京이라고 표기되는 땅이름에 대해서 '오사카' '도쿄'라고 읽는 것에 분개하고, '대판' '동경'이라고 읽어야 한다고 주장한다. 우리는 '다나카' 대신 '전중'을 택하고, '오사카' '도쿄' 대신에 '대판' '동경'을 택해야 하는가? 대답은 '아니오'다. '다나카'는 '다나카'일 뿐 '전중'이 아니고, '오사카'는 '오사카'일 뿐 '대판'이 아니며, '도쿄'는 '도쿄'일 뿐 '동경'이 아니다.✦

✦ 여기서 우리의 논점은 외래어표기법이 아니다. 그러니까 일본의 수도 とうきょう를 '도쿄'로 표기하느냐, '도꾜'로 표기하느냐, '토오쿄오'로 표기하느냐, '토오꾜오'로 표기하느냐, '도오꾜오'로 표기하느냐의 문제는 아니다. 말을 바꾸어 たなか가 '타나카'냐 '타나까'냐 '다나카'냐 '다나까'냐의 문제, 또는 おおさか가 '오오사카'냐, '오사카'냐, '오오사까'냐, '오사까'냐의 문제는 아니다. 물론 그 문제도 중요하기는 하다. 그러나 내가 지금 여기서 거론하고 있는 것은, 일

본의 수도 東京을 위에 나열했던 것처럼 일본 한자음으로 읽어야 하느냐, 그렇지 않으면 '동경'이라고 한국 한자음으로 읽어야 하느냐의 문제다.

'오사카'를 '대판'이라고 읽어야 한다고 주장하는 사람들은 예컨대 일본에서는 대구大邱를 자기들 한자음을 따라 '다이큐'라고 읽고, 제주도濟州道를 '사이슈토'라고 읽는다는 점을 지적하며, 우리도 언어 정책의 주체성을 세워야 한다고 말한다(예컨대 좀 오래된 글이기는 하지만, 이숭녕의 〈도오꾜오 호칭론〉, 1968).

이런 '주체성론자들'은 한글 전용론 진영에서도 발견되고, 한자 혼용론 진영에서도 발견된다. 우선, 한글 전용론자가 '대판'을 주장하는 것은 처음부터 어불성설이다. '대판'은 한자를 매개로 해서만 존재할 수 있기 때문이다. 다음, 한자 혼용론자의 '대판' 주장은 그들이 늘상 한자를 염두에 두고 있으므로 자신들의 평소 논지와 어그러지는 것은 아니다. 그렇다고 이들의 '대판' 주장 역시 올바른 것은 아니다. 그들이 잊고 있는 것은 한국어에는 이제 사라져버린 한자의 훈독 관행이 일본어에는 여전히 남아 있다는 사실이다. 일본어 고유명사 가운데는 음독 못지않게 훈독이 흔하다. 예컨대 '다나카' '오사카'는 훈독이고, '도쿄'는 음독이다. 모두 알다시피 훈독이란 "한자를 일본어 훈으로 읽는 방식"이 아니라 "일본의 고유어를 한자로 표기하는 방식"이다. 그들은 田中을 '다나카'라고 읽는 것이 아니라, '밭 가운데'라는 뜻의 '다나카'를 '田中'이라고 표기하는 것이다. 우리가 일본 이름 '다나카'를 '전중'이라고 부른다는 것은, '밭 가운데'라는 의미의 '다나카'를 일단 중국어로 번역한 다음에, 해당되는 한자의 한국음을 읽는다는 것이다. 그 번역과 변형의 과정 끝에 탄생한 '전중'이라는 이름은 이 세상 누구의 이름도 아니다.

이런 상상을 해보자. 미국인들이 일본인들처럼 한자를 수입해서 훈독의 관행을 만들었다고 하자. 그랬다면 그들은 그 유명한 Watergate 빌딩을 水門이라고 표기했을 것이다. 그러니까, 水門이라고 쓰고, 자기들 말로 '워터게이트'라고 읽는 것이다(이것이 한국어에선 오래전에 사라져버렸고 일본어에는 끈질기게 남아 있는 한자 훈독의 본질이다). 그럴 때 우리는 영어의 빌딩 이름 Watergate를 '수문'이라고 불러야 하는가? 남아프리카공화국과 오스트레일리아에는 똑같이 Newcastle이라는 도시가 있다. 이 나라 사람들이 일본 사람들처럼 한자를 수입해서 훈독 관행을 확립했다면, 이 도시를 新城이라고 표기했을 것이다. 이 경우에도, 쓰기는 新城이라고 쓰고, 읽기는 '뉴캐슬'이라고 읽는 것이다. 이럴 때 우리는 이 도시를 '신성'이라고 불러야 하는가?

'다나카'를 '전중'이라고 부르고, '오사카'를 '대판'이라고 부르자는 주장은 Watergate를 '수문'이라고 부르고, Newcastle을 '신성'이라고 부르자는 주장과 전혀 다르지 않다. 그 유명한 빌딩의 이름이 Watergate로 표기되든 水門으로 표기되든 우리는 그걸 '워터게이트'라고 부르는 게 당연하다. 남아프리카공화국과 오스트레일리아에 있는 공업도시가 Newcastle이라고 표기되든 新城이라고 표기되든 우리는 그걸 '뉴캐슬'이라고 부르는 게 당연하다. Watergate와 '수문', Newcastle과 '신성' 사이에는 간접적인 의미 연관이 있을 뿐, 아무런 소리 연관이 없기 때문이다. 그렇다면 우리는 당연히 오사카를 오사카라고 부르고, 다나카를 다나카라고 불러야 한다. 다나카를 '전중'으로 불러야 한다면, 철학자 화이트헤드를 우리는 '백두'라고 불러야 할 것이다.

그러면 일본의 고유명사 가운데 한자를 음독하는 경우엔 그 이름을 한국어로 어떻게 부를 것인가? 즉 한국어와의 소리 연관이 있을 때 말이다. 예컨대 '도쿄'는 '동경'과 소리의 뿌리가 같은 것이니, '동경'이라고 부를 수도 있지 않을까? 원리적으로는 그렇다. 그러나 같은 나라의 고유명사에 대해 음독과 훈독을 일일이 구별해서 음독의 경우는 한국음으로 읽고, 훈독의 경우는 일본음으로 읽는 것은 너무 번거로운 일이다. 그래서 나로서는, 외국 이름 읽기의 일관성을 유지한다는 취지에서 모든 고유명사를 일본 이름으로 불러주는 것이 옳다고 생각한다. 물론 원리보다 중요한 것은 관행이다. '동경'이라는 이름은 이미 우리에게 익숙하고, 그러니 그렇게 부르는 관행을 금지할 수는 없다. 또 우리가 '일본'이라는 말을 '니혼'이나 '닛폰'이라는 말로 대치하는 날은 가까운 장래에는 결코 오지 않을 것이다.

<hr>

✦

그의 이름을 존중하자

중국어 고유명사는 어떻게 할 것인가? 중국어의 한자음은, 일본어의 음독 한자음처럼, 한국 한자음과 뿌리가 같다. 그러니 한국 한자음으로 읽는 것이 일단 자연스러워 보인다. 실상 우리는 오래도록 그런 관행을 지켜왔다. 孔子를 '콩쯔'가 아니라 '공자'로 불렀고, 秦始皇을 '친스후앙'이 아니라 '진시황'으로 불렀다. 이것은 현대인에게도 대체로 적용돼, 우리는 毛澤東을 '마오쩌둥'이라기보다는 '모택동'으로 즐겨 불렀고, 周恩來를 '저우언라이'라기보다는 '주은래'로 즐겨 불렀다. 이것은 일본의 현대 정치가들을 대체로 일본 발음으로 불러준 것과도 대조된다. 일본 이름을 일본식으로 부른 데 견주어, 중국 이름을 한국식으로 부른 데는, 앞서 이야기한 일본의 훈독 관행도 이유로 작용한 듯하고(일본어의 한자 훈독 발음은 한국 한자음과는 전혀 다르니), 또 우리가 중국어보다는 일본어에 더 익숙해 있었다는 사정도 작용한 듯하다.

지금 시행되고 있는 외래어표기법에 따르면, 일본의 인명은 과거와 현대의 구분 없이 일본음으로 표기하지만, 중국의 인명은 신해혁명을 기준으로 과거인과 현대인을 구분해서 과거인은 우리 한자음으로 표기하고 현대인은 원칙적으로 중국 발음으로 표기하도록 돼 있다. 그러니까 진시황의 승상 李斯는 '리쓰'가 아니라 '이사'인 데 반해, 지금의 국가주석 江澤民은 '강택민'이 아니라 '장쩌민'인 것이다. 외국의 고유명사를 원음에 가깝게 읽는 현재의 추세와 우리 음으로 읽었던 전통적 관습 사이의 타협이기는 하지만, 나는 이것이 대체로 합당한 규정이라고 생각한다. 중국 인명의 표기에서 과거인과 현대인을 구분하는 것이 억지스럽게 느껴질 수도 있지만, 실은 이것은 유럽어들 사이에서도 묵시적으로 확립된 관행이다.

동아시아 세 나라의 독특한 한자음들과 딱 떨어지게 비교될 수는 없겠지만, 유럽어에도 동일한 기원의 세례명들이 언어에 따라 서로 조금씩 다른 형태를 지니고 있다. 예컨대 영어의 찰스 Charles는 프랑스어로 가면 샤를Charles이 되고, 독일로 가면 카를 Karl이 되고, 스페인으로 가면 카를로스Carlos가 되고, 이탈리아어로 가면 카를로Carlo가 된다. 비교적 우리에게 잘 알려진 외국어인 영어와 프랑스어를 비교하자면, 영어의 피터Peter, 스티븐Stephen, 존John, 조운Joan, 헨리Henry, 메어리Mary는 프랑스어의 피에르Pierre, 에티엔Etienne, 장Jean, 잔Jeanne, 앙리Henri, 마리Marie에 해당한다. 그리고 역사적으로 잘 알려진 인물의 경우에는 그들의 이름을 나라마다 자기식의 이름으로 읽는다. 예컨대 프랑

스의 잔 다르크Jeanne d'Arc는 영어에선 조운 오브 아크Joan of Arc
가 된다. 그러나 현대의 인물이거나 잘 알려지지 않은 사람의 경
우에는 형태의 변화 없이 그냥 외국식으로 불러준다. 예컨대 영
국의 유명한 여성 경제학자 조운 로빈슨Joan Robinson은 프랑스
에서도 Joan Robinson이다. 영국의 필부 존 스미스John Smith는
프랑스어로도 John Smith이고, 프랑스의 필부 피에르 뒤퐁Pierre
Dupont은 영어로도 Pierre Dupont이다.

　　이런 예는 얼마든지 들 수 있다. 1066년에 영국을 정복한 노
르망디 공 윌리엄William은 프랑스어에서는 Guillaume이 되고
독일어에서는 Wilhelm이 되지만, 현대를 살고 있는 별 볼 일 없
는(또는 별 볼 일이 있다고 하더라도 아무튼 현대를 살고 있는) 영국인
William은 프랑스어 신문에서도 그저 영어식으로 William일 뿐
이고 독일어 잡지에서도 그저 영어식으로 William일 뿐이다. 르
네상스 미술을 대표하는 미켈란젤로와 레오나르도 다빈치는 프
랑스어에서 각각 미켈랑주, 레오나르 드 뱅시라는 새 이름을 얻
었지만, 지금 이탈리아에 그들과 똑같은 이름을 지닌 화가가 나
타나 유명해진다면, 프랑스 신문들은 당연히 그를 이탈리아식
이름으로 불러줄 것이다. 《데카메론》의 작가 보카치오는 프랑스
에서 보카스가 되지만, 별 볼 일 없는 이탈리아 사람 보카치오는
프랑스어로도 보카치오다. 고대 그리스의 철학자 아리스토텔레
스는 프랑스어로 아리스토트지만, 지금 아테네에 사는 필부 아

리스토텔레스는 프랑스어로도 여전히 아리스토텔레스다. 프랑스인들이 아리스토텔레스를 아리스토트로 부르고, 율리우스 카이사르를 쥘 세자르라고 부르고, 마르쿠스 아우렐리우스를 마르크 오렐이라고 부르고, 피타고라스를 피타고르라고 부르고, 미켈란젤로를 미켈랑주라고 부르고, 보카치오를 보카스라고 부르는 것은 우리들이 과거의 중국 이름들을 우리식 한자음으로 읽는 것에 비견할 만하다.

그래서 나는 중국어 고유명사 표기에 대한 지금의 규정이 받아들일 만한 것이라고 생각한다. 공자나 맹자처럼 예전부터 잘 알려졌고 우리가 '공자' '맹자'로 불러온 사람들을 갑자기 '콩쯔'나 '멍쯔'로 바꿀 수야 없겠지만, 그들의 이름 없는 후손인 孔씨, 孟씨들은 이제 그들이 자신들을 부르는 이름을 존중해서 우리도 '콩씨' '멍씨'로 부르는 게 낫겠다는 생각이다.

◆

한자를 배워야 하는 이유

마무리하자. 한자는, 그 이름에서 드러나듯, 중국인의 글자다. 로마자가 옛 로마인들의 글자이듯 말이다. 그러나 로마자가 로마인만의 것은 아니듯, 한자도 중국인만의 것은 아니다. 그러니까 그것이 중국인의 것이라는 이유로, 우리가 그것을 배척해야 하는 것은 아니다. 실제로 우리 조상들은 한자를 이용해서 우리말을 표기해왔다. 향찰로 기록된 옛 노래들이나 이두로 기록된 무수한 공문서들은 한자가, 불충분한 대로, 한국어의 표기 수단으로서 제 나름의 역할을 했다는 것을 보여준다.

그러나 한자는 중국어라는 언어와 꽉 밀착된 글자체계다. 일음절/일형태소의 고립어라는 중국어의 특성이 한자에 그대로 녹아들어 있다. 그것은 다음절 교착어인 한국어를 표기하는 데는 아주 불편한 문자체계다. 꼭 그 이유에서만은 아니었겠지만, 아무튼 지금부터 5세기 반쯤 전에 한글이 나왔다. 그리고 그 한글은 한국어를 표기하는 데 알맞은 글자다. 그러니 우리가 표기 수단으로서 한자를 포기하고 한글을 택하는 것은 너무나 자연스럽다.

한글이 한자와 싸워온 과정은 그대로 민주주의가 봉건주의와 싸워온 과정이다. 우리는 한글이 우리 글이어서 써야 하는 것이 아니라, 그것의 사용이 민주주의적 가치에 부합하기 때문에 써야 하는 것이다.

그러나 우리가 한자를 배우지 않을 수는 없다. 지난 2,000년 동안 한자를 매개로 해서 무수한 중국어 단어, 일본어 단어들이 한국어에 차용됐고, 그렇게 차용된 한자어들은 당연히 한자와 깊은 관련을 맺고 있기 때문이다. 한국어에 수입된 한자는 중국어나 일본어에서와는 다른 독자적인 한국음을 지니고 있고, 그래서 중국어나 일본어에서 차용된 한자어들은 중국어도 일본어도 아닌 한국어다. 예컨대 '천지天地'라는 말은 중국어도 아니고 일본어도 아니고, 오로지 한국어일 뿐이다. 중국인이나 일본인에게 '천지'라고 말해봐야 그들이 그걸 '天地'의 뜻으로 알아들을 리가 없다. 이런 한자어들이 우리말 어휘의 태반이다.

이렇게 한국어 깊숙이 파고든 한자어의 이해에는 꽤 많은 경우에 한자에 대한 지식이 필수적이다. 이것을 부정하는 것은 부정직한 짓일 것이다. 설령 대부분의 경우 한자어의 이해에 한자 지식이 꼭 필요한 것은 아니라고 할지라도, 한자 지식이 한자어의 이해를 돕는 것은 사실이다. 초등학교에서부터 한자를 가르쳐야 하는 이유는 거기에 있다. 우리 어휘의 반 이상을 차지하고 있는 한자어의 이해에 도움이 된다면, 2,000자 내외의 학습이 부당한 뇌 혹사는 아닐 것이다.

03
말

✦

~~~~~~~~~~

　존재가 의식을 구속한다는 것, 그리고 언어가 의식의 소산이라는 것을 큰 테두리에서 부인하기는 힘들다. 그러니까《출판저널》편집자가 제출한 질문, 곧 "언어는 인류의 삶에 어떤 영향을 끼쳤는가?"라는 주체와 객체를 뒤바꾸어 "인류의 삶은 언어에 어떤 영향을 끼쳤는가?"라고 고쳐놓을 때, 더 풍성한 답변이 마련될 것이다. 그러나 모든 구속은 적어도 부분적으로는 상호 구속이다. 존재가 의식을 구속하는 것만큼은 아닐지라도 의식도 존재를 구속하며, 언어가 의식의 소산인 것만큼은 아닐지라도 의식도 언어의 소산이다. "언어가 인류의 삶에 어떤 영향을 끼쳤는가?"라는 질문은 바로 그만큼의 의미를 지니고 있다.

　언어는 인류의 삶에 어떤 영향을 끼쳤는가? 얼른 떠오르는 답변은 그것이 문명의 건설을 가능하게 했다는 것이다. 우리가 살고 있는 별에서 문명을 이룩해낸 유일한 종은 인류다. 그리고 언어를 지닌 유일한 종 역시 인류다. 물론 '문명'과 '언어'를 느슨하게 사용할 때, 개미의 군락群落이나 화학언어도 문명이고 언어다. 그러나 우리가 이야기하고 있는 문명은 지적 함의만이 아니라 고도의 예술적·정치적·종교적·도덕적 함의를 지닌 문명이고, 우리가 이야기하고 있는 언어는 개념과 소리패턴이 결합된 기호들의 구조적 체계로서의 언어다. 그런 문명과 그런 언어는 인류에게 고유한 것이다. 문명을 건설한 인간, 생각하는 인간은 말하는 인간이기도 하다. 생각의 뭉치를 형태소로 나누고 소리의 뭉치를 음소로 나눈 뒤 이들을 이리저리 배열하고 결합하고 대응시키며 표현과 소통의 길을 뚫는 언어가 존재하지 않았다면, 문명도 존재하지 않았을 것이다.

실제로 인간의 언어는 대단히 정교하고 섬세하다. 물론 시인은 때로 자기 마음의 미세한 결에 꼭 맞는 표현을 모국어에서 찾지 못해 절망하고, 과학자는 정서의 찌꺼기와 중의성으로 오염된 자연언어가 마땅치 않아 자주 수학언어에 기댄다. 그러나 인간의 언어와 비슷한 구실을 하는 다른 동물들의 커뮤니케이션 수단과 비교해서는 물론이고, 수화手話나 교통표지판을 비롯한 인간의 비非언어 커뮤니케이션 수단들과 비교해도, 자연언어의 정교함과 섬세함은 탁월하다. 특히 오랜 세월의 문학사를 통해 수많은 작가들이 갈고 닦은 자연언어들의 경우라면 더 그렇다.

인간은 언어를 만들어냈지만, 일단 만들어진 언어는 인간을 만든다. 우선 개념의 차원에서. 세계는 연속적이지만, 그것을 묘사하는 언어는 비연속적이다. 그래서 우리는 세계를 이리저리 절단해 그 조각들을 하나의 어휘소(나 형태소)에 대응시킨다. 세계를 절단하는 방식은 다분히 우연적이지만, 절단된 세계의 조각들과 특정 어휘소들의 대응이 한 언어체계 속에서 약속으로 확립되면, 세계의 그 절단 방식은 그 언어 사용자들에게 자명하게 느껴진다. "우리는 우리 모국어가 지령하는 대로 자연세계를 분단한다"는 벤저민 리 워프의 발언이 그럴듯하게 생각되는 순간이 그때다.

물론 워프의 말은 원칙적으로 틀렸다. '세계관의 언어 종속성'이라는 사피어-워프 가설은 고대 이래로 인류 지성사를 흐려놓은 언어신비주의의 세련된 형태일 뿐이다. 한국인이 '눈雪'이라고 부르는 대상을 에스키모들이 여남은 가지로 구별한다고 해서 에스키모의 시감視感이 한국인보다 여남은 배 섬세한 것은 아니며, 무지개 빛깔을 셋으로 구분하는 언어의 사용자라고 해서 한국인이 구별할 수 있는 빛깔을 구별하지 못하는 것은 아니다. 근본적인 지각의 범주와 인식작용은 인간에게 보편적이다. 그것은 언어의 구조와는 독립적인 것이고, 언어 이전의 것이다.

그렇다고 해서 워프의 말이 옳을지도 모른다는 생각이 쉽게 사라지지는 않는다. 그것은 자연언어들의 서로 다른 관행을 내세우며 우리를 유혹한다. 프랑스어 사용자가 구별할 필요를 느끼지 않는 착용행위를 한국어 사용자는 '(옷을) 입다' '(신발을) 신다' '(장갑을) 끼다' '(모자를) 쓰다' 따위로 구별하고, 영어 사용자가 구별할 필요를 느끼지 않는 존재의 일시적 상태와 지속적 상태를 스페인어 사용자는 estar와 ser로 구별한다. 이때 자연세계의 분단이 모국어 이전의 것일지라도, 표면적으로는 워프의 말대로 우리는 모국어가 지령하는 대로 자연세계를 분단하는 꼴이 된다.

외국어를 습득하는 어려움 가운데 하나는 이렇게 자연언어마다 세계를 분단하는 방식이 조금씩 다르다는 데 있다. 한 언어에서는 하나의 어휘소로 뭉뚱그리는 개념을 다른 언어에서는 세밀히 나눌 수도 있고, 그 반대일 수도 있다. 그래도 이런 경우는 절단의 커다란 선이 일치하는 경우다. 그러나 더 흔한 것은, 그리고 이것이 외국어 학습자들에게 더 까다로운데, 한 언어의 어휘소들이 다른 언어의 어휘소들과 개념의 교집합을 만들어가며 입체적으로 교차하는 경우다. 한 자연언어와 다른 자연언어의 어휘장은 쉽게 포개지지 않는다. 자기 모국어의 영향을 완전히 씻어내고 외국어가 지시하는 대로 세계를 분단하는 일은 그래서 아주 어렵다. 외국인이 쓴 글이 뭔가 어색하고 부자연스러워 보이는 것은 바로 그 때문이다.

다음은 소리의 차원에서. 우리는 워프의 말을 흉내 내서 "우리는 모국어가 지령하는 대로 소리를 분단한다"라고도 말할 수 있다. 모음을 예로 들어보자. 한 모음과 다른 모음의 경계를 어디다 획정하느냐는 언어에 따라 다르다. 말을 바꾸어 모음과 모음 사이의 거리는 언어마다 다르다. 모음체계 안에서 모음들 사이의 거리가 비교적 균등한 언어로는 흔히 프랑스어가 꼽힌다. 예컨대 프랑스어에서 전모음前母音 [i]와 [e] 사이의 거리는 [e]와 [ɛ] 사이의 거리와 비슷하다. 그러나 현대 한국어에서는 [ㅣ]와 [ㅔ] 사이가 [ㅔ]와 [ㅐ] 사이보다 멀다. 프랑스어에서 닫힌 [e]와 열린 [ɛ]는 또렷이 구분되지만, 한국어에서, 특히 젊은 세대의 한국어에서, 닫힌 [ㅔ]와 열린 [ㅐ]는 중화되고 있는 추세다. 그래서 프랑스어를 배우는 한국인은 계사의 직설법 2인칭 단수꼴인 es와 등위접속사 et를 보통 구별하지 않는다. es의 발음은 [ɛ]이고 et의 발음은 [e]다. 프랑스어에서는 전혀 다른 모음이다. 그걸 의식한 한국인이 es를 [ㅐ]로 et를 [ㅔ]로 발음해보아도 원음에 쉬 가까워지지는 않는다. 프랑스어와 한국어는 모음들 사이의 경계를 다른 위치에서 획정하기 때문이다. 즉 [e]와 [ɛ]의 영역이 [ㅔ]와 [ㅐ]의 영역과 일치하지 않기 때문이다. 외국인이 하는 말이 뭔가 어색하고 부자연스러워 보이는 이유 가운데 하나가 바로 그것이다.

언어가 의식을 매개로 존재에 끼치는 영향의 예로서 빠뜨릴 수 없는 것은 경어체계와 정치·사회 질서의 관계다. 예컨대 한국어는 유례를 찾아보기 힘들 만큼 복잡하고 엄격하고 정교한 경어체계를 지닌 언어다. 우리말의 2인칭 대명사는 연령이나 신분이 비슷한 사람들끼리, 또는 연령이나 신분이 낮은 사람에게나 사용될 뿐, 존칭을 사용해야 할 자리엔 아예 사용되지 않는다. 그 경우 한국인들은 그 자리를 비워두거나 연령적·가족적·직업적·신분적 위계를 표시하는 명사(선배님, 아버님, 국장님, 선생님, 영숙 씨 등)를 사용한다. 2인칭 대명사만 위계에 예민한 것이 아니다. 한국어 사용자는 메시지 수신자와 자신의 위계를 설정하기 전에는 단 한 마디도 입 밖에 낼 수 없다.

언어로 표현되는 그 위계 질서를 우리는 다시 그 언어를 통해 내면화한다. 경어를 썼느냐 반말을 썼느냐가 흔히 사람들 사이의 다툼의 원인이 되는 것이 그 증거다. 경어법은 연령의 위계만을 드러내는 것이 아니라, 신분적 위계를 드러내고, 그 신분적 위계는 그것을 드러내는 경어법에 의해 다시 강화된다.

문자 이야기를 할 지면이 얼마 남지 않았다. 문자에 대해서 난해한 형이상학을 전개하는 철학자들이 없는 것은 아니지만, 전통적 견해에 따르면 문자체계는 음성언어의 그림자일 뿐이다. 그렇다고 하더라도 문자의 발명과 서기체계의 세련화가 인류의 역사를 비약시켰다는 것은 부인할 수 없다. 띄어쓰기와 구두점을 비롯한 정서법의 확립은 커뮤니케이션과 정보 전달의 효율성을 크게 높였다.

한 가지만 지적하자. 문자의 발명은 분명히 인류의 지식 축적 방식을 혁명적으로 변화시켰다. 그 덕분에 인류의 집단적 기억의 용량은 무한대로 늘어났다. 그러나, 애달파라, 바로 그 집단적 기억의 폭증은 개인적 기억의 왜소화를 가져왔다. 기억의 전승을 문자가 떠맡게 되자마자, 인간은 자기 아버지의 아버지의 아버지의 아버지의 이야기를 군이 머릿속에 담아둘 필요가 없게 되었다. 그것만이 아니다. 인쇄술의 보급은 이야기꾼과 음유시인들을 퇴출시켰다. 기계류를 포함한 인간의 모든 발명품들이 그렇듯, 문자의 발명도 인간 육체의 완전성을 위해서는 불행한 일이었다.

04
표준어의 폭력
✦
국민국가 내부의 식민주의

~~~~~~~~~~~

"아무 걱정 마쑈, 위염이랑께요. 요 처방전 각고 약 지어 자시면 금시 낫어불 겁니다. 쩌그 약방 보이지라? 몇 날만 지나면 암시랑토 안 헐 거시요."

며칠째 복통이 계속돼 큰 병이라도 걸린 것 아닌가 걱정하며 처음 찾은 동네병원에서 의사가 이렇게 말했다고 하자. 이 의사는 한국 최고의 내과의內科醫일 수도 있다. 그러나 환자는 불안을 말끔히 씻어내지 못할지도 모른다. 그러고는 배를 움켜쥐고 다시 다른 병원을 찾을지도 모른다. 반면에 이 의사가 이렇게 말했다고 하자.

"아무 걱정 마세요, 위염입니다. 이 처방전 가지고 약 지어 드시면 금세 나을 겁니다. 저기 약국 보이죠? 며칠만 지나면 아무렇지도 않을 거예요."

　이 의사는 사람 여럿 잡을 돌팔이일 수도 있다. 그러나 환자
는 이내 불안에서 해방돼 마음이 가벼워질 것이다. 심지어 아픈
배도 그냥 나아버릴지 모른다. 이 차이는 환자가 의사에게 보내
는 신뢰의 차이에서 왔다. 그리고 그 신뢰의 차이는 의사의 말씨
차이에서 왔다. 한쪽 말씨는 흔히 '사투리'라고 부르는 비非표준
방언이고, 다른 쪽 말씨는 표준어다.

　1988년 문교부가 고시한 '표준어 규정'에 따르면, 표준어는
"교양 있는 사람들이 두루 쓰는 현대 서울말"이다. 1933년 조선
어학회가 제정한 '한글 마춤법 통일안'의 총론 제2항은 표준말
을 "대체로 현재 중류사회에서 쓰는 서울말"로 규정하고 있었다.
55년의 사이를 둔 이 두 규정에서 눈에 띄는 차이는 '중류사회'에
서 '교양 있는 사람들'로의 이행이다. 1988년의 언어 정책 기획자
들은 표준어에 좁은 의미의 계급적 장식보다는 문화적 치장을
더 베풀고 싶어했던 셈이다. 이 새로운 규정에 따르면, 표준어를
쓰지 않는 사람은 교양이 없는 사람이다. 새 규정의 '교양 있는
사람들'이라는 표현은 문화적 위신에 대한 사람들의 욕구를 겨
눔으로써 표준어의 매력과 구심력을 한층 키웠다.

　1933년의 표준말 규정과 1988년의 표준어 규정에서 더 눈
여겨보아야 할 것은 표준 한국어가 일관되게 서울말이라는 점일
것이다. 한 나라의 수도에서 쓰는 언어가 그 나라의 표준어가 되

는 것은 놀라운 일이 아니다. 수도는 정치의 중심지일 뿐만 아니라, 흔히 경제와 문화의 중심지이기 때문이다. 표준 프랑스어도 파리 사람들의 언어고, 표준 일본어도 도쿄 사람들의 언어다. 게다가 한국의 서울 중심주의는 프랑스의 악명 높은 파리 중심주의보다 더하면 더했지 결코 못하지 않다. 서울로 이주한 지방 사람들이 서울말을 익히려고 안간힘을 쓰는 것은 그래서 자연스럽다. 시청각 매체가 사회 전체를 촘촘한 망으로 얽고 있는 오늘날에는 지방에 사는 어린이들도 흔히 서울말을 쓴다. 한 사회에 성차별sexism이나 인종차별racism처럼 언어차별linguicism이 존재하는 한, 비주류 언어(방언) 사용자는 주류 언어(방언)를 익혀야 한다는 강박에서 자유로울 수 없다.

표준어가 다른 방언들보다 위세를 떨치게 된 것이 그 내재적 매력 때문은 아니라는 점을 지적해야겠다. 다시 말해 서울말의 위세는 이 말이 예컨대 강원도방언이나 전라도방언보다 본질적으로 더 섬세하다거나 명료하다거나 아름다워서 생긴 것이 아니다. 언어학의 지평에서는 서울말 역시 한국어의 한 방언일 뿐이고, 서울말과 다른 방언 사이에 위계를 설정하는 것은 불가능하다. 서울말의 위세가 큰 것은 그러니까 언어 바깥 사정, 구체적으로 이 언어를 쓰는 사람들의 힘 때문이다. 한국어방언 가운데 영남방언이 비교적 패기 있게 서울말에 맞서고 있는 사정 역시 이로써 설명할 수 있다.

서울에 사는 영남 출신 화자가 쉽게 서울말에 동화하지 않는 이유를 영남방언의 내재적 특질에서 찾으려는 견해가 있기는 하다. 그런 견해가 부분적으로는 옳을 수도 있다. 기실 영남방언의 롤러코스터 억양이 서울말의 밋밋함에 이내 동화하기는 언어교육의 틀에서도 쉽지 않아 보인다. 그러나 더 큰 이유는 영남방언 사용자들의 사회적 힘에서 찾는 것이 옳을 것 같다. 현직 서울시장을 포함해 역대 서울시장의 다수는 영남방언 사용자였고, 서울 강남의 고급 아파트 지역에서는 영남방언을 듣는 것이 예사다. 서울에서 영남방언을 쓰는 것은 경제적으로나 문화적으로 그리 불리한 일이 아닌 것이다. 이와 대칭적으로, 호남 출신 화자가 비교적 쉽게 서울말에 동화하는 이유 역시 언어 바깥에 있을 것이다.

　　방언들 사이의 위세가 그 내재적 특질에서 나오는 것이 아니라 방언 사용집단의 사회적·문화적 힘에서 나온다는 것은 영어 내부의 권력지도에서도 드러난다. 미국에서 쓰는 여러 형태의 영어들은 영국 영어의 방언일 뿐이지만, 매사추세츠 출신의 미국인이, 특히 '교양 있는' 미국인이, 영국으로 이주했다고 해서 런던 말투에 동화할 것 같지는 않다. 자신이 엠아이티MIT나 하버드 출신의 미국인이라는 것을 런던 토박이 앞에서 드러내는 것은 당사자에게 조금도 불리한 일이 아니기 때문이다. 이런 사실은 영국 영어 내부에서도 또렷하다. 런던은 영어의 중심 가운데 중심이지만, 흔히 '아아피이RP, received pro-nunciation'라고 불리는 영어 표준 발음을 내는 사람들은 런던 사람들 가운데서도 주로 고등교육을 받은 이들이다. 그래서 공인된 표준 영어Received Standard 사용자들은 런던 시내보다는 이름난 사립학교들이 흩어져 있는 런던 교외에서 더 쉽게 발견된다. 이에 비해, 런던 일부 구역의 토박이들이 쓰는 이른바 코크니 영어Cockney English는 '천한' 사투리로 간주된다. 이 영어를 쓰는 사람들이 주로 하층계급에 속하기 때문이다. 표준 한국어가 '교양 있는' 서울 사람들의 언어이듯, '표준 영어'도 '교양 있는' 런던 사람의 언어인 것이다.

'교양'의 때때옷을 입고 표준어가 휘두르는 획일화의 폭력에 맞서는 저항이, 예컨대 한국어 영남방언의 예에서처럼, 꼭 표준어 사용자들과 맞먹는 사회적 위세를 업고 실천되는 것은 아니다. 코크니 영어 사용자들 다수는, 그 언어에 들씌워진 상징적 의미를 잘 알면서도, 고집스럽게 그 '천한' 언어를 사용한다. 호남 출신의 서울 거주자들 가운데서도 그런 사람들이 드물지 않다. 주류 언어에 동화하는 것을 제 정체성의 굴욕적 포기로 여기는 방어 본능 때문일 것이다. 사회학자 피에르 부르디외는 표준 프랑스어에 동화하려는 프랑스인들의 욕망이 주로 중간계급에서 두드러지고, 상층계급과 하층계급은 유년기 언어에 충성심이 강하다는 사실을 지적한 바 있다. 이런 저항은 '교양'과 흔히 등치되는 문학의 세계에서도 볼 수 있으니, 이를테면 서북 지방 출신의 시인 백석의 첫 시집 《사슴》은 서울 중심주의에 대한 문학적 저항을 드세게 실천하고 있다.

그러나 표준어의 구심력은, 특히 문자세계에서, 거의 온전히 관철되고 있다. 서울말에 대한 최근의 문학적 저항은 이문구나 김성동 같은 작가들에게서 볼 수 있지만, 뒷세대 작가들이 그 저항을 이어나갈 것 같지는 않다. 문학적 욕망은 표현의 욕망이면서 한편으로 소통의 욕망이기 때문이다. 백석이 《사슴》 이후의 시들에서 서북방언의 울타리를 상당 부분 걷어내버린 것도 소통의 욕망 때문이었을 것이다. 그런 한편, 오로지 소통의 효율만을 꾀할 때 문학의 언어가 한없이 단조롭고 가난해지리라는 것도 명확하다.

이런 미묘한 상황은 문학 바깥 언어에서도 발견된다. 언어가 본디 소통의 도구인 한, 정보통신 분야의 끊임없는 표준화 시도가 당연시되듯, 표준어의 제정 자체는 불가피하다. 수많은 방언들의 대등한 경쟁은 그 원심력으로 한 언어를 이완시켜 마침내 소통 불능 상태로 분해해버릴 수 있다. 그런 한편, 표준어가 한 언어 안에서 행사하는 패권주의는 그 언어의 표현 가능성을 제약해 결국에는 앙상하고 밋밋한 '국어'만을 남기게 될 것이다. 영어가 지구적 수준에서 실천하는 제국주의를 표준어는 한 언어 내부에서 실천하고 있다. 말하자면 표준어주의는 국민국가 내부의 제국주의다. 다른 많은 사회들에서처럼 한국 사회에서도, 시간은 방언들 편이 아닌 듯하다. 그것들이 '교양 있는 서울 사람들의 말'에 완전히 굴복해 역사의 뒤꼍으로 사라지기 전에, 다양한 형식으로 기록이라도 해놓는 것이 필요하다.

나프NAP─표준적인, 너무나 표준적인 방언

파리 16구의 오퇴유Auteuil 구역과 파시Passy 구역 그리고 서쪽 교외 뇌이쉬르센Neuilly-sur-Seine은 프랑스에서 가장 부유한 지역이다. 서울의 강남이나 한남동 같은 곳이다. 이 세 구역 이름의 첫 자를 따, 이 지역과 이곳 사람들을 흔히 '나프NAP'라고 부른다. 표준 프랑스어는 대체로 파리 지역의 프랑스어를 가리키지만, 나프의 언어는 일종의 방언을 형성한다. 이들은 말을 과장하거나 비틀거나 에둘러 사용함으로써, 자신들을 다른 지역에 사는 '보통 프랑스인'과 구별짓는다. 현대 한국어는 아직 이런 계급적 침윤을 덜 받은 듯하다. 필리프 방델의 《프랑스어-프랑스어 사전》에 수록된 몇 예. 왼편이 나프 프랑스어고 오른편이 표준 프랑스어다.

친구 ⇌ 거의 모르는 사람

좋은 친구 ⇌ 친구

사적인 친구 ⇌ 주치의나 전담 변호사, 회계사

절친한 사이 ⇌ 밥 한 번 먹은 사이

검소하다 ⇌ 극도로 인색하다

먹고살 만하다 ⇄ 매우 부유하다

사람들 ⇄ 나프에 속하지 않은 사람들

우리 식구들 ⇄ 나프

이주민 ⇄ 이슬람 교도

불행해지다 ⇄ 오쟁이 지다

그 친구는 자식 복이 없어 ⇄ 그 친구 아이가 마약을 해

걔들 문제가 많아 ⇄ 걔들 이혼했어

05

외래어와의 성전^{聖戰}

✦

매혹적인 그러나 불길한 순혈주의

~~~~~~~~~~

언어민족주의의 칼날이 무슨 이유로든 칼집을 벗어났을 때, 그 칼 끝은 직접 외국어를 향하기보다 민족어 안의 '불순물' 곧 외래어를 향하는 것이 예사다. 외국어 자체는 언어민족주의자 들로서도 맞서 싸우기가 너무 버거운 상대다. 반면에 외래어는 사뭇 만만한, 그러나 가증스러운 내부의 적으로 비친다. 한국어 의 경우, 내부의 외래요소에 대한 공세가 눈에 띄는 움직임을 보 이기 시작한 것은 19세기 말이다. 이 전투의 첫 지휘관은 주시경 (1876~1914)이었고, 그 주적主敵은 한국인들이 1천 수백 년 동안 함께 살아온 한자(어)였다. 그러나 주시경은 요절했고, 그의 제자 가운데 한 사람이었던 최현배(1894~1970)가 새 지휘관을 자임했 다. 사실 새 지휘관은 여럿이었으나, 최현배의 목소리가 가장 큰 메아리를 얻었다.

민족주의적 열정과 학문적 재능이 스승 못지않았고 스승과 달리 요절하지도 않은 터라, 최현배는 20세기 한국어 연구와 한국어 운동에 커다란 자취를 남길 수 있었다. "한 겨레의 문화 창조의 활동은, 그 말로써 들어가며, 그 말로써 하여 가며, 그 말로써 남기나니"로 시작하는 유명한 머리말을 얹은《우리말본》(1937)은 그 이론적 섬세함과 우아함으로도 조선어학의 높다란 봉우리를 이뤘지만, 문법용어들을 한자어가 아니라 고유어로 새로 지어 썼다는 점에서 조선어운동의 귀중한 문건이기도 하다. 해방 뒤 책 앞머리에 붙인 '일러두기'에서 최현배는《우리말본》의 갈말(술어)을 모두 '순 배달말'로 새로 지어 쓴 이유를 밝힌 바 있다.

말소리갈(음성학), 씨갈(품사론), 월갈(문장론) 세 분야를 망라한《우리말본》의 고유어 용어들은 오늘날 한국어학계의 변두리로 밀려났지만, 한 시대의 민족주의적 열정을 인상적으로 증언하고 있다. 최현배와 그 동료들의 이런 민족주의적 언어운동은 해방 뒤 한글학회를 중심으로 국어순화운동으로 이어졌다. 민족주의가 남한보다 더 드셌던 북한에서는 아예 정권 차원의 대대적인 말다듬기운동이 벌어졌다. 정권 초기에 그 이론적 근거를 제시한 사람들 가운데 김두봉(1890~?)은 주시경의 제자였고, 이극로(1897~1982)는 한글학회 전신인 조선어학회의 우두머리였다.

언어민족주의가 모국어에서 외래요소를 솎아내는 방식으로 발현하는 것은 역사적으로 드문 일이 아니다. 17세기 이래 독일에서 부침을 거듭한 언어순화운동이 대표적 예다. 1617년 루트비히 폰 안할트라는 독일인은 그리스-라틴어나 프랑스어 같은 '문화어들'에 깊이 감염된 독일어를 '순화'하기 위해 '결실의 모임'이라는 단체를 만들었다. '종려나무 교단'이라고도 불렸던 이 단체는 독일 여러 곳에 사무실을 두고 '애국적' 인사들을 모아 독일어의 독일화Verdeutschung운동에 박차를 가했다. 그 뒤 독일 전역에서 우후죽순처럼 독일어순화운동 단체들이 생겨났다.

이런 언어민족주의자들의 수백 년에 걸친 노력에 힘입어 적잖은 '순수' 독일어 단어들이 태어났다. 이들은 Grammatik(문법)을 대치하기 위해 Sprachlehre라는 말을 만들었고, Verbum(동사)을 대치하기 위해 Zeitwort를 만들었으며, Appetit(식욕)에 대해서는 Esslust를 내세웠다. 그러나 이런 시도가 늘 성공적이었던 것은 아니다. 어떤 신조어들은 동시대인에게 이물감을 주어 받아들여지지 않았고, 또다른 어휘들은 일단 받아들여졌다고 하더라도 이내 사라졌다. 오늘날 Nase(코)를 Gesichtvorsprung(얼굴의 튀어나온 부분)이라는 우스꽝스러운 신조어로 부르는 독일인은 없다. 더구나 이 Nase는 게르만계의 고유어인데도 외래어로 잘못 알려져 한때 퇴출 대상이 되는 촌극이 빚어졌다. 독일의 이런 언어순수주의는 20세기의 두 차례 세계대전 때

절정을 이뤘다.

라틴어-프랑스어 계통의 말을 고유어로 바꾸려는 노력은 영국에서도 있었다. 영어의 게르만적 순수성 회복을 필생의 업으로 여겼던 19세기 시인 윌리엄 반스는 conscience(양심)라는 말을 몰아내기 위해 inwit라는 고대 영어를 되살려냈고, ornithology(조류학)에 맞서 birdlore라는 말을 새로 만들었으며, synonym(동의어)을 대치하기 위해 matewording이라는 말을 지어냈다. 그러나 오늘날 영어권의 사전 편찬자들은 그의 신조어들을 거의 무시하고 있다. 그가 grammar(문법)의 의미로 만든 speechcraft와 astronomy(천문학)의 의미로 만든 starlore가 옥스퍼드 영어사전에 실려 있을 뿐이다. 외래어 사냥이 영국에서 열매를 맺지 못한 것은 그것을 집단운동 차원에서 실천한 독일과 달리 몇몇 개인들이 호사 취미 수준에서 꾀했다는 사실과 관련이 있다.

인위적 언어순화운동은 대체로 실패한다. 20세기 들어 영어에 그리도 거세게 저항했던 프랑스에서도 마찬가지다. '핫도그hot dog'를 '시앵 쇼(chien chaud, 뜨거운 개)'로 바꾸려던 순화론자들의 노력은 이내 웃음거리가 됐다. 프랑스인들이 거리에서 사먹는 것은 '뜨거운 개'가 아니라 여전히 '옷도그hot dog'다. 민족주의는 이념이라기보다 자연스러운 감정 상태이므로 언어순화운동은 어떤 언어공동체에서도 적잖은 지지자들을 만들어낼 수 있지만, 반면에 언어순화운동이 어느 정도 효과를 내려면 권력이 고도로 집중된 전체주의 사회를 전제할 수밖에 없다는 사실 또한 엄연하다. 북한에서 이 운동이 그나마 효과를 거둘 수 있었던 것은 그 사회체제의 경직성과 깊은 관련이 있을 것이다. 이 불길한 함축은 고귀한 민족애의 실천 형식으로서 언어순화에 매력을 느끼는 선남선녀들이 특히 곱씹어보아야 할 생각거리다.

물론 서정시에서 고유어의 사용은 독자의 마음을 깊고 넓게 뒤흔드는 비결 가운데 하나다. 고유어는 모국어의 속살이기 때문이다. 한국 현대시의 역사에서는 김영랑이 그것을 멋들어지게 증명해 보인 바 있다. 그러나 이것은 어려서 배워 사람들 입에서 자연스레 흘러나오는 고유어 얘기지, 어떤 개인이나 집단이 민족주의적 열정으로 만들어낸 신조어 얘기가 아니다. 신조어는, 그것이 설령 고유어의 옷을 걸쳤다 하더라도, 서정시의 언어로는 매우 부적절하다. 그 정서적 환기력이 한자어나 다른 외래어보다도 외려 더 작기 때문이다. 언어순화운동가들이 만든 신조어들은 상상 속 민족과는 관련이 있을지 모르나 현실 속 민중으로부터는 동떨어져 있다. 그것은 민중의 언어가 아니라 편협한 지식인의 언어다.

《우리말본》에는 고유어 신조어 뒤에 괄호를 덧대 그 뜻을 한자(어)로 풀이해주고 있는 예가 많다. 일몬(事物), 모도풀이(總論), 부림말의 되기(目的語의 成立), 베풂월(敍述文), 시킴월(命令文), 물음월(疑問文), 껌목(資格), 씨가름(品詞分類), 제움직씨(自動詞), 남움직씨(他動詞), 가림꼴(選擇形), 이적 나아가기 끝남(現在進行完了), 이붕소리되기(口蓋音化) 하는 식이다. 고유어는 괄호 밖에 노출돼 있고, 한자(어)는 괄호 안에 갇혀 있다. 이것은 무엇을 뜻하는가?

'事物'이나 '資格'이 괄호 안에서 앞말을 풀이해주고 있다는 것은 그것들이 '일몬'이나 '껌목' 같은 '순 배달말'보다 외려 이해하기 쉽다는 뜻이다. 일러두기의 '갈말(術語, 술어)'이라는 표현도 마찬가지다. '術語, 술어'가 괄호 안에 있다는 것은 이 말이 '갈말'보다 더 명료하다는 뜻이다. 그렇다면 본디 있는 쉽고 명료한 말을 놓아두고 왜 굳이 설고 어려운 말을 새로 만들어 써야 할까? 신조어가 아니더라도, 사전 속에 갇혀 먼지를 뒤집어쓴 지 오래돼 사람들에게 이미 잊혀버린 '고유어'들 역시 어렵고 설기는 마찬가지다. 이런 고유어들은 어렵고 낯설기가 외래어 정도가 아니라 외국어에 견줄 만하다. 사실 그 '고유어들'은 보통 사람들에게 외국어나 다름없는 경우가 많다. 그렇다면 이런 고유어 술어는 지적 폐쇄주의의 한 표현일 수 있다.

이런 순화운동의 방식이 대체로 번역차용(외국어 표현의 구조를 그대로 둔 채 형태소를 일대일로 번역하는 것) 형식의 베끼기 calque여서, 거기서 어떤 정신의 확장이 이뤄지지는 않는다는 점도 지적해야겠다. '자동사'와 '제움직씨', '사물'과 '일몬', '총론'과 '모도풀이'는 똑같은 구조를 지닌 말이다. 다시 말해 앞말을 뒷

말로 베껴낸다고 해서, 거기서 새로운 지적 지평이 열리는 것은 아니다. 말하자면, 이것은 매우 하찮은 지적 작업이다. 그러나 민족주의는 쉽게 억누를 수 없는 에너지다. 말하자면 결코 하찮은 것이 아니다. 그래서 이런 하찮은 지적 작업은 앞으로도 운동량을 쉬 잃지 않을 것이다.

《우리말본》일러두기에서

"이 책에는, 말본의 갈말(術語, 술어)을 모두 순 배달말로 새로 지어 썼다. 이는, 첫째, 배달말의 본을 풀이함에는 배달말로써 함이 당연하며, 자연스러우며, 따라 적절하며, 이해되기 쉽다고 생각함이 그 까닭의 하나이요; 두째는, 다른 나라말에서 쓰는 갈말術語은, 그 나라말에 맞도록 한 체계에서 일정한 뜻을 가진 것인 때문에, 그것과는 체계가 다른 배달말의 본을 풀이함에는 적당하지 못하므로, 그것을 여기에 그냥 꾸어 쓰기 어려운 것이요; 세째는, 나의 말본체계가 앞사람의 그것과도 매우 다르기 때문에, 앞사람의 지어놓은 갈말術語이 약간 있지마는, 그것은 수에서 아주 부족할 뿐 아니라, 그 체계가 다르기 때문에 대다수가 그대로 받아쓸襲用 수 없었고; 네째는, 새로운 사상의 체계에는 새로운 표현이 필요할 뿐만 아니라, 대한 말본의 갈말術語만이라도 순 대한의 말로 하여서 대한 사람의 독특한 과학적 노작勞作의 첫걸음을 삼고자 함에 있다."

06

여자의 말, 남자의 말

✦

젠더의 사회언어학

~~~~~~~~~

한 자연언어 안에 화자의 성별에 따른 방언(일종의 사회방언)이 있을 수 있을까? 이를테면 여성이 쓰는 한국어와 남성이 쓰는 한국어는 다를까? 그렇다. 그러나 한국어의 경우에 그 차이는 매우 작아서 찬찬히 살피지 않으면 알아채기 어렵다. 실상 대부분의 자연언어에서 이런 성적 방언genderlect은 그리 두드러지지 않는다. 아메리카 원주민 언어들 가운데 일부는 화자의 성을 문법 전반의 체계적 범주로 삼고 있어서 언어학자들의 호기심을 자극한 바 있다. 동아시아 언어들 가운데선 일본어가 이런 성적 방언을 제법 간직하고 있다.

한국어의 성적 방언으로 흔히 거론되는 예는 일부 친족명칭이다. 여성화자는 같은 성의 손위 동기同氣나 선배를 '언니'라 부르고, 다른 성의 손위 동기나 선배를 '오빠'라 부른다. 반면에 남성화자는 같은 성의 손위 동기나 선배를 '형'이라 부르고, 다른 성의 손위 동기나 선배를 '누나'라 부른다. 물론 이 규범이 돌처럼 단단한 것은 아니다. 20세기 전반기까지만 해도 일부 지역에선 남성화자가 같은 성의 손위 동기를 '언니'라 부르기도 했고, 1970~1980년대에는 여학생들이 남자 선배를 '형'이라 부르는 일이 예사였다. 또 여성화자가 제 손위 동서를 '형님'이라 부르는 것은 지금도 표준 규범에 속한다.

한국어의 성적 방언은 몇몇 감탄사에서도 눈에 뜨인다. '에구머니!' '어머!' '어머나!' 같은 말을 입 밖에 내는 사람은 거의 예외 없이 여성이다. '별꼴이야!' 같은 표현도 마찬가지다. 남성화자가 이런 표현을 썼다면, 그것은 성 뒤집기를 통해 주위 사람들의 웃음을 이끌어내려는 속셈과 관련 있을 테다. 텔레비전의 개그 프로 같은 데서 말이다. 반면에 '예끼!'나 '어험!' 같은 감탄사는 대체로 남성화자들이 사용한다. '호호'가 여성의 웃음이라면, '허허'는 남성의 웃음이다. (물론 이 두 웃음은 의미의 결이 다르다. 그러나 그 서로 다른 의미의 결은 각각 여성과 남성에 대한 사회적 선입견에 대응한다.) 하게-체의 2인칭 대명사 '자네'도 남성화자들만 쓰는 듯하다. (호남 지방에는 부부끼리 상대방을 '자네'로 부르는 관습이 아직 남아 있다고 한다.)

이렇게 비교적 또렷한 예 말고 그저 경향을 드러내는 예도 있다. 긍정적 대답인 감탄사 '예'는 남성화자들이 즐겨 쓰는 듯하고, 같은 뜻의 감탄사 '네'는 여성화자들이 더 많이 쓰는 것 같다. "아프니?" "배고프니?"처럼 어미 '니'로 끝나는 의문문도 여성들이 주로 사용한다. 남성화자들은 이 경우에 어미 '냐'를 쓰는 경향이 있다. 물론 이것은 말 그대로 경향일 뿐이어서, "아프냐?"라고 말하는 여자도 적지 않고 "배고프니?"라고 말하는 남자도 수두룩하다. 합쇼-체(아름답습니다, 갑니까?)와 해요-체(아름다워요, 가요?)의 경우도 마찬가지다. 해요-체가 비교적 여성적이고 합쇼-체가 비교적 남성적이라는 느낌은 있지만, 여자가 합쇼-체를 못 쓰란 법 없듯 남자가 해요-체를 못 쓰란 법도 없다. 실상 젊은 세대의 경우 일상어에선 남녀 가림 없이 합쇼-체가 거의 힘을 잃고 해요-체가 득세하는 듯하다.

일본어에선 화자의 성에 따른 변이가 한국어에서보다 더 또렷하다. 그런 성적 방언은 거의 전 품사에 걸쳐 있다. 일본어 1인칭 대명사(한국어의 '나')로는 남녀가 함께 쓰는 '와타시(와타쿠시)'가 있지만, 편한 자리에서 여성화자는 '아타시'나 '아타쿠시'를 쓰고 남성화자는 '보쿠'나 '오레'를 쓴다. '먹는다'는 동사도 여성화자는 '다베루'를 즐겨 쓰고 남성화자는 '구우'를 즐겨 쓴다. 먹어보니 맛이 있을 때, 여성화자는 '오이시'라고 말하는 경향이 있는 반면에 남성화자는 '우마이'라고 말하는 경향이 있다. 또 남성이 '미즈'라고 부르는 물水을 여성은 '오히야'라고 부르는 경향이 있고, 남성이 '하라'라고 부르는 배腹를 여성은 '오나카'라고 부르는 경향이 있다. 그러나 이 말들에도 화자의 성 차이 못지않게 의미의 결 차이가 스며 있음은 물론이다.

여성 일본어 화자들의 말버릇 하나는 겸양이나 공손, 친숙의 기분을 담은 접두사 '오御'나 '고御'를 남용하는 것이다. 여성들은 '벤토(도시락)' '하시(젓가락)' '혼(책)'을 '오벤토' '오하시' '고혼'이라고 즐겨 말한다. 이런 상냥하고 공손한 말투는 여성의 소수자 지위와도 관련이 있을 테다. 미화어 '오'는 일부 외래어에까지도 덧붙어서 '오비루(맥주, 비어)' '오코피(복사본, 카피)' '오토이레(화장실, 토일릿)' 같은 표현을 만들어내고 있다. 여성의 말투가 남성의 말투보다 상대를 더 배려한다는 것은 영어 화자들에게서도 관찰되었다. 여성 영어 화자들은 부가의문문이나 kind of, sort of, I wonder, I think처럼 전언의 강도를 눅이는 표현을 남성화자들보다 훨씬 더 자주 사용한다.

영국인 사회언어학자 피터 트럿길은 자신의 고향 노리치를 포함한 여러 영어 사용 지역을 조사한 끝에 여성화자의 언어가 남성화자의 언어보다 대체로 더 규범지향적이라는 사실을 밝혀냈다. 이를테면 문법에 어긋나는 것으로 간주되는 중복부정문(예컨대 I don't smoke marijuana no more : 이젠 마리화나 피우지 않아요. 문법에 맞는 표현은 I don't smoke marijuana any more)은 영어 사용자들의 일상회화에서 흔히 들리지만, 모든 계급에 걸쳐서 이런 식 표현을 여성이 남성보다 훨씬 덜 사용한다는 것이 밝혀졌다. 표준 영어의 동명사화 접미사 -ing를 [in]으로 발음하는 구어 관행도 모든 계급에 걸쳐서 남성보다 여성 사이에 훨씬 덜 퍼져 있었다.

문법에 어긋나는 비표준 언어가 (상류층을 포함한) 남성 일반에 스며 있는 이유를 설명하면서 트럿길은 또다른 사회언어학자 윌리엄 레이보브의 '은밀한 위세covert prestige' 개념을 차용했다. 이런 비표준 언어는 대체로 노동계급의 언어지만, 그 '거칢'의 이미지가 '남성다움'의 위세를 은밀히 드러내 모든 계급의 남성화자들에게 매력적으로 비친다는 것이다. 반면에 여성화자들은 남성에 견주어 사회로부터 '올바른' 행동을 할 것이 더 기대되는 경향이 있고, 그래서 표준어 규범에 더 쉽게 순응한다는 것이다. 계급을 통틀어서 여성화자보다 남성화자가 욕설을 비롯한 금기어들을 더 자주 사용하는 것도 같은 맥락이다. 성적 소수자로서 여성은 남성보다 더 신분을 의식하는 경향이 있어서, 규범언어가 주는 '공공연한 위세overt prestige'에 더 마음을 쓴다고 할 수 있다.

영어 화자들을 대상으로 한 트럿길의 이런 관찰은 한국어 화자들에게도 뜻을 지니는 것 같다. 지방 출신 서울 거주자 가운데 서울말을 능숙하게 쓰는 여성은 같은 조건의 남성보다 훨씬 많다. 다시 말해 여성화자들은 남성화자들에 견주어 더 쉽게 자신의 방언을 버리고 표준어에 동화/순응하는 경향이 있다. 서울에 살아본 적이 없는 지방 사람들도 서울말을 능숙하게 구사하는 경우가 있다. 대개 여성이다. 교육받은 서울내기도 특정한 맥락에선 부러 방언이나 비속어를 사용하는 경우가 있다. 대개 남성이다.

그래서 표준적 규범언어가 사용되는 지역과 위세가 약한 방언이 사용되는 지역에선 여성과 남성의 역할이 뒤바뀐다. 표준어가 사용되는 지역에선 여성이 이 규범언어에 집착한다는 점에서 보수적이다. 반면에 위세가 약한 방언이 사용되는 지역에선 남성이 그 방언에 집착한다는 점에서 보수적이다. 그러나 한국어를 포함한 많은 자연언어에서, 여성언어와 남성언어는 중화하고 있는 추세다. 전통적 성역할 분할선이 점차 흐릿해지고, 매스커뮤니케이션이 언어공동체를 촘촘히 묶고 있기 때문일 것이다.

언어와 성차별

대부분의 자연언어는 여성에 대한 사회적 편견의 흔적을 꽤 짙게 간직하고 있다. 어느 자연언어에서고 욕설의 큰 부분은 성행위와 관련된 것인데, 여성을 비하하는 욕설이 남성을 비하하는 욕설보다 수도 훨씬 많고 강도도 세다. 똑같은 말도 남성에 대해서 쓰일 때와 여성에 대해서 쓰일 때 의미가 크게 달라질 수 있다. 예컨대 "He is a professional"이라는 문장에서 professional(전문직)은 의사나 법률가를 뜻하게 마련이지만, "She is a professional"이란 문장에서는 똑같은 단어가 창녀의 비유로 이해된다.

호명 순서에서도 남성이 거의 언제나 여성을 앞선다. '남녀'라는 말 자체가 그렇거니와, 딸 넷에 아들 하나를 둔 부모('부모'도 그렇다)도 '4녀 1남'이라고 말하기보다 '1남 4녀'라고 얘기한다. '아들딸' '자녀' '신랑 신부' '장인 장모' '소년 소녀' '선남선녀' 같은 표현들이 다 그렇다. 물론 여성이 앞선 경우도 있긴 하다. '총각 처녀'나 '아빠 엄마'보다는 '처녀 총각'이나 '엄마 아빠'가 더 자연스럽게 들린다. 이런 예로 여자와 남자를 낮춰 이르는 '년놈'이라는 말도 있지만, 이 경우 여성이 앞선 것은 이 말의 비속함과 관련 있을 것이다. 게다가 '년'과 '놈'은 대등한 가치를 지닌 욕설이 아니다.

Patrick에서 나온 Patricia, Gerald에서 나온 Geraldine, Paul에서 나온 Paula 등 영어 여성 이름 가운데 적잖은 수가 남성 이름에서 파생됐지만, 그 반대의 경우는 거의 없다. 보통명사도 마찬가지다. hero(영웅)에서 heroine이 나오고 actor(배우)에서 actress가 나오고 lion(사자)에서 lioness가 나왔듯 남성형이 기본형인 예는 한도 끝도 없지만, 그 반대의 경우를 찾기는 매우 어렵다. 프랑스어는 3인칭 복수 대명사를 여성 elles 과 남성 ils로 구분하지만, 여자와 남자를 함께 지칭할 때나 여성명사와 남성명사를 아울러 가리킬 때는 남성형 ils을 사용한다. 스페인어로 '의사'는 '메디코'지만 그 여성형 '메디카'는 여의사를 가리키기보다 흔히 의사 부인을 가리킨다. 이젠 점차 사라지고 있지만, '유관순 누나'라는 표현도 지독히 남성 중심주의적이다.

현실은 언어 이전에 있는 것이어서 언어를 바꾸려는 노력이 고스란히 현실을 바꾸는 힘이 될 수는 없겠지만, 언어의 비틀림을 응시하는 일은 현실의 비틀림을 살피는 첫걸음이 될 수 있다.

07

거짓말이게 참말이게?

✦

역설의 풍경

~~~~~~~~~~~~~~~~~

"그들은 당신의 무덤을 만들었나이다, 오 거룩하고 높으신 이여/ 크레타 사람들은 거짓말만 하고, 몹쓸 짐승이며, 게으른 식충이입니다!/ 그러나 당신은 죽지 않으셨습니다 당신은 영원히 사십니다/ 왜냐하면 당신 안에서 우리가 숨 쉬고 움직이며 살아가기 때문입니다."

기원전 6세기께 에피메니데스라는 사람이 썼다는 〈크레티카Cretica〉라는 시의 일부다. 이 대목은 크레타의 왕 미노스가 제 아버지 제우스에게 하는 말이다. 전설 속 왕 미노스가 제 동포 크레타 사람들을 거짓말만 한다고 책잡은 것은 이들이 제우스 역시 죽음을 피할 수 없다고 생각했기 때문이다. 미노스가 보기에 제우스는 불멸의 존재였다. 크레타 섬을 중심으로 한 고대 그리스의 에게 문명을 미노아 문명이라 부르는 데서도 엿보이듯, 미노스는 크레타 역사의 상징적 이름이다. 그러니까 미노스 자신도 크레타 사람(신을 아버지로 두었으니 반쯤은 신이겠으나)이다. 이 사실을 염두에 두고 "크레타 사람들은 거짓말만 한다"는 그의 말을 되새겨보면, 미묘한 상황이 빚어진다. 그의 말은 참말일까 거짓말일까?

아니, 미노스의 부분적인 신격神格이 마음에 걸린다면, 이 시의 저자로 알려진 에피메니데스가 이 말을 했다고 생각해보자. 사실 "크레타 사람들은 거짓말만 한다"는 말은, 비록 미노스의 입을 빌려 발설되긴 했으나, 에피메니데스 자신의 말이랄 수 있다. 그는 열렬한 제우스 찬양자였고 이 최고신의 불멸을 믿었다. 에피메니데스의 생애에 대해 우리가 알고 있는 것이 많지는 않다. 그는 크레타 섬 크노소스 출신으로, 고대 지식인들이 흔히 그랬듯 시인과 철학자와 점술가를 겸했다. 크레타 섬의 한 동굴에서 57년간 잠을 자고 깼는데, 그 뒤 예언 능력이 생겼다고 전한다.

플루타르코스가 쓴 솔론 전기에 따르면, 에피메니데스는 솔론의 아테네 개혁을 도왔다고 한다. 그는 또 제 예언 능력을 이용해 스파르타의 군사 고문 노릇을 하기도 했다. 에피메니데스가 죽은 뒤 피부에서 문신이 발견됐다는 2세기 그리스 여행가 파우사니아스의 기록에 의지해, 뒷날의 역사가들은 그가 고대 중앙아시아의 샤먼 가계 출신이 아닌가 짐작하기도 한다. 앞에 적은 에피메니데스 시의 일부는 신약성서에서 두 차례 인용된다. 오늘 얘기의 실마리인 둘째 행은 바울로가 크레타 섬의 디도에게 보낸 편지(《디도서》 1:12)에 어느 크레타 예언자의 말로 인용되고(크레타 사람과 유대교를 포개며 둘 다를 비난하는 맥락이다), 넷째 행은 〈사도행전〉에 출처를 밝히지 않고 인용된다. "우리는 그분 안에서/ 숨 쉬고 움직이며 살아간다"(《사도행전》 17:28)는 구절이 에피메니데스의 제우스를 기독교적 신으로 바꿔치기하고 있음은 물론이다.

곁가지가 길었다. "크레타 사람들은 거짓말만 한다"는 크레타 사람 에피메니데스의 말은 참말일까 거짓말일까? 일단 참이라고 가정하자. 그러면 이 말을 하는 에피메니데스 역시 크레타 사람이므로 거짓말만 할 것이고, 따라서 그의 입에서 나온 이 문장은 거짓이 된다. 다음, 이 문장이 거짓이라고 가정하자. 그러면 이 말을 하는 크레타 사람 에피메니데스는 거짓말을 하지 않을 것이므로 이 문장은 참이 된다. 말하자면 이 문장은 참말이면서 거짓말이다. 또는 참말도 거짓말도 아니다. 논리학의 모순율(어떤 명제도 동시에 참이면서 거짓일 수 없다)과 배중률(모든 명제는 참이거나 거짓이다)을 어기고 있는 것이다. 이렇게 자가당착으로 보이는 진술을 역설paradox이라고 한다. 역설은 불합리해 보이지만 타당한 논증이다. 하나의 진술이 명백히 타당한 추론에 의해서 두 개의 모순되는 결론을 낳을 때 역설이 생겨난다. 그리고 이 에피메니데스 역설은 논리학자들이 흔히 거짓말쟁이 역설이라고 부르는 것들 가운데 가장 유명한 것이다.

그런데 곧이곧대로 말하면, 에피메니데스 문장은 역설이 아니다. 앞의 추론에는 중대한 속임수가 하나 있었다. "크레타 사람들은 거짓말만 한다"는 에피메니데스의 말이 거짓일 경우엔, 이 문장이 그대로 거짓으로 남을 수도 있다. 앞의 추론에서 "이 말을 하는 크레타 사람 에피메니데스는 거짓말을 하지 않을 것이므로"라는 말 자체가 속임수였지만, 그가 거짓말을 했다 하더라도 에피메니데스 말고 다른 크레타 사람 가운데 참말을 하는 사람이 있을 수 있기 때문이다. 그래서, 엄밀한 의미의 첫 거짓말쟁이 역설을 만들어낸 영예는 에피메니데스보다 200년쯤 뒤에 살았던 밀레토스 철학자 에우불리데스에게 돌아간다. 그는 이렇게 말했다. "자기가 지금 거짓말을 하고 있다고 누군가가 말했다. 그의 이 말은 참말인가 거짓말인가?" 에우불리데스의 말을 이렇게 바꿀 수도 있겠다. "나는 지금 거짓말을 하고 있어. 이 말이 참말이게 거짓말이게?" 참말이라 가정하면 거짓말이라는 결론에 이르고, 거짓말이라 가정하면 참말이라는 결론에 이른다.

오늘날 거짓말쟁이 역설이라 부르는 것은 이 밀레토스 철학자가 한 말의 변주들이다. 대표적인 것이 "이 문장은 거짓이다" 같은 문장이다. 이 문장은 또, 근원적으로는, 에피메니데스의 문장을 조금 손본 것이기도 하다. 도대체 왜 "이 문장은 거짓이다"

같은, 참말인 동시에 거짓말인 문장이 나오는가? 철학자 이승종의 저서 《비트겐슈타인이 살아 있다면》(2002)에 실린 '거짓말쟁이 역설의 분석'이라는 논문을 훔쳐보며 이 문제를 살피자. 이런 역설이 자기지시적self-referential 문장에서 주로 나온다는 사실은 일찍부터 눈길을 끌었다. "이 문장은 거짓이다"에서 '이'는 이 문장 자체를 가리킨다. 그러나 "다음 문장은 거짓이다. 앞 문장은 참이다" 같은 문장들은 자기지시적이 아닌데도 거짓말쟁이 역설과 같은 역설을 낳고 있다. 그러니 자기지시적 문장을 피한다고 해서 역설이 안 생기는 것은 아니다.

　　한 무리의 논리학자들과 언어철학자들은 거짓말쟁이 역설을 의미론의 문제가 아니라 화용론의 문제로 보아, 진리의 개념 대신에 진술의 속성에 주목했다. 말하자면 "내 명령은 어느 것도 따르지 마시오" 같은 문장에서 드러나는 명령의 역설, "나는 어떤 약속도 지키지 않겠다고 약속한다" 같은 문장에서 드러나는 약속의 역설, "나는 내가 어떤 내기에서고 지리라는 쪽에 걸겠다" 같은 문장이 드러내는 내기의 역설 따위가 명령, 약속, 내기라는 언어 '행위'의 조건을 만족시키지 못해 발생하듯, 거짓말쟁이 역설도 '참이다'라는 낱말에 담긴 '동의'라는 행위조건을 만족시키지 못해 생겨난다고 설명한다. 말하자면 '참이다'라는 진리술어도, '명령하다' '약속하다' '내기 걸다' 같은 전형적 수행동사들처럼, (어떤 진술을 주장하거나 동의한다는) 수행기능을 지닌다는 것이다.

　이에 대해 이승종은 역설을 낳는 것은 진술의 속성이 아니라 진리의 개념이라고 반박한다. 명령의 역설, 약속의 역설, 내기의 역설 따위가 생기는 것도 근원적으로는 거기서 사용된 명령, 약속, 내기가 일상적으로 사용되는 명령의 개념, 약속의 개념, 내기의 개념이 아니기 때문이라는 것이 그의 견해다. 그는 이를 거짓말쟁이 문장으로 확대해 중첩구조론이라는 것을 내세운다. 그는 "이 문장은 거짓이다"라는 문장을 "이 문장은 거짓이다. 이 문장은 거짓이다"라는 동일한 두 문장이 포개진 것으로 분석한 뒤, 이 문장을 자기지시적으로 사용하면서도 그것의 진리치를 그것이 지시하는 문장의 진리치에 의존시키는 논리학자들의 이상한 태도(사용) 때문에 역설이 생긴다고 설명한다. "다음 문장은 거짓이다. 앞 문장은 참이다"가 자기지시적 문장이 아닌데도 거짓말쟁이 역설 같은 역설을 낳는 것 역시 이들이 변형된 중첩구조를 지녔기 때문이라는 것이 이승종의 생각이다.

　뭔가 좀 미심쩍어 보일지도 모르겠다. 그저, 비슷한 말일진 모르겠으나 논리학자 알프레드 타르스키의 가르침에 따라, 사실의 언어와 언어의 언어를 분별하지 않은 데서 이런 역설이 나왔다는 정도로 해두자.

이발사의 역설

에피메니데스의 시는 성경을 비롯한 많은 문헌에서 인용됐지만, 그것이 거짓말쟁이 문장으로 이해되지는 않았다. 인솔루빌리아(풀 수 없는 문제들)라는 이름 아래 갖가지 형태의 거짓말쟁이 역설을 살피던 중세 철학자들도 에피메니데스 문장에 주목하지 않았다. 에피메니데스라는 이름이 거짓말쟁이 역설과 명확히 연결된 것은 19세기 말~20세기 초 버트런드 러셀에 이르러서다.

러셀은 그 자신 수학사와 논리학사를 뒤숭숭하게 만든 '러셀의 역설'을 발견하기도 했다. 역설은 크게 집합론적(수학적, 논리적) 역설과 의미론적(인식론적) 역설로 나뉘는데, 러셀의 역설은 대표적인 집합론적 역설이고, 거짓말쟁이 역설은 의미론적 역설에 속한다. 러셀의 역설이란 '자기 자신을 원소로 갖지 않는 모든 집합들의 집합'이 맞닥뜨리는 역설이다. 이 집합은 자신을 원소로 갖는가 그렇지 않은가? 갖는다고 가정하면 갖지 않는다는 결론에 이르고, 갖지 않는다고 가정하면 갖는다는 결론에 다다른다.

러셀은 이런 예를 들었다. 어느 마을에 제 머리를 스스로 깎지 않는 사람의 머리만 깎아주는 이발사가 살고 있다. 그는 제 머리를 깎게 될까 그러지 않게 될까? 그가 제 머리를 깎는다면, 스스로 머리를 깎는 사람이다. 그러므로 그는 제 머리를 깎아서는 안 된다. 한편 그가 제 머리를 깎지 않는다면, 그는 자신이 머리를 깎아주어야 할 사람들에 속하게 된다. 따라서 그는 제 머리를 깎을 수도 없고, 안 깎을 수도 없다.

논리학자 고틀로프 프레게의 긴 노고를 한순간에 허물어뜨렸다는 이 역설은 손쉽게 변주할 수 있다. 예컨대 위 이발사의 난처한 처지는 자화상을 그리지 않는 사람들에게만 초상화를 그려주는 화가, 자서전을 쓰지 않는 사람들의 전기만 쓰는 전기 작가, 저 먹을 걸 스스로 만들지 않는 사람에게만 먹을 걸 만들어주는 요리사의 처지와 같다. 이런 직업군 대신에 단어와 숫자를 넣어 조금 까다로워진 그렐링-넬슨의 역설과 리샤르의 역설도 러셀의 역설을 확장한 것이라 할 수 있다.

08
한글, 견줄 데 없는 문자학적 호사

✦

～～～～～～～

    한국인이 제 윗대로부터 물려받은 문화유산 가운데 가장 값어치 있는 것 하나만을 골라내라고 한다면, 많은 사람들이 한글을 꼽을 것이다. 간송미술관이 간직하고 있는《훈민정음》해례본(국보 70호)을 국보 1호로 새롭게 지정해야 한다는 목소리가 간간이 들리는 것도 그래서일 테다. 한글에 대한 이런 자부심에는 넉넉한 근거가 있다. 한글은 인류가 만들어낸 문자체계 가운데 가장 진화한 것이니 말이다.

    문자체계의 진화는 대체로 그림글자(상형문자)에서 시작해 그것의 추상적 변형인 뜻글자(표의문자)를 거쳐 음절문자, 음소문자로 나아가는 경로를 밟아왔다. 음절문자와 음소문자를 아울러 소리글자(표음문자)라 이른다. 고대 이집트문자나 고대 중국의 갑골문자는 그 추상도의 차이는 있으나 그림문자로 뭉뚱그릴 수 있고, 갑골문자에 바탕을 둔 한자는 전형적인 뜻글자이며, 한자의 초서체에서 나온 일본의 히라가나와 이를 모난 꼴로 다듬은 가타카나는 음절문자다. 그리고 현대에 가장 널리 쓰이는 문자체계인 로마문자(라틴문자)와 키릴문자, 그리고 그것의 어버이격인 그리스문자는 음소문자다. 한글은 로마문자나 키릴문자 같은 음소문자에 속한다.

글자 하나를 음소 하나에 대응시키는 음소문자가 고안됐다는 것은 사람들이 음절을 자음과 모음으로 분석할 수 있었다는 것을 뜻한다. 이를테면 [가] 소리를 [ㄱ] 소리와 [ㅏ] 소리로 나눌 수 있었다는 것을 뜻한다. 음절문자인 가나문자를 만든 사람들은 그런 분석을 할 수 없었거나, 설령 할 수 있었다 하더라도 그것을 문자체계에 반영할 필요를 느끼지 않았을 테다. 그래서, 로마문자나 한글 같은 음소문자에서와 달리, 가나문자 체계에서는 [가] 소리가 낱글자로 표현된다.

그런데 한글이 음소문자라는 사실만으로 한글에 대한 저큰 자부심을 정당화할 수 있을까? 그럴 수는 없을 것이다. 앞서 그리스문자, 로마문자, 키릴문자 따위를 거론하기도 했거니와, 음소문자 체계는 인류 사회에 드물지 않다. 게다가 그리스문자는 기원전 10세기께 이미 틀이 잡혔고, 로마문자는 기원전 7세기께 확립됐으며, 늦둥이라 할 키릴문자가 고안된 것도 9세기다. 그에 비해 한글이 만들어진 것은 15세기에 이르러서다. 대표적 음소문자들과 한글의 탄생에는 길게 보아 2,500년, 짧게 보아도 600년의 시차가 있는 것이다. 그렇다면 한글이 음소문자라는 사실만으로 으스대는 것은 한국인들이 서양 사람들보다 수백 년에서 수천 년이나 늦깎이였다는 사실을 자랑스레 내세우는 것과 다름없을 테다.

그런데 한글은 그 제자製字원리에서 다른 음소문자 체계와는 격이 다르다. 현존하는 주류 음소문자의 기원이 고대 이집트 그림문자에 있는 만큼, 이 문자들에는 별다른 제자원리라 할 만한 것이 없다. 앞선 시대의 문자꼴을 조금씩 바꾼 것이 전부다. 반면에, 훈민정음에는 고도의 음성학과 음운론 지식이 응축돼 있다. 훈민정음 연구로 학위를 받은 미국인 동아시아학자 게리 레드야드는 제 학위논문에 이렇게 썼다. "글자꼴에 그 기능을 관련시킨다는 착상과 그 착상을 실현한 방식에 정녕 경탄을 금할 수 없다. 오래고 다양한 문자사에서 그 같은 일은 있어본 적이 없다. 소리 종류에 맞춰 글자꼴을 체계화한 것만 해도 엄청난 일이다. 그런데 그 글자꼴 자체가 그 소리와 관련된 조음 기관을 본뜬 것이라니. 이것은 견줄 데 없는 문자학적 호사다."

레드야드가 지적했듯, 한글 닿소리글자들은 조음 기관을 본떴다. 예컨대 'ㄱ'과 'ㄴ'은 이 글자들이 나타내는 소리를 낼 때 혀가 놓이는 모양을 본뜬 것이다. 'ㅁ'은 입 모양을 본뜬 것이고,

'ㅅ'은 이 모양을 본뜬 것이며, 'ㅇ'은 목구멍을 본뜬 것이다. 조음 기관의 생김새를 본떠 글자를 만든다는 착상 자체가 참으로 놀랍다. 그런데 놀라운 점은 거기서 그치지 않는다. "소리 종류에 맞춰 글자꼴을 체계화"했다는 레드야드의 말은 무슨 뜻인가? 조음 기관을 본뜬 기본 글자 다섯(ㄱ, ㄴ, ㅁ, ㅅ, ㅇ)에다 획을 더함으로써, 소리 나는 곳은 같되 자질(소리바탕)이 다른 새 글자들을 만들어냈다는 뜻이다. 예컨대 연구개음(어금닛소리) 글자인 'ㄱ'에 획을 더해 같은 연구개음이되 유기음(거센소리) 글자인 'ㅋ'을 만들고, 양순음(입술소리) 글자인 'ㅁ'에 획을 차례로 더해 같은 양순음이되 새로운 자질이 더해진 'ㅂ'과 'ㅍ'을 만들어냈다는 것이다. 홀소리글자의 경우에도, 이를테면 'ㅗ'와 'ㅜ'는 이것들이 둘 다 원순모음이면서도 한쪽은 밝음이라는 (상징적) 자질을 지닌 데 비해 다른 쪽은 어두움이라는 자질을 지녔다는 점을, 덧댄 획의 위아래로 구분하고 있다.

우리에게 익숙한 로마문자와 견줘보면 한글에 녹아든 음성학, 음운론 지식이 얼마나 깊고 정교한지 이내 드러난다. 예컨대 이나 잇몸에 혀를 댔다 떼면서 내는 소리들을 로마문자로는 N, D, T로 표현하지만, 이 글자들 사이에는 그 모양의 닮음이 전혀 없다. 그러나 한글은 이와 비슷한 소리들을 내는 글자들을 'ㄴ' 'ㄷ' 'ㅌ'처럼 형태적으로 비슷하게 계열화함으로써, 이 소리들이 비록 자질은 다르지만 나는 곳이 같다는 것을 한눈에 보여준다.

즉 훈민정음 창제자들은 음절을 음소로 분석하는 데서 한발 더 나아가, 현대 언어학자들처럼 음소를 다시 자질로 분석할 줄 알았다. 그래서 영국인 언어학자 제프리 샘슨은 한글을 로마문자 같은 음소문자에서 한 걸음 더 나아간 '자질문자'라 불렀다. '견줄 데 없는 문자학적 호사'라는 레드야드의 찬탄은 과장이 아니다. 훈민정음은 그때까지 인류가 축적한 음운론, 음성학 지식을 집대성해놓았던 것이다.

이런 제자원리를 떠나서라도, 소리를 섬세하게 나타내는 기능에서 한글에 앞설 만한 문자체계는 찾기 어렵다. 근년에 이르러 한글꼴을 다양하게 손질한 기호로 국제음성문자IPA를 갈음하려는 한국인 학자들의 시도도 있었거니와, 이런 시도는 기실 훈민정음이 창제된 15세기부터 일찍이 이뤄진 바 있다. 훈민정음은 공들여 만들어진 뒤에도 한자의 위세에 눌려 문자왕국의 변두리에서 오래도록 숨죽이고 있어야 했지만, 그 기간에도 그 꼴이 조금씩 바뀌어 중국어나 만주어, 몽고어, 일본어 같은 외국어의 소리를 표기하는 발음기호로 사용돼왔던 것이다.

이렇게 한글은 소리를 드러내는 데 체계적이고 섬세하다. 그렇다면 한글은 보탤 것이 전혀 없는, 완벽한 문자체계인가? 그렇지는 않다. 로마문자나 그리스문자와 한글을 순수하게 '미적으로' 견줘보자. 어느 쪽이 더 아름다운가? 보는 이에 따라 판단이 다르겠지만, 로마문자나 그리스문자 쪽을 편드는 사람이 더 많을 것이다. 아직 한글 자체字體가 충분히 개발되지 않은 탓도 있을 게다. 그러나 근본적 문제는 한글이, 로마문자나 그리스문자와 달리, 음절 단위로 모아쓰게 돼 있다는 데 있는 듯하다. 이렇게 음절 단위로 네모나게 모아쓰는 이상, 아무리 자체를 다양화해봐야 미적 세련의 정도에는 한계가 있게 마련이다.

훈민정음 창제자들이 일껏 고생해서 음소문자를 만들어놓고도 그것을 음절 단위로 네모나게 모아쓰도록 한 데는 한자의 영향이 컸을 테다. 뜻글자인 한자 역시 그 한 글자 한 글자가 네모난 형상 속에 한 음절씩을 담아놓고 있는 음절문자 성격을 겸하고 있다. '훈민정음'의 첫 음절 '훈'을 굳이 네모나게 모아쓸 게 아니라 소리의 선조성線條性에 따라 'ㅎㅜㄴ'처럼 한 줄로 벌여놓을 수도 있다는 데까지 생각이 미치기엔 한자의 그림자가 너무 짙었으리라. 아무튼 한글은 본질적으로 음소문자이고 그 제자원리를 보면 거기서 더 나아간 자질문자의 성격을 띠고 있으면서도, 그 실제 운용에서는 음소문자에 못 미치는 음절문자에 머물러 있다.

이런 한계를 넘어서기 위해 주시경 이래 한글을 풀어쓰려는 시도가 더러 있었다. 예컨대 '한국'을 'ㅎㅏㄴㄱㅜㄱ'처럼 쓰는 것이다. 이렇게 풀어쓰게 되면 자체字體에 변화를 주며 미적 치장을 할 여지가 지금보다 훨씬 더 커진다. 북한은 정권 초기에 주시경의 제자 김두봉의 제창으로 한글 풀어쓰기를 진지하게 고려했으나, 과격한 문자혁명이 남북한 사이의 문자소통을 가로막을 수 있다는 판단 아래 이를 통일 뒤로 미룬 바 있다. 한글을 지금처럼 음절 단위로 모아쓰는 것과 로마문자처럼 음소 단위로 풀어쓰는 것 가운데 어느 쪽이 읽기 편한지에 대해서는 서로 다른 의견이 있다. 또 오랜 관습을 한꺼번에 허무는 문자혁명은 적잖은 부작용을 낳을 테다. 그러나 이런 모아쓰기가 한글 속에 남아 있는 한자체계의 화석이라는 점은 분명하다.

한글 글자 수는 몇 개?

"어리석은 백성들이 말하고자 하는 바가 있어도 그 뜻을 나타내지 못하는 이가 많아 이를 안쓰럽게 여겨 새로 스물여덟 자를 만들었다"는 세종의 말처럼, 훈민정음은 보통 스물여덟 자로 치는 것이 상례다. 그 가운데 넉 자가 없어져, 지금은 보통 한글 글자 수를 스물넷으로 친다. 그런데 한국어엔 이 스물넉 자로 적을 수 없는 소리도 많다. 그럴 땐 두 개 이상의 자모를 어울러서 적는다. 그런 겹글자는 닿소리글자 다섯(ㄲ, ㄸ, ㅃ, ㅆ, ㅉ)에 홀소리글자 열하나(ㅐ, ㅒ, ㅔ, ㅖ, ㅘ, ㅙ, ㅚ, ㅝ, ㅞ, ㅟ, ㅢ)를 더해 열여섯이다. 흔히 '한글 스물넉 자'라고 말하는 것은 이런 겹글자들을 독립적 글자로 취급하지 않는다는 뜻이다.

그러나 북한에서는 겹글자들도 독립적 글자로 취급한다. 그래서 북한의 '조선어 자모' 수는 마흔이다. 어느 쪽이 옳은지에 대해서는 이견이 있을 수 있겠으나, 이론적으로는 북한 쪽 체제가 더 합리적이다. 특히 남쪽에서처럼 'ㅐ'나 'ㅔ' 같은 단모음 글자를 독립된 글자로 여기지 않고 'ㅏ'와 'ㅣ', 'ㅓ'와 'ㅣ'의 병렬로 치는 것은 언어 직관에서 많이 벗어난 것이다. 겹글자들을 독립된 글자로 취급하는 북한에서는 사전에 말을 올리는 순서를 정할 때 홑글자로 시작하는 말들을 모두 배열한 뒤에야 겹글자로 시작하는 말들을 배열한다. 그래서 이를테면 'ㄲ'으로 시작하는 말은 'ㅎ'으로 시작하는 말보다 뒤에 나온다.

또 모음으로 시작하는 말들(소릿값 없는 'ㅇ'으로 시작하는 말들)은 남한 사전에서처럼 'ㅅ' 항목 다음에 올리는 것이 아니라, 자음으로 시작하는 낱말들이 모두 끝난 뒤에, 즉 사전의 맨 뒤에 올린다. 모음 겹글자의 순서도 남쪽과 사뭇 다르다. 이 순서를 익혀야 북쪽 사전을 찾아보는 데 어려움이 덜하다. 그 순서는 'ㅐ, ㅒ, ㅔ, ㅖ, ㅚ, ㅟ, ㅢ, ㅘ, ㅝ, ㅙ, ㅞ'다.

09
구별짓기와 차이 지우기
✦
방언의 사회정치학

~~~~~~~~~~~~~~~~~~~~

　언어가 의식의 분비선이고 의식을 존재가 구속한다면, 언어에 존재의 흔적이, 다시 말해 화자를 얽매는 사회조건의 그림자가 드리워지는 것은 당연하다. 하나의 자연언어 내부가 동질적이지 않고 여러 수준의 변이형(방언)들로 버무려지는 것은 그래서다. 그렇다고 자연언어 화자들이 자신의 사회조건을 고스란히 제 언어에 반영하기만 하는 수동적 존재는 아니다. 그들은 언어를 부리면서 제 사회조건의 가능성을 적극적으로 창출하기도 한다. 다시 말해, 그들은 제 불리한 사회조건의 흔적을 제 언어에서 지워내고 유리한 사회조건을 제 언어에서 과장한다. 경제학자 제임스 듀젠베리가 개인들의 장기적 소비함수를 관찰하며 발견한 '전시효과(과시효과, demonstration effect)'나 사회학자 피에르 부르디외가 계급들의 취향을 관찰하며 찾아낸 '구별짓기distinction'는 언어 수준에서도 발현되고 실천된다.

한 개인의 소비지출 크기는 그 개인의 절대소득 수준에 달려 있기도 하지만, 둘레의 소비 수준이나 그 개인의 과거 최고 소득에 달려 있는 경우도 적지 않다. 서울 강남의 좁은 아파트에 사는, 한때는 잘나갔던 프티부르주아가 강북의 같은 계급 사람보다 씀씀이가 크게 되는 것이 그 예다. 또 한 개인의 취향은 그 개인의 소질이나 내적 충동의 표현이기도 하지만, 그 개인이 소속감을 느끼는 계급의 표지인 경우도 많다. 상류층은 축구보다는 승마를, 텔레비전 드라마보다는 클래식 오페라를, 맥주보다는 그럴싸한 빈티지 와인을 더 즐긴다. 속으론 승마보다 축구에 더 끌려도 그런 내색을 하지 않는다. 축구를 좋아한다고 말하는 것은 자신이 별 볼 일 없는 민중계급의 장삼이사라는 것을 드러내는 일이기 때문이다.

만약에 어떤 계기로 승마가 대중화한다면, 상류층은 자신을 대중으로부터 구별해줄 수 있는 다른 스포츠를 악착같이 찾아내 자신이 대중에 속하지 않는다는 티를 낼 것이다. 마찬가지로, 자신이 상류층은 아니지만 상류층이 되기를 열망하는 사람은 상류층의 표지가 붙은 취향을 부러 실천함으로써 허위의식을 통한 자족감을 누린다. 그러니까 구별짓기는 늘 차이 지우기를 '부대사건附帶事件'으로 거느린다.

언어 사용도 마찬가지다. 최상류층 사람들이 그들만의 방언을 쓰며 계급적 동질감을 확인하는 한편 여타 계급으로부터 자신들을 구별하는 경우가 있다. 이 책에 실린 〈표준어의 폭력: 국민국가 내부의 식민주의〉에서 소개한 프랑스 상류층의 방언 NAP는 그런 구별짓기를 겨냥한 계급방언의 전형이다. 한국어에는 이런 계급방언이 또렷하지 않다. 그러나 한국어 화자들 역시, 계급이라는 테두리 안팎에서, 그것을 가로지르며, 언어를 통한 구별짓기와 차이 지우기를 다양하게 실천하고 있다. 불리한(불리하다고 판단된) 사회조건의 흔적을 지우기 위한 언어적 실천은 유리한(유리하다고 판단된) 사회조건의 흔적을 내보이기 위한 언어적 실천과 부단히 경합하고 결합한다.

한국어에서 가장 위세가 큰 방언은 표준어의 근간을 이루는 서울-경기방언이다. 그래서 다른 방언 배경을 지닌 사람들은 되도록 서울말에 동화하려 애쓴다. 그러나 이런 차이 지우기의 실천이 늘 성공적인 것은 아니다. 예컨대 해라-체의 의문형 종결어미 '-니'는 전형적 서울방언으로 간주된다. 주류 동남방언의 경우, 이 '-니'는 의문대명사나 의문부사를 지닌 의문문에서는 '-노'로, 의문사를 지니지 않은 의문문에서는 '-나'로 실현된다. 그리고 서남방언을 포함한 대부분의 다른 방언들에선, 서울방언에도 뉘앙스를 달리해 존재하는 '-냐'로 실현되는 듯하다. 그런데 서울방언 이외의 방언 화자들이 서울방언의 위세에 끌려 '-니'를 사용해봐야, 이 차이 지우기는 대개 실패로 끝나고 만다. 서울말을 서울말처럼 들리게 하는 결정적 특질은 서울말만의 독특한 형태소에 있다기보다 밋밋하기 짝이 없는 억양에 있기 때문이다.

그래서, 방언 억양을 유지한 채 발설된 "너 나 사랑하니?"라는 물음에는 그 메시지를 설핏 덮어버리는 부조화의 그늘이 드리워진다. 더구나 이 말이 남성화자의 입에서 나왔다면 그 부조화는 거의 기괴하다 할 수준에까지 이른다. 서울말에서조차 의문형 종결어미 '-니'는 여성어나 어린이말의 감촉을 짙게 지니고 있기 때문이다. 남자들은, 자라서는, '-니'를 버리고 '-냐'를 쓰는 경향이 압도적이다. 물론 어린아이나 여성과 얘기할 땐 남자들도 '-니'를 더러 쓰지만, 이것은 정겨움의 표시로 제 말투를 상대방 말투에 맞춘 일종의 배려행위일 따름이다. 그러니, 다 큰 남자가 억센 방언 억양을 흩뜨리며 "너 나 사랑하니?"라고 말했을 때, 그렇다고 대답하는 서울 여자는 눈에 콩깍지가 씌었다고 보아도 좋다.

여타 방언 화자들의 표준어 사용이 차이 지우기의 실천이라면, 서울내기들의 표준어 일탈은 구별짓기의 실천이다. 표준어 사용이 보편화하면 거기서 위세의 상징이 제거돼버리겠지만, 서울내기들은 이것을 그리 두려워하지 않는다. 그들은, 그 경우에도, 표준어에 포섭되지 못한 서울말을 꿋꿋이 쓰며 다른 지방 출신 화자들과 자신들을 구별할 수 있으니 말이다. 문어에서야 표준어 바깥으로 나갈 수 없으니, 이 실천은 주로 구어에서 이뤄진다. 예컨대 "그 기집애두 아프겠지만, 나두 아퍼. 그러길래 내가 이 혼사 안 된댔잖어"는, 표준어로라면, "그 계집애도 아프겠지만, 나도 아파. 그러기에 내가 이 혼사 안 된댔잖아"가 돼야겠지만, 제 입에 익숙한 말투를 굳이 표준어로 바꾸는 서울 사람은 없을 테다. 주로 구어 수준에서 서울말의 일부분은 표준어의 지위를 얻지 못했다. 그러나 서울방언 화자들은 표준어에 동화해야 한다는 압력을 거의 느끼지 않는다. 그들 생각에 서울방언은 표준어보다 더 큰 위세를 지닌 방언, 표준어 위의 '명품 방언'이기 때문이다. 그래서 이들은 유들유들하게도 '무릎이'를 ([무르피]가 아니라) [무르비]로 읽고, '부엌에서'를 ([부어케서]가 아니라) [부어게서]로 읽는다.

지식인들은 더러 추상적 어휘로 이뤄진 번역 말투를 대화에서까지 부림으로써 제 교양을 뽐낸다. "아는 게 돈인 세상이야"를 "지식의 자본화가 가속화하는 시대야"로 뒤치며, "사는 게 다 그렇지 뭐"를 "일상의 문화적 물질대사를 통해 축적된 습속의 각질을 깨고 우아한 가능세계로 탈주하는 건 실존의 개연적 사태 너머에 있어"로 비비꼬며, 이들은 제 알량한 허위의식을 만족시킨다. 이런 실천은 더러 역겹고 자주 코믹하지만, 이해 못 할 일은 아니다. 구별짓기는, 언어를 통하든 소비지출이나 취향의 실천을 통하든, '실존의 개연적 사태'이기 때문이다.

우리 사회에서 그다지 위세가 큰 직업이랄 순 없는 기자들도 (잠재)의식적으로 언어를 통한 구별짓기를 시도한다. 이제 젊은 기자들은 잘 안 쓰는 추세라곤 하지만, 아직도 언론계에는 (아마도 일제시대 때부터 전수된) 일본어 용어들이 남아 있다. 사스마리(사쓰마와리, 경찰기자), 마와리(담당 구역을 한 바퀴 돎), 하리꼬미(잠복근무), 도꾸다니(단독 보도, 특종. 바른 발음은 도쿠다네), 우라까이(남의 기사를 베껴쓰기. '뒤집다'를 뜻하는 '우라가에스'에서 온 듯), 도리(문서 절취), 가께모찌(두 군데 이상 출입처를 겹치기로 담당함), 나와바리(출입처), 간지(분위기, 기분, 느낌) 같은 말들이 그 예다. 영어 '캡틴captain'의 준말일 캡(사건 팀장을 맡는 시경 출입 기자)도 기자 사회의 방언이랄 수 있다. 이런 말들이 쉬이 없어지지 않는 이유 하나는 기자들이 이런 '은어'를 사용함으로써 제 직업적 정체성을 드러내고 싶어하는 데서 찾을 수 있을 법하다.

1980년대 학생운동권과 노동운동권의 문건들을 어지럽히던 암호성暗號性 약자 은어들이나 요즈음 인터넷에 흩날리는 젊은 세대의 속어들도 마찬가지다. 이 은어들과 속어들은, NAP나 서울말이나 다른 여러 형태의 방언들처럼, 바깥 사회로부터 그 사용자들을 구별하고 이 사회방언권 내부의 동질성을 강화하는 데 기여한다.

어떤 말들은 그 말을 사용하는 사람의 정치적·이데올로기적 자리를 반영하고 표출한다. 한국 사회에서 '친북 좌파'나 '빨갱이'라는 말은 이 말들을 사용하는 사람이 극단적 보수주의자임을 드러내고, '페미'(여성주의자를 뜻하는 '페미니스트'의 준말이지만, 극단적 여성우월주의자라는 부정적 뉘앙스가 짙다)라는 말은 이 말을 사용하는 사람이 극단적 남성우월주의자, 곧 마초임을 드러낸다. 반면에 '수구냉전세력'이나 '반동세력'이라는 말은 이 말을 쓰는 사람이 리버럴이거나 좌파라는 것을 드러낸다. 또 '깜둥이' '흰둥이' '짱꼴라' '쪽바리' 같은 말들은 이 말을 사용하는 사람이 제 인종주의를 부끄러워할 줄 모르는 특이한 영혼의 소유자임을 드러낸다.

  '깜둥이'처럼 정치적·사회적으로 민감한 금기어들을 다른 말로 에둘러 표현하려는 자유주의자들의 시도는 1990년대 들어 미국에서 '정치적 올바름political correctness, PC'이라는 이름을 얻었다. 본디 PC는 보수주의자들이 비아냥거림의 맥락에서 만든 말이지만, 자유주의자들은 이내 이 말을 긍정적 의미로 받아들여 제 정체성의 일부로 삼았다. PC의 지지자들은 '깜둥이'나 '흑인'이라는 말 대신에 '아프리카계 미국인'이라는 말을 사용했고, '정신박약'이라는 말을 대체하기 위해 '학습곤란'이라는 말을 만들어냈다. 한국어에서 '식모'가 '가정부'로, '파출부'가 '가사도우미'로, '운전사'가 '기사'로, '차장'이 '안내양'으로, '보험외판원'이 '보험설계사'나 '생활설계사'로, '청소부'가 '환경미화원'으로, '때밀이'가 '피부청결사'로, '간호원'이 '간호사'로, '광부'가 '광원'

으로 바뀐 것도 PC의 정치언어학에 따른 것이랄 수 있다.

PC는 어떤 이름에서 편견을 제거하려는 고귀한 노력이지만, 그것이 늘 그 효과를 보는 것은 아니다. 본디 이름에 들러붙어 있던 부정적 이미지들이 이내 새 이름으로 옮겨 붙는 경우가 많기 때문이다. 그래서 PC에 반대하는 사람들은 보수주의자들만이 아니다. 가장 급진적인 사람들도 PC의 반대자가 될 수 있다. 이들 생각에, 언어가 반영하는 사회적 불평등이나 불공정함 자체를 바로잡지 않는 한, 말을 다듬고 바꾸는 것은 큰 뜻이 없는 일이기 때문이다. 일리 있는 견해다. 며느리밑씻개를 장미라 부른다 해서 며느리밑씻개의 생김새가 변하는 것은 아니다. 그런 한편, 편견을 드러내는 언어의 사용 자체가 불평등과 불의를 고착시키고 강화하는 것 역시 사실이다. 현실과 언어가 맺는 관계는 이렇게 복합적이고 유동적이다. 그저, 한 개인의 사회적 자아는 그 개인의 언어에 깊은 자국을 내게 마련이라는 점만 다시 지적하기로 하자.

10

부르는 말과 가리키는 말

✦

친족명칭의 풍경

~~~~~~~~~~~

'누이'는 남성을 기준으로 여성 동기同氣를 가리키는 말이다. 손위 손아래를 가리지 않는다. 그것을 구별하고자 할 때는, 손위 누이는 '누나' 또는 '누님'이라 부르고, 손아래 누이는 '누이동생'이라 이른다. 그러나 이 말들의 용법은 보기보다 더 섬세하다. 첫 문장의 동사 '가리키다'와 셋째 문장의 동사 '부르다' '이르다'에 주목하자. 여기서 '가리키다' '이르다'와 '부르다'는 서로 뒤바꿀 수 없는 말이다. 그러니까 '누이' '누이동생'과 '누나' '누님'은 서로 다른 층위의 말이다. 원칙적으로, 앞쪽은 가리키는 말 곧 지칭어reference form고, 뒤쪽은 부르는 말 곧 호칭어address form다.

전혜린(40세), 전철수(37세), 전채린(33세) 삼남매가 있다고 치자. 전철수는 전혜린을 "누나!" 또는 "누님!"이라 부를 것이다.

전철수는 전혜린에게 말을 걸며 '누나'나 '누님'을 2인칭 대명사 대신 사용할 수도 있다. "누님이 쓴 글이에요?"라거나 "누나가 쓴 글이야?"처럼. 한국어 화자가 손윗사람과 얘기할 때 2인칭 대명사를 사용하지 않고 이를 호칭 형태의 명사로 대치한다는 건 앞에서 살핀 바 있다. 이 두 경우에 전철수는 '누님'보다는 '누나'를 쓸 가능성이 훨씬 높다. '누님'은 화자와 청자의 나이 차이가 크거나, 둘 사이에 친밀감이 덜 하거나, 화자가 '양반 노인네' 티를 내고 싶을 때 쓰는 게 보통이다. 30대 남성화자가 세 살 손위의 친누이를 '누님'이라고 부르는 풍경은 유교 격식이 짙게 남아 있는 농촌 '명문가'에서가 아니라면 찾아보기 힘들 게다.

다음, 전철수는 전채린을 "채린아!"*라고 부를 것이다. 한국어에서 손아래 친족을 부를 땐 친족명칭 대신 이름을 직접 사용하는 일이 흔하다. 물론 그렇지 않은 경우도 많다. 예컨대 상대방이 항렬은 낮은데 나이는 엇비슷하다거나, 손아래이지만 신분이 높을 경우에는 친족명칭에 '님'을 붙여 부른다. "아우님!" "조카님!"처럼. 인척 사이에서도 한가지다. 사돈댁 사람을 부를 때는, 상대가 나이나 항렬이 낮은 사람일지라도, 이름으로 직접 부르지 못한다. 그러나 전채린은 전철수의 친누이동생이니, 전철수는 전채린을 "채린아!"라고 부를 수 있다. 또, 전철수가 전채린과 얘기를 나누면서 전채린을 지칭할 때는 '너'라는 2인칭 대명사를 당당히 사용할 수 있다. "이거 늬가(네가) 썼니?"처럼.

✦　호격조사 '아/야'는 성명 뒤에는 붙지 않는다. 그러니까, "전채린아!"나 "전철수야!"라는 표현은, 익살을 떨기 위해서가 아니라면, 사용되지 않는다. 이럴 땐 "전채린!" "전철수!"라고 해야 한다. 성명을 부르는 것은 이름만을 부르는 것에 견주어 청자에 대한 화자의 거리감을 드러낸다. 이름만을 부를 때는 호격조사가 붙는 것이 상례지만, 조사를 빼고 "채린!" "철수!"라고 할 수도 있다. 이때 호격조사의 제거가 낳는 효과는 매우 유동적이다. 그것은, 맥락에 따라, 친밀감과 거리감이라는 상반된 효과를 낳는다. 자음으로 끝나는 이름이 호칭어가 아니라 지칭어로 사용될 때는 접미사 '이'가 붙는 것이 일반적이다. "채린이가 그랬어"처럼. 이때 접미사 '이'를 빼고 "채린이 그랬어"라고 말하면 격식이나 과장의 느낌을 낳는다. 다시 말해 친밀감을 줄인다. 그러나 접미사 '이'가 이름이 아니라 성명 뒤에 붙으면, 친밀감이 아니라 경멸이나 비난의 효과를 낳는다. "전채린이가 그랬어"처럼. 그래서, 성명을 다 드러낼 생각이면 접미사 '이'를 빼는 것이 덜 도발적이다. "전채린이 그랬어"처럼. 이름이 자음으로 끝나는 방송기자들은, 한때, 리포트 끝에 제 성명을 말하면서 접미사 '이'를 넣으라고 교육받았다. "파리에서 엠비시뉴스 전채린이가 말씀드렸습니다"처럼. 방송기자가 제 성명 뒤에 '이'를 넣은 것은 자신을 낮추기 위해서라기보다 시청자에게 제 성명의 마지막 자음을 더 똑똑히 알리기 위해서였다. 접미사 '이'는 지칭어 이름 뒤에만 붙는 것이 원칙이지만, 일부 방언 배경을 지닌 화자들은 이 접미사를 호칭어 이름 뒤에도 사용한다. "어이, 채린이!"처럼. 이때 접미사 '이'는 친밀감을 드러낸다.

그런데 전철수의 스승이 전철수에게 전혜린과의 관계를 물었다 치자. 이때 전철수는 "제 누이입니다"라거나 "제 손위 누이입니다"라고 대답하는 것이 옳다. "제 누님입니다"는 물론이고, "제 누나입니다"라고 대답해서도 안 된다. 적어도 원칙적으로는 그렇다. 존칭어 '누님'을 사용하는 것이 압존법에 어긋나서만이 아니라, '누나'나 '누님'은, 원칙적으로, 지칭어가 아니라 호칭어이기 때문이다. 스승이 전철수에게 전채린과의 관계를 물었을 땐, '누이동생'은 '누이'와 마찬가지로 지칭어이므로, "제 누이동생입니다"나 "제 손아래 누이입니다"라고 대답할 수 있다.

이렇게 한국어 친족명칭은, 부분적으로, 지칭어와 호칭어를 구별해왔다. 이를테면 '며느리'라는 지칭어에 상응하는 호칭어는 "아기야!"나 "악아!"고, '삼촌'이나 '당숙' 같은 숙항叔行의 지칭어에 상응하는 호칭어는 "아저씨!"(서남방언에서는 "아제!", 서울방언의 낮춤말이나 동남방언에서는 "아재비!")이며, '형수'라는 지칭어에 상응하는 호칭어는 "아주머니!"(서남방언에서는 "아짐!", 동남방언에서는 "아지매!")다. '아주머니'는 부모와 같은 항렬의 여성친족을 부르는 말이기도 했다. 또 '(손위) 동서'라는 지칭어에 상응하는 호칭어는 "형님!"이고, '시동생'이라는 지칭어에 상응하는 호칭어는 "도련님!"(미혼의 경우)과 "서방님!"(기혼의 경우)이다.

그러나 현대 한국어의 친족명칭에서 지칭어와 호칭어의 구별은 거의 의미를 찾을 수 없을 만큼 급속히 무너지고 있다. 많은 경우에, 전통적 지칭어가 호칭어를 대치해 상대를 부를 때 사용된다. "당숙모!" "형수님!"이라는 말은 흔히 들을 수 있어도, 그런 뜻의 "아주머니!"는 이제 들을 수 없다. 마찬가지로, "삼촌!"이나 "당숙!"은 흔히 들을 수 있어도, 그런 뜻의 "아저씨!"는 이제 들을 수 없다. 삼촌이나 형수를 "아저씨!"나 "아주머니!"라고 부르면 당사자가 서운해하거나 화를 낼 게다. '아주머니' '아저씨'는 친족 명칭 기능을 잃고 새로운 의미를 얻었기 때문이다. 여성화자들은, 더러, 제 아이들을 기준으로 삼은 지칭어를 호칭어로 쓰기도 한다. 시누이를 "고모!"라고 부른다거나, (미혼의) 시동생을 "삼촌!"이라고 부르는 것이 그 예다.

지칭어 '누이'는, 비틀기의 맥락에서가 아니라면, 아직 호칭어가 되지 못했다. 제 누이를 일상적으로 "누이!"라고 부르는 사람은 찾기 어렵다.✦

✦ 명백한 지칭어를 호칭어로 사용하는 것은 상투를 벗어나려는 언어 전술이기도 하다. 예전의 어느 텔레비전 드라마에서 어머니가 아들을 부르며 친밀감을 담아 "아들!" 했던 것처럼. 물론 이 전술도 거듭되면 상투가 된다.

이와 반대로 호칭어 '누나'나 '누님'이 지칭어가 됐다. 앞서 등장한 전철수는, 특히 또래 친구들에게라면, "전혜린 씨가 내

누나야"라거나 "전혜린 씨가 누님이야"라고 자연스럽게 말할 수 있을 것이다.

한국어의 기본적인 친족호칭어들은, 은유적으로, 친족 아닌 사람들에게 사용되는 일이 흔하다. 이것은 다른 자연언어들에서도 더러 볼 수 있는 현상이지만, 한국어의 경우엔 정도가 심하다. '형님'이나 '누나'나 '오빠'나 '언니'는 본디 손위 동기를 부르는 말이었고 동기가 아니더라도 같은 항렬의 손위 친족에게나 쓰는 말이었지만, 이젠 나이가 부모만큼 많지는 않은 손위 사람 일반을 친밀하게 부르는 말이 되었다. ('언니'는, 그 친밀함이 지나쳐, 유흥업소 여성종업원을 무람없이 부를 때 사용되기도 한다.) '할아버님'이나 '할머님' 역시 나이 지긋한 어르신을 부르는 말로 뜻이 넓혀졌다.

'어머님'이나 '아버님'도 친구의 어머니나 아버지를 부르는 데 흔히 쓴다. (어린아이의 경우엔, 친구의 어머니나 아버지를 '아줌마'나 '아저씨'라고 부른다.) 더 나아가, 어떤 상품을 실제 사용하는 사람은 아이들이지만 그 값을 지불하는 사람은 그 아이들의 어머니나 아버지일 때, 이 상품을 파는 사람이 그 구매자(아이들의 어머니나 아버지)를 "어머님!" "아버님!"이라 부르는 경우도 있다. "어머님들! 어린이용 내의를 반값에 팔고 있습니다"라고 외치는 의류상의 호객언어에서 이런 용법의 "어머님!"이 보인다. '아주머니(아줌마)'와 '아저씨'는, 이런 은유적 용법이 본디 뜻을 몰아내서,

친족을 부를 땐 아예 사용되지 않는다. 게다가 이 말들은 원래의 품격을 많이 잃어버려 사용하기 조심스러울 때도 있다. 어린아이들이 제 부모의 친구나 친구의 부모를 부를 때 빼고는, '아주머니(아줌마)'나 '아저씨'에는 설핏 반말의 뉘앙스가 배어 있다.

이런 은유적 용법은 친족명칭 가운데 호칭어에만 적용될 뿐 지칭어에는 적용되지 않는다. 그래서 학교 선배 김혜린을 "누님!"이라고 부르는 전철수도, 스승이 김혜린과의 관계를 물었을 때, "제 손위 누이입니다"라고 대답하지는 않을 것이다. 지칭어와 호칭어가 포개진 친족명칭에서도 마찬가지다. 중년 여성만 눈에 띄면 "어머니!"를 부르짖는 어린이 용품 판매자도, 그 중년 여성을 남에게 소개하면서 "제 어머니십니다"라고 말할 리는 없다.

친족호칭어가 은유적으로 확대된 최근의 예로서 주목할 만한 것이 '오빠'다. 최근 10여 년 사이에, 대학생을 비롯한 젊은 여성들이 남자 선배를 '오빠'라고 부르는 것이 상례가 되었다. 그 이전 세대 여성은 남자 선배를 '형'이라 불렀다. 이 '오빠'는, 이내, 젊은 여성이 자기보다 나이 많은 애인을 부르는 말을 겸하게 되었다. (거기에 맞춰, 젊은 남성이 자기보다 나이 많은 애인을 '누나'라고 부르는 관습도 정착하고 있는 듯하다.) 그런데 이 호칭은 연인 사이에서만이 아니라 부부 사이에서도 통용되고 있다. 젊은 아내는, 남편이 자기보다 나이가 위일 경우, 남편을 '오빠'라고 부른다. 결혼하기 전에 '오빠'라고 부르던 습관이 그대로 남은 탓일 게다. 남자 선배들을 '형'이라고 불렀던 세대 여성들 역시, 그 '형' 가운데 한 사람과 결혼하게 된 뒤에도 남편을 '형'이라고 부르는 경우가 많다. 그러니까 저보다 나이 많은 남편을 부르는 말로서 "형!"과 "오빠!"는 하나의 세대 징표이기도 하다. "여보!"는 그 앞 세대의 징표일 것이다.

한국어 친족명칭 가운데 고유어로 된 것은 그리 많지 않다. 그러나 한자어 친족명칭을 포함하면, 한국어는 가장 많은 친족 명칭을 지닌 자연언어에 속할 것이다. 그 많은 친족명칭들은 '가 문'을 중시했던 유교적 세계관의 흔적일 테다. 그 세계관 속에서 는 친족 사이의 위계를 정하는 것이 중요한 일이었을 테고, 그것 이 복잡한 친족명칭을 낳았을 것이다. 실제로, 한국어의 복잡한 경어체계는 친족명칭과 깊게 연결돼 있다. 오늘날의 젊은 세대에 게 이 친족명칭들은 점점 낯설어지고 있다. 전통 사회의 '가문'이 독립적인 핵가족들로 분화한 만큼, 그것은 자연스러운 일이다.

11

합치고 뭉개고

◆

흔들리는 모음체계

~~~~~~~~~

케이비에스 2텔레비전의 오락 프로그램 〈상상플러스〉의 '세대 공감 OLD & NEW' 코너는 같은 시대를 살고 있는 사람들도 세대에 따라 서로 다른 어휘목록을 지니고 있음을 실감나게 보여준다. '벌충하다'나 '넙데데하다' 같은 말이 10대 청소년들의 귀에 선 것 이상으로 '지대(멋지다, 엄청나다)'나 '므훗하다(흐뭇하다)' 같은 유행어, 속어들은 기성세대의 귀에 설면하다. 새로운 세대가 쓰는 수많은 신어新語들 가운데 상당수는 그것들이 난데없이 나타난 만큼이나 어느 순간 가뭇없이 사라져버릴 것이다. 그것들은 그 본바탕이 '인스턴트 어휘'이기 때문이다. 그러나 그 가운데 일부는 한국어 어휘장 속의 세력 경쟁에서 살아남아 언젠가는 한국어사전에 오를 것이다.

한 언어공동체 안에서 개인들에게 서로 다른 어휘목록을 제공하는 것은 세대라는 테두리만이 아니다. 지역, 직업, 계급, 성 같은 소속 범주에 따라서도 개인들은 서로 조금씩 다른 어휘목록을 지닌다. 이를테면 똑같은 한국어 화자일지라도 강원도 사람의 어휘목록과 전라도 사람의 어휘목록은 고스란히 포개지지 않는다. 서정시인의 어휘목록과 분자생물학자의 어휘목록도 마찬가지다. 그러나 이런 가로축 위의 차이들은 한 자연언어의 변화에 결정적 모멘텀을 주지 않는다. 반면에 세로축 위의 차이, 곧 세대에 따른 어휘목록 차이는 그 언어가 앞으로 어떻게 변할지를 가늠하게 한다. 장강의 뒷물결이 앞물결을 밀어내듯, 새 세대의 언어는 앞 세대의 언어를 밀어내며 한 자연언어의 총체적 모습을 변화시킨다.

〈상상플러스〉는 세대 간 말 차이를 '어휘 수준에서' 끄집어내 보여준다. 그것도 문법의 여러 층위와 단절된 형태로만 보여준다. 예컨대 동사 '웃기다'가 새 세대 한국어에선 형용사로 진화하고 있는 것(새 세대는 '웃기다'를 형용사로 보아 "정말 웃기다" "웃긴 대학" 같은 표현을 쓴다. '웃기다'를 동사로 여기는 규범한국어에서라면 "정말 웃긴다!" "웃기는 대학"이라고 말해야 할 테다)이나, '부엌'의 마지막 소리 [ㅋ]가 [ㄱ]로 바뀌고 있는 것(특히 서울방언 화자들은 '부엌에서'를 [부어케서]가 아니라 [부어게서]로 읽는 경향이 있다) 따위에 대한 관찰은 이 프로그램에서 이뤄질 수 없을 것이다. 그런 변화는,

비록 어휘 수준이기는 해도, 문법의 다른 층위가 개입한 탓에 일반 시청자들이 단박 납득하기 어려울 테니 말이다.

그런데 언어 변화는 어휘 수준에서만, 더구나 문법의 다른 층위와 단절된 어휘 수준에서만 일어나는 것이 아니다. 현대 한국어에서 가장 주목할 만한 변화는 오히려 음운 수준에서 진행되고 있다. 근년에 백낙청 씨는 '흔들리는 분단체제'를 거듭 거론한 바 있지만, 목하 분단체제보다 훨씬 더 불안정하게 흔들리고 있는 것이 한국어 모음체계다. 구체적으로, 현실 한국어(또는 새 세대 한국어)는 규범한국어(또는 옛 세대 한국어)에 비해 모음이 한결 단출해지는 방향으로 진화하고 있다. 이 '흔들리는 모음체계'를 한번 엿살펴보자.

우선, 서울말을 포함한 대부분의 한국어방언에서, 단모음 [ㅚ](독일 작가 이름 Goethe의 첫 모음)는 거의 사라져버린 듯하다. 나이 든 세대든 젊은 세대든 한국인들은 '외'를 복모음 [ㅞ]로 발음한다. 그래서 '괴멸'과 '궤멸'은 시각적으로만 구별될 뿐 청각적으로는 구별되지 않는다. 단모음 [ㅚ]를 아직 간직하고 있는 서남방언에서도, 적잖은 새 세대 화자들이 이 소리를 [ㅞ]로 발음하는 것 같다. 그래서 단모음 [ㅚ]가 한국어에서 쫓겨날 날은 멀지 않아 보인다. 또 환경에 따라 단모음(프랑스 작가 이름 Hugo의 첫 모음)으로 실현되기도 하던 [ㅟ]도 젊은 세대로 올수록 환경에 상관없이 복모음('마법사'를 뜻하는 영어 단어 wizard의 첫 두 음소)으로 발음되는 것 같다. 실은, 나이 든 세대가 단모음이라 여기며 내는 [ㅟ] 소리도 찬찬히 들어보면 또다른 복모음('밤'을 뜻하는 프랑스어 단어 nuit의 모음)이기 일쑤다. 그러니, '표준어 규정'의 '표준 발음법' 제4항에 명시된 "'ㅚ, ㅟ'는 단모음으로 발음하되 이중모음으로 발음할 수도 있다"라는 지침은 "'ㅚ, ㅟ'는 이중모음으로 발음하되 단모음으로 발음할 수도 있다"라고 고치는 것이 좋겠다.

다음, 대부분의 한국어방언에서 [ㅔ] 소리와 [ㅐ] 소리는 합쳐지는 추세에 있다. 이젠 서울말을 쓰는 중년 이상 화자들만이 이 두 소리를 구별해서 내는 것 같다. 한국어 화자들 대부분이 '제재'의 첫 번째 모음과 두 번째 모음을 같은 소리로 내고, 그들의 귀에 '때'와 '떼', '개'와 '게', '배다'와 '베다', '매다'와 '메다'는 구별되지 않는다. 나이 든 세대의 규범한국어에서조차 [ㅐ] 소리와 [ㅔ] 소리의 거리가 아주 멀지는 않았다는 사정이, 이 두 소리의 중화를 부추긴 것 같기도 하다. 규범한국어 [ㅐ]와 [ㅔ] 사이의 거리는 예컨대 영어 단어 apple의 첫 모음과 any의 첫 모음 사이의 거리보다 가깝다.

단모음 [ㅚ]가 중모음 [ㅞ]에 합쳐지고 두 단모음 [ㅐ]와 [ㅔ]가 중화하고 있다는 것은 [ㅚ]와 [ㅙ]가 구별되지 않는다는 뜻이기도 하다. 그래서 한국 역사를 슬프게 만들었던 '왜적'과 '외적'도 소리로는 구분되지 않는다. 역사 시간에 교사나 학생이 "[왜적]의 침입"을 거론했을 때, 그 적이 일본에서 건너왔다는 것인지 아니면 막연히 나라 바깥에서 왔다는 것인지 알기 어렵다.

'표준 발음법' 제5항이 "이중모음으로 발음한다"라고 규정하고 있는 [ㅢ]도, '의존'에서처럼 단어의 첫 음소로 쓰인 경우 말고는, 대체로 단모음 [ㅣ]로 발음된다. '표준 발음법'도 이런 현실을 반영해 단서를 붙이고 있다. 그 단서 조항의 예를 옮겨오자면, '띄어쓰기'는 [띠어쓰기]로, '희망'은 [히망]으로, '틔어'는 [티어]로, '무늬'는 [무니]로 발음된다.

사라져가는 모음은 이것들 말고도 또 있다. 전통 서울말에서 모음 [ㅓ]는 짧게 발음될 때와 길게 발음될 때 그 소릿값이 달랐다. 짧게 발음될 때는 여느 [ㅓ]지만, 길게 발음될 때는 음성학자들이 '슈와schwa'라고 부르는, [ㅡ]와 [ㅓ]의 중간소리(영어 단어 ago의 첫 소리를 길게 냈다고 상상하자)로 실현되는 것이 예사였다. 그래서 '거적때기'나 '건더기'의 첫 음절(짧은소리 [ㅓ])과 '거지'나 '건강'의 첫 음절(긴소리 [ㅓ])은 그 길이만이 아니라 조음점 자체가 달랐다. 그러나 이제 이 두 소리를 구별해서 내는 사람들은 서울내기 노인들 말고는 없는 것 같다. 중년 이하 세대는, 서울내기들조차, '거지'의 '거'를 '거적때기'의 '거'로 발음한다.

어찌 보면 이 두 개의 [ㅓ]가 중화하는 것은 피할 수 없는 현상이랄 수 있다. 모음의 장단 자체가 한국어에서 빠르게 사라지고 있으니 말이다. 젊은 세대는 마음의 창이라는 '눈'(짧은소리)과 하늘에서 내리는 '눈'(긴소리)을 구별하지 않는다. 먹는 '밤'(긴소리)과 어두운 '밤'(짧은소리)도 마찬가지다. 강조의 맥락에서가 아니라면, 대체로 짧은소리 쪽으로 합쳐지는 것 같다.

표준 한국어에서 긴소리가 날 수 있는 환경은 매우 제한돼 있다. 긴소리는 복합어가 아닌 경우엔 첫 음절에서만 나타나는 것이 원칙이다. 그래서 '눈사람'의 '눈'은 긴소리지만 '첫눈'의 '눈'은 짧은소리이고, '말씨'의 '말'은 긴소리지만 '거짓말'의 '말'은 짧은소리다. 그러나 첫 음절의 경우에도 긴소리가 날 수 없는 제약 조건이 여럿 있다. 어려서부터 입에 배어 있다면 몰라도 '이론적으로' 배워 실행하기엔 그 조건들이 너무 까다롭고 불규칙하다. 그래서, 모음들을 죄다 짧은소리로 내는 젊은 세대의 말버릇이 차라리 합리적으로 보이기까지 한다.

젊은 세대가 주도하는 한국어 모음체계의 변화 물결은 이제 언어교육으로 되돌릴 수 있는 수준을 넘어선 듯하다. 말의 전문가라 할 방송 아나운서들조차 한국어사전이나 '표준 발음법'에 명시된 규범적 소리를 내지 못하고 있으니 말이다. 21세기 한국어가 20세기 한국어와 사뭇 다른 모음체계를 지니게 되리라는 사실을 무심히 받아들여야 할 것 같다. 중세 한국어에 있었던 것으로 추정되는 성조가 사라진 것을 지금의 우리가 무심히 받아들이듯.

두 가지 [ㄴ], 두 가지 [니]

'무늬'를 [무니]로 발음할 때의 [니]는, 아주 풀어진 말투에서는 "아프니?"의 [니]로 실현되기도 하지만, 대개는 "니가(네가) 그랬지?"의 [니]로 실현된다. 조금 전문적인 이야기이긴 하나 이 문제를 잠깐 살피자.

'아프니?'의 '니'는 '니가'의 '니'와 소리가 다르다. 앞쪽 '니'의 [ㄴ]는 입천장소리(구개음)인 데 비해, 뒤쪽 '니'의 [ㄴ]는 혀끝소리(설단음 또는 치조음)다. 이 두 소리의 차이는 [지]와 [ㄷ]의 차이나 [ㅊ]와 [ㅌ]의 차이와 같다. 외국어 단어의 예를 끌어오자면, '아프니?'의 [니]는 '동행, 회사' 따위를 뜻하는 프랑스어 단어 compagnie(대략 [꽁빠니])의 마지막 음절과 소리가 엇비슷하고, '니가'의 [니]는 같은 뜻의 영어 단어 company(대략 [컴퍼니])의 마지막 음절과 소리가 엇비슷하다.

[ㄴ]는 여느 환경에서 혀끝소리로 실현된다. 예컨대 [나, 너, 노, 누, 느]의 [ㄴ]는 죄다 혀끝소리다. 그런데 이 혀끝소리 [ㄴ]는, 한국어 음운규칙에 따르면, [ㅣ] 모음이나 [ㅣ] 선행모음([ㅑ, ㅕ, ㅛ, ㅠ]) 앞에서 입천장소리로 변한다(구개음화). 예컨대 '아프니?'의 [니]만이 아니라 '냠냠'의 [냠]이나 '오뉴월'의 [뉴]에서 실현되는 [ㄴ]가 구개음화한 [ㄴ]다.

그러니까 이 규칙에 따르면 '니가'('네가'의 구어)의 첫 소리 [ㄴ]나 '무니'('무늬'의 현실 발음)의 둘째 음절 첫 소리 [ㄴ]도 입천장소리로 변해야 한다. 그런데도 이 소리들이 입천장소리로 변하지 않고 혀끝소리로 고스란히 실현되는 것은 그다음 소리 [ㅣ]가 온전한 [ㅣ]가 아니라는 뜻이다. 다시 말해 그 [ㅣ]는, '니가'에서는 [ㅔ]('네가'의 [ㅔ])의 변형이고, '무니'에서는

[ㅢ]('무늬'의 [ㅢ])의 변형이다. 본딧말의 모음이 변한 말에 잔상을 남겨 화자의 (무)의식 속에서 구개음화를 방해하는 것이다.

12

'한글소설'이라는 허깨비

✦

～～～～～～～～

최초의 한글소설은 뭘까? 중고등학교 시절 문학사 수업을 그럭저럭 따라간 이라면 앞의 질문에 쉽사리 대답할 수 있을 테다. 두루 알려진 정답은 허균(許筠, 1569~1618)의 《홍길동전洪吉童傳》이다. 그러다가, 지난 1997년 채수(蔡壽, 1449~1515)의 《설공찬전薛公瓚傳》이라는 소설 일부가 발견되면서, 한글소설의 효시를 어느 작품으로 잡아야 할지가 모호해졌다. 일종의 귀신소설인 《설공찬전》은, 왕명으로 모조리 불살라서 지금 전해지지 않는 한문 원본만이 아니라 1997년에 그 앞부분이 발견된 국문 번역본도, 《홍길동전》보다 한 세기 이상 앞선 것으로 짐작되기 때문이다. 여전히 《홍길동전》을 한글소설의 효시로 보아야 한다고 주장하는 논자들은 《설공찬전》이 본디 한문으로 쓰였다는 점을 중요한 논거로 삼는다. 한글소설은 '한글로 창작한다'는 작가의 의식을 담아야 하는데,《설공찬전》은 그렇지 못하다는 것이다. 그래서 그 '한글 번역본'이《홍길동전》보다 이르다 할지라도, 여전히《홍길동전》을 첫 한글소설로 보아야 한다는 것이 이들의 견해다.

이 문제를 들춘 것은 거기 딱 부러진 해답을 내놓기 위해서가 아니다. 나는 그저, 이 논란이 품고 있는 쟁점 둘을 끄집어내 그에 대한 내 생각을 밝히려 한다. 하나는 관행의 늪 깊숙이 숨겨져 논자들도 거의 의식하지 못하는 생각거리로, '한글문학'이라는 것이 도대체 성립될 수 있는 개념인가 하는 것이다. 또 하나는 겉으로 드러나 논자들이 드문드문 의식하는 생각거리로, 번역문학은 출발언어(번역되는 언어)의 문학에 속하는가 그렇지 않으면 도착언어(번역하는 언어)의 문학에 속하는가 하는 것이다.

우선, '한글문학' 또는 '한글소설'이란 뭘까? 손쉽게, '한글을 표기 수단으로 삼은 문학', '한글로 쓴 소설'이라 말할 수 있을 테다. 한국 고전소설을 '한문소설/한글소설'로 나누는 관점에도, 사용하는 '문자'에 대한 의식이 개입해 있을 게다. 그런데 이것이 타당한 분류일까? 적어도, 자연스러운 분류일까? 그 관행 바깥에서 잠시만 생각해보면, '한문소설'과 '한글소설'은 맞세울 수 없는 개념이라는 점이 또렷해진다. 그것은 한문과 한글이 맞세울 수 없는 개념이기 때문이다. 한문과 한글은 왜 맞세울 수 없는가? 한문Classical Chinese은 고전 중국어라는 자연언어나 그 자연언어로 짜인 텍스트를 가리키는 데 비해, 한글Korean alphabet은 1446년에 반포된 표음문자를 가리키기 때문이다. 그 둘은 층위가 크게 다르다. 한글과 맞세울 수 있는 개념은 한문이 아니라 한자Chinese characters다.

그러니까 한문소설(고전 중국어로 쓴 소설)은 성립될 수 있는 개념이지만, '한글소설(한글이라는 문자로 표기한 소설)'은 아예 성립될 수 없거나 성립될 수 있더라도 거의 쓸모없는 개념이다. '한글소설'이 성립될 수 없거나 거의 쓸모없는 개념인 것은, '로마문자소설'이나 '키릴문자소설'이 성립될 수 없거나 거의 쓸모없는 개념인 것과 마찬가지다. '로마문자소설(로마문자로 표기한 소설)'은 통상 로마자로 표기되는 이탈리아어소설, 영어소설, 스페인어소설, 프랑스어소설, 포르투갈어소설, 독일어소설, 터키어소설, 베트남어소설, 이 밖의 수많은 언어로 쓴 소설을 다 아우를 것이다. 더 나아가, '로마문자소설'은 통상적으론 로마문자로 표기되지 않는 한국어소설, 일본어소설, 중국어소설, 아랍어소설 따위를 로마문자로 전사轉寫한 텍스트까지 포함하게 될 테다. 이렇게 잡다하고 들쭉날쭉한 대상들을 한꺼번에 끌어안는 개념이 쓸모있을 수는 없다.

이것은 '한글로 창작한다'거나 '한글로 번역한다'는 표현이 (거의) 어불성설이라는 것을 뜻한다. 우리는 어떤 문자로 '표기'하거나 '전사'할 수는 있지만, '창작'하거나 '번역'할 수는 없다. 적어도 표준적 언어 사용에 따르면 그렇다. 텍스트를 짜는 것은 문자가 아니라 언어이기 때문이다. 그러니 앞의 표현은 '한국어로 창작한다'거나 '한국어로 번역한다'로 고쳐져야 할 테다. 《홍길동전》은 한글로 창작된 소설이 아니라 (중세) 한국어로 창작된 소설이고, 본디 한문으로 창작된 《설공찬전》은 한자에서 한글로 번역된 것이 아니라 고전 중국어에서 (중세) 한국어로 번역된 것이다. 그러니까 효시든 아니든 《홍길동전》은 '한글소설'이 아니라 '한국어소설'이고, 따라서 '한글문학'에 속하는 것이 아니라 '한국어문학'에 속한다.

'국문소설'이라는 개념은, '한글소설'과 달리, 성립할 수 있다. '국문'은, '한글'과 달리, 텍스트를 가리킬 수 있기 때문이다. 그러니까 '한문소설/국문소설'은 개념화할 수 있는 대립이다. 물론, 거기서 '국문'이 한글이라는 문자체계를 가리키는 것이 아니라 한국어 (텍스트)를 가리킨다는 전제 아래서 말이다. 그러나 '국문'은 완강히 자기중심적인 말이고, 이 말과 형태적으로 연결된 '국문학'은 통상 한반도에서 생산된 한문 텍스트까지를 포함하므로, '한문소설/국문소설'의 병립보다는 '한문소설(고전중국어소설)/한국어소설'의 병립이 한결 깔끔하다.

마땅히 '한국어소설' '한국어문학'이라 불러야 할 대상을 '한글소설' '한글문학'이라 이르는 관행에 이해할 점이 전혀 없는 것은 아니다. 향찰로 쓰인 향가나 부분적으로 이두를 사용했던 공문서들을 제외하면, 한국어는 한글이 만들어진 뒤에야 본격적으로 기록되기 시작했기 때문이다. 그러니까 한국어가 서기언어로서 살아온 역사는 한글의 역사와 거의 포개진다. 한글이 반포되기 전까지 한국어는, 예외적인 경우를 빼곤, 회화언어일 뿐이었다. 그러나 이런 사정이 한국어라는 언어와 한글이라는 문자의 차이를 흐릴 수는 없다. 문자는 언어의 그림일 뿐이다. 그리고 이 화단畵壇에선 너무나 다양한 유파들이 제 개성을 뽐내고 있어서, 어떤 자연언어와 어떤 문자체계의 결합이 필연적인 경우는 (거의) 없다.

'한글소설' '한글문학'이라는 말에서 드러나는 '학술적' 혼동은 일상어 수준에까지 널따랗게 퍼져 있다. 예컨대 "생텍쥐페리의 《어린 왕자》는 한글(번역)판이 수십 종이나 나왔어" "4·19세대는 첫 한글세대야. 그 세대부터는 학교에서 일본어를 쓰지 않아도 됐거든" "카자흐스탄 알마티 시에 고려인들을 위해 한글학교가 새로 들어섰다네" 같은 표현을 보자. 이미 관용적 표현이 된 터에 이런 식의 언어 사용을 무턱대고 타박할 수는 없겠으나, 여기서 '한글'은 죄다 '한국어'로 고치는 것이 낫겠다. 물론 '한자를 전혀 쓰지 않고 한글로만 표기한 번역 텍스트'라는 뜻으로는 '한글(번역)판'이라는 말을 쓸 수 있다. 또 '과도한 한글 전용 정책 탓에 한자교육을 받지 않은(못한) 세대'라는 뜻으로는 '한글세대'라는 말을 쓸 수 있고, '(한국어를 가르치는 것이 아니라) 한글 스물넉 자와 그 맞춤법 원리만을 가르치는 학교'라면 '한글학교'라 부를 수도 있겠다. 그러나 위에 예시한 문장에서 '한글(번역)판' '한글세대' '한글학교'는 그런 뜻으로 쓰인 것이 아니다. 그러니, 수십 종이 나온 것은 《어린 왕자》의 '한국어(번역)판'이고, 4·19세대는 첫 '한국어세대'이며, 알마티 시에 들어선 것은 '한국어학교'다.

다음, 《홍길동전》과 《설공찬전》의 '명예전쟁'이 제기하는 두 번째 문제를 서둘러 살피자. 번역문학은 출발언어의 문학에 속하는가 아니면 도착언어의 문학에 속하는가? 예컨대 생텍쥐페리의 《어린 왕자》를 한국어로 번역하는 것은 프랑스어문학에 속하는가 아니면 한국어문학에 속하는가? 말할 나위 없이 그 둘 다에 속한다. 번역문학자는 프랑스어로 읽고 한국어로 쓰기 때문이다. 그러나 번역된 텍스트만을 놓고 보면, 그것은 한국어문학 쪽에 훨씬 더 가깝다. 문학에서 가장 본질적인 것은 거기 사용된 언어이기 때문이다. 그것이 번역이냐 창작이냐는 본질적 문제가 아니다. 실상 근대 독일어는 루터의 번역성경으로 시동을 걸었고, 유럽의 다른 많은 언어들도 고대 그리스어나 라틴어 같은 고전언어의 번역문들로 초창기 규범을 확립했다. 한국어도 예외는 아니니, 한글로 적힌 첫 번째 한국어 문장은 《훈민정음 언해》라는 이름의 번역문이다. 그러니까 한국어는, 다른 많은 언어들과 마찬가지로, 번역을 통해서 본격적인 기록언어로 출발했다.

사정이 이렇다면, 고전 중국어(한문)로 창작된《설공찬전》의 한국어 번역본이 한국어문학에 속하는지 아니면 고전중국어문학(한문학)에 속하는지도 어려운 문제가 아니다. 한국어본《설공찬전》은 고전중국어문학과도 발생적 관련이 있겠으나, 압도적으로 한국어문학에 속한다. 그 텍스트를 짜고 있는 언어가 한국어이기 때문이다. 다시 말해 그것은 한국어소설이다. 그렇다는 것은,《홍길동전》이 오래도록 누려온, '첫 한국어소설'이라는 영예가《설공찬전》으로 건너갈 수밖에 없다는 뜻이다. 또다른 가능성을 상상할 수도 있다. 현전하지는 않으나, 한글 창제 이후 명대明代 소설의 조선어 번역본이 적잖이 나왔다는 기록이 있다. 그 번역소설 가운데 혹시라도《설공찬전》의 한국어본보다 더 시기가 이른 것이 있다면, 첫 한국어소설의 영예는 그쪽으로 돌아갈 수도 있겠다. 그렇더라도《홍길동전》의 영예는 여전하다. 비록 그 주제와 구성에서《수호전》의 그림자가 엿보이기는 하나,《홍길동전》은 고전중국어소설 텍스트와의 직접적 연관 바깥에서 쓰인 첫 한국어소설이기 때문이다.

13
눈에 거슬려도 따라야 할
'국어의 로마자 표기법'

✦

~~~~~~~~~

    로마문자는 세계에 가장 널리 퍼져 있는 문자체계다. 영어를 흔히 국제어라 이르지만, 세계 언어생태계에서 영어가 차지하는 몫은 세계 문자생태계에서 로마문자가 차지하는 몫에 비교가 되지 않는다. 로마문자야말로 진정한 국제문자다. 로마문자 말고 제법 널리 퍼진 문자체계로는 러시아와 동유럽 일부 나라, 몽골 등지에서 쓰는 키릴문자, 이슬람권 일부에서 쓰는 아랍문자, 동북아시아에서 쓰는 한자가 있지만, 그 통通문화적 보편성에서 로마문자는 이들 문자체계를 가볍게 뛰어넘는다. 말레이-인도네시아어, 베트남어, 터키어 같은 아시아 지역 언어들을 포함해 로마문자는 지구의 이 구석 저 모퉁이 언어에 두루 쓰이고 있다. 문자체계를 갖추지 못한 언어를 새로 찾아냈을 때, 그것을 적는 것도 일차적으로 로마문자를 통해서다. 그러니, 로마문자를 쓰지 않는 사회에서도 제 언어의 로마자 표기법 문제를 피할 수 없다.

한국어를 로마자로 적는 것은 언뜻 보기보다 복잡한 문제들을 지녔다. 그 가운데 가장 큰 것은 한국어를 음성 수준에서 베껴내느냐 음소 수준에서 베껴내느냐 형태음소 수준에서 베껴내느냐의 문제다. 여느 언어에서보다 특히 한국어에서 이것이 문제가 되는 것은, 이 언어의 음성, 음소, 형태음소를 잇는 경사가 매우 급하기 때문이다. 이 세 수준에 얼추 대응하는 로마자 표기법이 각각 매큔-라이샤워식, 문화관광부식, 예일식이다. 매큔-라이샤워식 표기법은 1937년 미국인 조지 매큔과 에드윈 라이샤워가 고안했고, 예일식 표기법은 그보다 다섯 해 뒤 미국 군부의 위촉을 받아 새뮤얼 마틴이 만들어냈으며, 정식 이름이 '국어의 로마자 표기법'인 문화관광부식 표기법은 2000년 7월 7일 문화관광부 고시 제2000-8호로 공포됐다. '국어의 로마자 표기법'은 제2장 표기일람에서 로마자 표기의 기본 테두리를 제시한 뒤, 제3장에 이런저런 예외 규정을 두어 이를 보완하고 있다(국립국어원 홈페이지 참고). 마틴이 고안한 표기법을 예일식이라 부르는 것은 마틴이 오래도록 예일대학에서 한국어와 일본어를 가르쳤기 때문이다.

한국 바깥에서 가장 널리 쓰는 한국어 로마자 표기법은 매큔-라이샤워식이지만 국내에서는 문화관광부식 표기법이 자리 잡는 추세고, 나라 안팎의 언어학자들은 예일식 표기법을 쓴다. 언어학자들이 예일식 표기법을 쓰는 것은 그것이 한글맞춤법을 베껴낸 형태음소 표기여서 그것을 한글로 고스란히 되돌려놓을 수 있기 때문이다. 문화관광부식 표기법은 대한민국 정부의 공식 로마자 표기법이다. 공식 표기법으로는 해방 이후 네 번째다. 1948년 정부 수립 직후에 고시한 로마자 표기법을 1959년에 처음 고쳤고, 1984년 다시 고친 데 이어 2000년에 세 번째로 고쳤다. 문화부가 설치되기 전엔 어문 정책을 문교부(지금의 교육인적자원부)가 맡았던 터라, 지금 로마자 표기법 이전의 세 종류 표기법을 문교부식 표기법이라 부른다.

매큔-라이샤워식, 문화관광부식, 예일식이 한국어를 대략 음성, 음소, 형태음소 수준에서 적는 풍경을 대명사 '그것'의 표기에 기대어 살펴보자. '그것'을 매큔-라이샤워식은 kugot으로, 문화관광부식은 geugeot으로, 예일식은 kukes으로 적는다. 한국어 파열음과 파찰음 가운데 소위 평음(예사소리. ㄱ, ㄷ, ㅂ, ㅈ)을 로마자 k, t, p, ch로 적을 것인지, g, d, b, j로 적을 것인지는 까다로운 문제다. 이 소리들의 고윳값은 [k, t, p, ch]에 가깝지만, 두 유성음 사이에 선 [g, d, b, j]에 가깝게 실현되기 때문이다. '그것'의 첫 번째 [ㄱ]는 무성음인 데 비해, 두 번째 [ㄱ]는 유성음이다. 유성음 [ㅡ]와 유성음 [ㅓ] 사이에 놓인 탓에, 무성음 [ㄱ]가 유성음으로 변한 것이다. 이 차이는 한국인들 귀에는 거의 들리지 않지만, 여느 외국인들 귀에는 또렷이 들린다. 매큔과 라이샤워는 이 차이를 한국어 로마자 표기에 반영하기로 결정했다. 다시 말해 제 귀에 들리는 대로 적기로 했다. 그래서 '그것'의 첫 번째 [ㄱ]는 k로, 두 번째 [ㄱ]는 g로 적게 되었다.

그런데 이 표기법은 한국어에서 무성음 [ㄱ]와 유성음 [ㄱ]가 한 음소라는 점을 도외시하고 있다. 비록 환경에 따라 음성 수준에서는 달리 실현되지만, 한국어 화자들은 그 두 소리를 같은 소리로 인식한다. 한국어 화자가 같게 여기는 소리들을 서로 다른 문자로 적는 것은 자연스럽지 못하다. 문화관광부식과 예일식이 이 두 소리를 같은 문자로 적는 것은 이런 부자연스러움을 없애기 위해서다. 그러면 이 소리를 k로 적어야 할까 아니면 g로 적어야 할까? 예일식은 'ㄱ'의 고유한 소릿값을 존중해 k를 골랐고, 문화관광부식은 체계를 고려해서 g를 골랐다. 체계를 고려했다는 것은 예컨대 'ㅋ'을 위한 자리를 고려했다는 것이다. 문화관광부식 표기법 고안자들은 알파벳 말고는 다른 부호들을 되도록 사용하지 않는다는 원칙을 미리 정해놓은 터라, 'ㄱ'을 k로 적기로 결정했다면 'ㅋ'을 어떤 문자로 적어야 할지 막막했을 것이다.

이런 격음(거센소리. ㅋ, ㅌ, ㅍ, ㅊ)을 적기 위해 예일식은 문자 h를 덧붙이고, 매큔-라이샤워식은 어깻점을 덧붙인다. 그래서

'칼'을 문화관광부식은 kal로, 예일식은 khal로, 매큔-라이샤워 식은 k'al로 적는다. 그러나 어깻점은 보기에 좀 지저분하다. 그 래서 학술서적이 아닌 일반 출판물에선, 매큔-라이샤워식 표 기법도 어깻점을 빼는 것이 예사다. 이것이 이른바 간이 매큔- 라이샤워식이다. 그러니까 간이 매큔-라이샤워식에서는 '갈'과 '칼'이 구분되지 않는다. 한국인이 같게 여기는 소리(무성음 [ㄱ]와 유성음 [ㄱ])를 k와 g로 달리 적었던 매큔과 라이샤워가 정작 한 국인이 또렷이 구분하는 두 소리([ㄱ]와 [ㅋ])는 같은 문자로 적었 던 것이다.

다시 '그것'으로 돌아가자. 이 낱말의 마지막 소리 [ㅅ]를 매 큔-라이샤워식과 문화관광부식은 t로 적었고, 예일식은 s로 적 었다. 귀에 들리는 대로 적는 것(표음)을 원칙으로 하는 매큔-라 이샤워식이 이 소리를 t로 적은 것은 당연하다. 다시 말해 논리 적으로 일관돼 있다. [ㅅ]는 어말에서 [ㄷ]로 변하니 말이다. 한국 어 형태음소론을 존중해 한글로 되돌릴 가능성을 늘 염두에 두 는 예일식이 이 소리를 s로 적은 것도 논리적으로 일관돼 있다. 형태음소란 같은 형태소에 속하는 음소 무리들(또는 이형태들)의 추상적 대표형(원형)을 뜻한다. 이런 이형태들에서 보이는 음소 교체 현상을 따져보는 분과가 형태음소론이다.

한국어 형태소 '그것'은 '그것은'에서는 [그것]으로 실현되 고, '그것과'에서는 [그걷]으로 실현되고, '그것만'에서는 [그건]

으로 실현된다. 다시 말해 [그것] [그걷] [그건]이라는 이형태들
이 존재한다. 한글맞춤법을 고안한 이들은 이 세 가지 이형태의
추상적 대표형(원형)이 {그것}이라 판단했고, 그래서 이 형태소가
환경에 따라 어떻게 실현되든 '그것' 한 가지로 적기로 결정했다.
예일식은 이런 형태음소론적 한글 표기법을 고스란히 전자轉字
한 것이므로, '그것'의 마지막 소리를 s로 적는 것이 당연하다.

그러나 문화관광부식에서 '그것'의 마지막 소리를 t로 적는
것은, 이해할 만한 일이긴 하지만, 논리적으로 깔끔하진 못하다.
'그것'의 두 [ㄱ]를 g로 통일했을 땐 전자轉字 원칙에 따랐다가, 그
어말음 [ㅅ]([ㄷ]로 실현되는)를 s도 d도 아닌 t로 적을 땐 표음表音
원칙을 따르고 있기 때문이다. 기실 문화관광부식 표기의 큰 특
징은 예일식 전자와 매큔-라이샤워식 표음의 절충에 있다. 이런
절충이 이론적으론 깔끔하지 못하다는 것을 문화관광부식 표
기법의 고안자들도 알고 있었다. 그래서 '국어의 로마자 표기법'
의 맨 마지막 항(제3장 제8항)은 "학술 연구 논문 등 특수 분야에
서 한글 복원을 전제로 표기할 경우에는 한글 표기를 대상으로
적는다"라고 규정함으로써, 예일식과 비슷한 체계를 허용하고
있다.

다음, '그것'의 모음 부분을 살피자. 될 수 있는 대로 모음 한
글자를 로마자 한 글자와 짝짓고 있는 매큔-라이샤워식과 예일
식은 [ㅡ]와 [ㅓ]를 각각 u, o/ u, e로 적고, 그런 원칙에 얽매이지

않는 문화관광부식은 이 소리들을 eu, eo로 적는다. 정식 매큔-라이샤워 표기법에서는 [ㅡ] [ㅓ]를 나타내는 u, o 위에 반달점을 덧대서 [ㅜ] [ㅗ]를 나타내는 u, o와 구별하지만, 이 반달표 역시 어깻점처럼 학술서적 이외 출판물에서는 빼는 것이 예사다. 그래서 간이 매큔-라이샤워식에서는 [ㅡ]와 [ㅜ], [ㅓ]와 [ㅗ]가 구분되지 않는다. 간이 표기에서의 이런 혼동은, 한글로 복원하는 것이 불가능하다는 점과 더불어, 매큔-라이샤워식의 큰 약점으로 지적돼왔다.

영어 철자법에 익숙한 사람들에게는 '그것'을 geugeot으로 적는 문화관광부식 표기가 몹시 거슬릴 것이다. 그러나 이젠 한국어 로마자 표기법을 두고 벌여온 논쟁을 접을 때도 됐다. 부족한 점이 있는 대로 일단 정해진 것이니, 또다른 '개정'의 미련은 버리고 이를 정착시켜나가는 것이 좋겠다.

14

언어는 생각의 감옥인가?

✦

사피어-워프 가설에 대하여

~~~~~~~~~~~~~~~~

　흔히 '일곱 빛깔 무지개'라는 말을 한다. 서로 다른 빛깔의
띠 일곱 개가 무지개를 이루고 있다는 뜻이다. 영어(Seven colors
of the rainbow)나 프랑스어(Sept couleurs de l'arc-en-ciel)를 비롯
해 다른 자연언어들에도 이와 똑같은 표현이 있다. (사실 '일곱 빛
깔 무지개'라는 한국어 표현은 그 같은 유럽어 표현들을 일본어에 기대어
차용한 것일 테다.) 그러나 무지개는 빛깔의 연속체이므로, 육안으
로 또렷이 구분되는 띠가 거기 있을 리 없다. 빛깔들의 경계를 획
정하는 것은 사실상 불가능하다. 사람들은 무지개에서, 그저, 제
모국어가 지닌 기본 색채어휘 수만큼의 띠를 들춰낼 뿐이다. 그
러니, 무지개가 '빨주노초파남보'라는 일곱 빛깔을 '공식적으로'
띠게 된 것은 유럽어(와 유럽어 표현을 번역차용한 한국어)를 포함한

많은 자연언어가 무지개의 색상에 얼추 대응하는 색채어휘를 우연히도 일곱 개씩 지녔기 때문이랄 수 있다. (17세기 말 유럽인들이 무지개 빛깔을 일곱으로 확정한 데는 기독교 신화의 그림자가 설핏 드리워져 있지만, 이 문제는 접어두자.)

독일 출신의 미국인 언어학자 에드워드 사피어(1884~1939)와 그의 제자 벤저민 리 워프(1897~1941)는 여기서 어떤 영감을 얻었다. 그들은 서로 다른 언어를 쓰는 아메리카 원주민들에게 무지개의 띠가 몇 개냐고 물었다. 대답은 제각기 달랐다. 사피어와 워프는 이 설문 결과에 기대어, 사람들은 자신의 언어에 얽매인 채 세계를 경험한다고 판단했다. 이 판단으로부터, "우리는 우리 모국어가 그어놓은 선에 따라 자연세계를 분단한다"라는 워프의 유명한 발언이 나왔다. 언어가 의식을, 사고와 세계관을 결정한다는 이 견해는 사피어-워프 가설 또는 언어결정론이라 불리며 그 뒤 언어학과 인지과학의 논란거리가 돼왔다.

워프는 제 주장을 뒷받침하기 위해 이누이트(에스키모)의 어떤 언어공동체에는 '눈(영어의 snow)'에 해당하는 말이 400개나 된 사실을 내세웠다. 이 400개 운운은 워프의 조작(이 아니라면 심한 과장)이었음이 뒷날 드러났다. 이누이트의 언어에 눈을 가리키는 말이 영어보다 많다는 사실을 처음 밝힌 서양인은 독일 출신의 미국인 인류학자 프란츠 보아스(1858~1942)인데, 그가 제시한 단어는 네 개에 불과했다. 보아스는 이누이트의 일부 언어가

'내리고 있는 눈'과 '땅에 쌓인 눈'과 '바람에 흩날리고 있는 눈'과 '바람에 흩날려 한곳에 쌓인 눈'을 각각 다른 단어로 부른다고 지적했다. 그러나 400개든 네 개든, 워프에게는 차이가 없었을 것이다. 눈을 가리키는 단어를 네 개나 지닌 이누이트는 거기 해당하는 단어를 하나밖에 지니지 못한 영어 화자보다 눈을 네 배나 넓고 섬세하게 경험한다고 말할 수 있을 테니 말이다.

사실, '눈'에 해당하는 이누이트어 단어들을 제시하며 보아스가 내놓은 주장은 문화나 삶의 방식이 언어에 반영된다는 것이었다. 다시 말해 언어는 현실의 거울이라는 것이었다. 이것은 매우 상식적인 판단이다. 사피어는 여기서 조금 더 나아가, 언어가 현실의 거울일 뿐만 아니라 현실과 영향을 주고받는다고 보았다. 그러니까 언어와 현실이 서로를 규정한다고 보았다. 이것도 경험적으로 받아들일 수 있는 견해다. 흔히 '정치적 올바름'이라 부르는 완곡어 운동(예컨대 '검둥이'나 '흑인'을 '아프리카계 미국인'으로 대치하는)은 언어가 현실을 부분적으로는 규정할 수(개선하거나 악화할 수) 있다는 인식에 바탕을 두고 있다. 그런데 워프는 스승보다도 더 나아갔다. 그는 언어와 세계의 상호작용에서 언어쪽의 힘을 더 크게 평가하며, 세계가 언어를 결정한다기보다 언어가 세계(인식)를 결정한다고 과감히 주장했다. 이때, 인간의 인식이나 사고나 문화 따위는 언어 안에 갇혀 있게 된다. 이것도 받아들일 만한 견해일까?

이런 언어결정론은 20세기 전반기의 '흘러간 이론'이 아니다. 2004년, 피터 고든이라는 미국인 심리학자는 브라질에서 피라하족族이라는 수렵채취 종족을 관찰했다. 고든은 그 과정에서 피라하족의 언어에는 수사가 '하나' '둘' '많다'의 셋밖에 없을 뿐 아니라 이 종족의 많은 사람들이 셋 이상의 수를 셈하는 걸 매우 힘들어한다는 사실을 발견했고, 이 관찰에 기대어, 피라하족의 언어가 피라하족의 세계 인식을 규정하고 있다고 주장했다.

워프가 언어결정론을 주장했을 때, 그 언어는 특정한 어휘라기보다는 문법 범주들을 가리켰다. 그의 이런 착상은 그 뒤 수많은 작가들(주로 과학소설 작가들)의 상상력을 자극해, 그들로 하여금 갖가지 '별난' 언어들을 가공의 공간 속에 배치하게 만들었다. 혁명이나 반항을 연상시킬 수 있는 어휘 자체를 없애버린 《1984년》(조지 오웰)의 '뉴스피크(신어)'를 위시해, 1인칭 단수 대명사('나')가 없는 언어, 구체명사가 없는 언어, 소유대명사나 소유형용사가 없는 언어 따위가 이런저런 소설 속에서 설정됐다. 그리고 그 가공의 공간 속에서, 그 언어들은 그 언어 화자들을 순응주의자로, 집단주의자로, 관념주의자로, 공산주의자로 만들었다. 이 소설들의 등장인물들에게 언어는, 워프가 생각했듯, 사고와 행동을 가두는 감옥이었다.

그러나 오늘날 언어학자나 인지과학자의 주류는 이런 언어결정론을 부정한다. 사람의 생각은 그가 쓰는 자연언어로부터 완전히 독립적이라고까지 판단하는 이론가도 있다. 캐나다 출신의 미국인 인지과학자 스티븐 핑커가 그 예다. 핑커에 따르면, 사람은 영어나 중국어나 아파치어로 생각하는 것이 아니라 '사고의 언어language of thought'로 생각한다. 그 '사고의 언어'는 모든 자연언어들에 선행하는 메타언어다. 핑커는 자연언어들로부터 독립적인 이 추상언어를 '멘털리즈mentalese'라 불렀다. 핑커의 이런 견해는 모든 자연언어가 심층구조에서는 동일한 문법을 지녔다는 촘스키 이후 언어학자들의 생각과 통한다. 이런 보편문법이나 '멘털리즈'를 상정하는 한, 지각의 근본적 범주와 인식작용은 인류에게 종種 보편적이고, 따라서 자연언어들의 다양하고 변덕스러운 표면구조로부터 독립적일 수밖에 없다.

촘스키나 핑커 같은 전문가들의 견해가 아니더라도, 언어결정론은 경험적으로도 미심쩍다. 사람의 사고와 인식이 모국어와 어느 정도 상호작용을 하는 듯 보이긴 하지만, 더 큰 결정력을 행사하는 것은 사고와 인식 쪽이지 언어 쪽은 아니다. 이를테면 한국어는 그 고유어에 빛깔의 미묘한 차이를 드러내는 어휘들이 '징그러울 정도로' 많다. '빨갛다' 계통의 형용사만 해도 한국어 사전에 올라 있는 것이 예순 개 가까이 된다. (일부만 예를 들자면 빨그스레하다, 빨그스름하다, 뻘겋다, 뻘그스레하다, 뻘그스름하다, 뻘그죽죽하다, 발갛다, 발그레하다, 발그무레하다, 발그스레하다, 발그스름하다, 벌겋다, 벌그레하다, 벌그스레하다, 벌그스름하다, 벌그죽죽하다,

새빨갛다, 시뻘겋다, 붉다, 불그데데하다, 불그레하다, 불그름하다, 불그무레하다, 불그스레하다, 불그스름하다, 불그죽죽하다, 불긋하다, 불긋불긋하다, 검붉다 등.) 그런데 자음이나 모음을 교체하고 이런저런 접사를 붙여가며 한국어가 제 어휘장 안에 마련한 이 섬세한 색채어휘 덕분에 한국인들의 색채감각은 다른 자연언어 사용자보다 훨씬 더 섬세해졌는가? 조형예술사 책에서 한국인들의 이름을 찾기 어려운 걸 보면 그건 아닌 듯하다. 다시 말해, 사람들이 육안으로 변별할 수 있는 무지개 빛깔의 수는 제 모국어가 구별하는 무지개 빛깔의 수보다 많을 수도 있고 적을 수도 있다.

영어나 한국어에 눈을 가리키는 말이 네 개가 아니라 하나뿐이라 해서 영어 화자나 한국어 화자가 (하늘에서) 내리는 눈과 (땅에) 쌓인 눈을 구별할 수 없는 것은 아니다. 이누이트 이외의 사람들이 일상적으로 그 눈들을 구별하지 않는 것은 구별할 필요가 없기 때문이다. 다시 말해 그것은 그들이 쓰는 언어 때문이 아니다. 셋 이상의 수를 헤아리는 데 서툴다는 브라질의 피라하 족도 마찬가지다. 그들이 수 계산에 익숙하지 않은 것은 그들의 언어에 수사가 부족해서가 아니라, 수렵채취활동에 수 계산이 그리 필요하지 않기 때문일 것이다.

영어의 to be에 해당하는 동사가 스페인어에는 둘이 있다. ser와 estar가 그것이다. ser는 불변적·본질적 속성과 관련이 있고, estar는 가변적 상태나 존재를 나타낸다. 예컨대 영어의

good에 해당하는 형용사 bueno를 ser 동사와 함께 쓰면 '선량하다'는 뜻이 되고 estar 동사와 함께 쓰면 '건강하다'는 뜻이 된다. 또 영어의 pretty에 해당하는 여성형 형용사 guapa를 ser 뒤에 붙이면 원래부터 예쁘다는 뜻이지만 estar 뒤에 붙이면 일시적으로 예뻐 보인다는 뜻이다. 그러나 이 사실이 스페인어 화자가 영어 화자보다 존재와 상태에 대한 인식이 더 섬세하다는 증거는 되지 못한다. 원칙적으로, 스페인어는 영어로 충분히 번역될 수 있고, 영어도 스페인어로 충분히 번역될 수 있다. 또다른 예로, 관사를 사용하지 않는 한국어 화자들이라 해서 "He loves a girl"과 "He loves the girl"의 차이를 분간할 수 없는 것은 아니다.

사고나 인식보다, 더 나아가 세계보다 언어가 우위에 있다는 생각은 언뜻 매력적으로 보인다. 그것은 언어라는 것에 어떤 위광을 드리우기 때문이다. 사실 이런 생각은 사피어-워프 가설이라는 이름으로 20세기에 등장하기 훨씬 전부터 지적 논쟁의 흥미로운 주제였다. 언어결정론은, 유구한 반反이성주의 전통 속에서, 고대 인도의 언어학자들로부터 근대 독일의 낭만주의 문필가들에 이르는 강력한 지지자들을 얻었다. 이런 전통과는 이질적인 기반 위에 선 철학자 루트비히 비트겐슈타인도 "내 언어의 한계들은 내 세계의 한계들을 뜻한다"라는 멋진 정식으로 다른 방향에서 언어결정론을 거들었다.

그런데 이런 견해를 속화하며 기계적으로 밀고 나가다보면,

기이한 언어신비주의에 이를 수밖에 없다. 일본어에는 특별한 주술적 힘이 있어서 그것이 일본에 복을 가져다 준다고 여기는 이른바 고토다마言靈 신앙은 이런 언어신비주의의 극단적 예다. 또 자연언어가 사고를 결정한다는 말을 곧이곧대로 들이댄다면, 실어증 환자는 생각이라는 것 자체를 할 수 없다는 이상한 결론에 이를 것이다.

분명히, 언어는 사고나 세계관에 일정한 영향을 끼친다. 그러나 언어가 사고나 세계관을 '결정한다'고 말할 수는 없다. 우리는 언어의 도움을 받아 세계를 인식하지만, 어떤 상황에서는 언어의 도움 없이도 세계를 인식할 수 있다. 적어도 일반적 수준에서는, 언어가 사고의 흔적이고 세계관의 흔적인 것이지, 그 거꾸로가 아니다. 다시 말해, 사고나 세계관이 언어의 흔적인 것은 아니다. 영어 화자에게도, 한국어 화자에게도, 스와힐리어 화자에게도, 사고와 인식의 가능성은 똑같이, 무한히 열려 있다. 그가 호모 사피엔스 사피엔스인 한, 그에겐 보편문법으로 운용되는 '멘털리즈'가 있기 때문이다.

15

두 혀로 말하기

✦

다이글로시아의 풍경

~~~~~~~~~~

한 개인이나 사회가 두 언어를 쓰는 상태(두 개 언어 병용)를 영어로는 바일링구얼리즘bilingualism 또는 다이글로시아diglossia 라고 한다. 앞쪽 말은 라틴어에 뿌리를 두고 있고 뒤쪽 말은 그리스어에 뿌리를 두고 있지만, 둘 다 어원적으로 '두 개의 혀'라는 뜻이다. 사회 구성원 대부분이 한 자연언어만을 쓰는 정치공동체는 언어생태계에 매우 드물다. 한국이 그 드문 예다. 한 정치공동체 안에 수십, 수백 개 언어를 품고 있는 중국이나 인도를 비롯해 대부분의 사회는 둘 이상의 혀를 지녔고, 그 사회에 사는 사람들도 흔히 둘 이상의 혀를 지녔다. 바일링구얼리즘은 한 개인의 언어구사 능력이나 습관을 주로 가리키고 다이글로시아는 한 사회의 언어 분포에 초점을 맞춘다는 뉘앙스 차이가 있긴 하지만, 이 두 낱말은 개인과 사회에 두루 쓸 수 있는 말이다. 개인이든 사회든 두 개 언어를 쓰고 있으면 그는, 또는 그 사회는 바일링구얼리즘이나 다이글로시아 상태에 있다.

그러나 사회언어학자들은 이 두 낱말을 구분해서 쓴다. 바일링구얼리즘은 한 개인이나 사회가 두 개 언어를 쓰고, 그 두 언어가 사회적 기능에서 차별적이지 않은 경우를 가리킨다. 예컨대 벨기에의 수도 브뤼셀에서는 프랑스어와 네덜란드어(플랑드르어)가 둘 다 통용되고, 시민들 상당수가 이 두 언어를 병용한다. 그리고 이 두 언어가 기능적 차이를 거의 지니지 않는다. 이때, 브뤼셀이라는 도시는 바일링구얼리즘 상태에 있고, 두 언어를 병용하는 시민 개개인도 바일링구얼리즘 상태에 있다.

반면에 다이글로시아는 한 개인이나 사회가 두 개 언어를 쓰되, 그 두 언어가 사회적 기능에서 차별적인 경우를 가리킨다. 다시 말해 두 언어를 쓰는 장소나 상황이 서로 다른 경우를 가리킨다. 예컨대 캘리포니아의 코리아타운에 사는 한국계 미국인들은 영어로 교육을 받고 영어로 공적 활동을 하지만, 이웃끼리 파티를 열거나 모여서 화투를 칠 때는 한국어를 쓸 것이다. 여기서 한국어의 기능은 영어의 기능과 다르다. 이때, 캘리포니아의 코리아타운은 다이글로시아 상태에 있고, 코리아타운의 한국계 미국인들 개개인도 다이글로시아 상태에 있다.

근대 초기까지의 유럽이나 19세기까지의 한국 지식인 사회에는 라틴어와 민족어, 고전 중국어(한문)와 한국어가 사회적 기능을 달리한 채 병존하고 있었다. 유럽 지식인들이 말은 제 민족어로 하면서도 글은 라틴어로 썼듯, 한국 지식인들도 말은 한국어로 하면서 글은 한문으로 썼다. 그러니, 그 시절 유럽이나 한국의 지식인 사회는 다이글로시아 상태에 있었고, 라틴어를 알았던 유럽 지식인이나 한문을 알았던 한국 지식인 개개인들도 다이글로시아 상태에 있었다 할 수 있다.

한 사회가 바일링구얼리즘 상태에 있을 땐, 다시 말해 그 사회에서 쓰는 두 언어의 지위나 기능이 비슷할 땐, 한 개인이 꼭 바일링구얼(bilingual, 이언어 사용자)이 될 필요는 없다. 그는 두 언어 가운데 한 언어만 알아도 별다른 불이익을 겪지 않는다. 예컨대 어떤 브뤼셀 시민이 프랑스어나 네덜란드어 한 가지만 알아도, 살아가는 데 큰 불편은 없다. 동료시민들 상당수가 두 언어를 동시에 알고 있으니 의사소통이 안 될 염려도 없고, 도로표지판에서부터 관청 공문서에 이르기까지 모든 공적 커뮤니케이션이 프랑스어와 네덜란드어로 함께 이뤄지므로 공민권을 행사하는 데 불편을 겪을 염려도 없다.

그러나 한 사회가 다이글로시아 상태에 있을 땐, 그 사회의 구성원 개인이 다이글롯(diglot, 이언어 사용자)이 되지 않으면 불이익을 받는다. 예컨대 영어를 모르는 캘리포니아의 한국계 미국인은 일상적 커뮤니케이션에서든 공민권 행사에서든 큰 불편을 겪을 수밖에 없다. 물론 다이글로시아 사회에서도 그 주류 언어 배경을 지닌 사람은 꼭 다이글롯이 될 필요가 없다. 예컨대 영어를 제1언어로 쓰는 캘리포니아 사람이 그 지역에서 사용되는 스페인어나 중국어나 한국어를 꼭 익힐 필요는 없다. 그러나 스페인어나 중국어나 한국어를 제1언어로 쓰는 캘리포니아 사람은 영어를 반드시 익혀야 한다.

보통 이언어 사회라고 부르는 언어공동체는 대부분 (바일링구얼리즘이 아니라) 다이글로시아 상태에 놓여 있다. 프랑스어와 네덜란드어가 거의 대등한 자리를 차지하고 거의 동일한 기능을 수행하는 브뤼셀은 바일링구얼리즘의 아주 희귀한 예다. 그것은 대부분의 이언어 사회에서 두 언어의 존재 양태가 비대칭적이라는 뜻이다. 근대 이후 많은 다이글로시아 사회에서 영어는 주류 언어 노릇을 해왔다. 그러나 정작 영어의 고향 잉글랜드에서 영어가 비주류 언어 구실을 한 시절이 있었다. 1066년의 노르만 정복(노르망디 공 윌리엄 1세의 잉글랜드 정복) 때부터 적어도 너덧 세기 동안, 잉글랜드는 프랑스어와 영어가 공존하는 다이글로시아 사회였다. 거기서 주류 언어는 프랑스어였다. 그 시절 잉글랜드에서는 프랑스어를 쓰는 것이 지배계급의 표지였다.

바일링구얼리즘이든 다이글로시아든, 이언어 병용은 벨기에의 브뤼셀이나 캘리포니아의 한국계 미국인 사회처럼 비교적 좁은 지역사회에서나 볼 수 있는 현상이다. 국가 단위로 범위를 넓히면, 한 공동체 안에서 셋 이상의 언어가 쓰이는 경우가 훨씬 흔하다. 이 다언어 사용의 양태도, 사용되는 언어들의 힘이나 기능이 엇비슷한 멀틸링구얼리즘multilingualism과, 힘이나 기능이 차이 나는 폴리글로시아polyglossia로 나눌 수 있다. 이언어 사회 대부분이 (바일링구얼리즘이 아니라) 다이글로시아 상태에 놓여 있듯, 다언어 사회 대부분도 (멀틸링구얼리즘이 아니라) 폴리글로시아 상태에 놓여 있다. 다시 말해, 그 공동체에서 쓰이는 언어들 사이에 위계가 존재한다. 예컨대 싱가포르는 베이징어(보통화), 영어, 광둥어, 말레이어 등 여러 언어가 공존하는 폴리글로시아 사회인데, 언어 사닥다리의 맨 위에 있는 것은 베이징어와 영어다.

앞에서 적었듯, 한국은 전형적인 다이글로시아나 바일링구얼리즘을 찾기 어려운 단일언어 사회다. 그러나 한국에 다이글로시아(나 폴리글로시아) 현상이 아예 없는 것은 아니다. 우선, 이주 노동자 사회가 다이글로시아(나 폴리글로시아) 상태에 있다. 예컨대 필리핀 출신 노동자들이 일하는 작업장은 타갈로그어와 영어가 한국어와 공존하는 폴리글로시아이기 쉬울 것이다. 그리고 거기 존재하는 언어 사다리의 맨 위에는 한국어가 자리잡고 있을 것이다.

그다음, 한국어의 방언 화자들 다수는 자신의 방언과 표준어를 동시에 사용하며 다이글로시아를 만들어낸다. 다수의 사회언어학자들은 개별 언어들의 병용만이 아니라 동일 언어의 변종들 곧 방언의 병용을 가리킬 때도 다이글로시아라는 말을 쓴다. 예컨대 스위스의 일부 도시에서는 표준 독일어와 스위스독일어가 다이글로시아를 이루고 있고, 대부분의 아랍 나라에서는 고전 아랍어와 현지 아랍어가 다이글로시아를 이루고 있다. 이렇게 다이글로시아라는 말을 느슨하게 쓸 경우에, 한국에도 다이글로시아가 또렷이 존재한다. 서울말을 완벽하게 구사하는 지방 출신 서울 거주자들은 고향 친구를 만난 자리에선 자신의 방언을 사용할 가능성이 높다. 이때 서울말과 화자의 방언은 다이글로시아를 이룬다. 이 두 방언 가운데 더 고급의 변종으로 간주되는 것은 서울말이다.

다이글로시아라는 개념은 이언어 사용자가 특정한 장소나 상황(사회언어학자들은 이를 '도메인domain'이라 부른다)에 특정한 언어(방언)를 할당한다는 가정에 바탕을 두고 있다. 예컨대 모로코계 프랑스인은 가족끼리는 아랍어를 쓰고 학교나 직장에서는 프랑스어를 쓴다는 가정 말이다. 그러나 이 가정은 확률적인 것일 뿐 기계적으로 엄격한 것은 아니다. 가족끼리 프랑스어를 쓰는 모로코계 프랑스인이나 고향 친구들끼리 영어를 쓰는 멕시코계 미국인들은 얼마든지 있을 수 있다. 그러니까 다이글로시아에서 언어를 가르는 도메인은 느슨하다고 할 수 있다. (똑같은 현상을 두고, 어떤 관점에서는, 매우 섬세하다고도 말할 수 있겠다. 얼핏 보기엔 동일한 도메인으로 여겨지는 상황에서 다른 언어를 사용하는 것이 화자의 매우 미묘한 심리 상태를 반영하고 있다면 말이다.) 이와는 다른 수준에서, 이언어 사용자들이 흔히 실천하는 코드스위칭 code-switching 또는 코드믹싱code-mixing도 도메인의 구획을 흐릿하게 만든다.

코드스위칭이란 이언어 사용자가 한 문장 또는 한 담화 안에서 자신의 모어와 외국어(외래어가 아니라)를 섞어 쓰는 현상을 가리킨다. 예컨대 캘리포니아의 한국계 미국인이 술집에서 누군가와 싸우다가 "You filthy scum이야! Get out of here! 당장!"(이런 쓰레기 같은 자식! 꺼져! 당장!)이라 말했다 치자. 여기서 한국어 '이야!'는 필요 없는 군더더기이거나 영어 be 동사의 대치어라 볼 수 있고, '당장!'은 'right now!'를 한국어로 대치한 것이라 할 수 있다. 이런 코드스위칭은 외국어에 서툰 화자만이 아니라 그 외국어를 모어처럼 익숙하게 구사하는 사람들에게서도 발견된다. 양영희 감독의 다큐멘터리 영화 〈디어 평양〉(2006)에서 일본어와 한국어를 뒤섞는 재일 한국인 가족이 그 예다. 지방 출신의 한국어 화자가 표준어와 제 방언을 한 문장이나 담화 안에서 뒤섞는 것도 코드스위칭이라 할 수 있다.

이런 코드스위칭이 왜, 언제 일어나는가, 그것은 의식적인가 무의식적인가, 다른 언어(방언)를 통한 대치나 부연에는 엄밀한 규칙이 있는가 따위의 문제는 사회언어학자만이 아니라 심리언어학자, 언어교육학자, 문법학자들의 관심을 끌어왔다. 그러나 만족스러운 답변은 아직 제출되지 않았다. 확인된 사실은, 이런 코드스위칭이 자신의 이중정체성dual identity을 드러내려는 화자의 욕망과 관련이 있고, 이언어 화자는 자신처럼 이중정체성을 지닌 이언어 화자와 얘기할 때 코드스위칭을 실천하는 경향이 있다는 것 정도다. 코드스위칭은 다이글로시아 상태의 이언어 화자가 도메인에 언어를 분배하는 방식이 매우 복잡하다는 것을 알려준다.

코드스위칭은 다이글로시아를 전제로 한 언어 실천이면서, 그와 동시에 다이글로시아 내부의 언어 위계를 교란하는 언어 실천이기도 하다. 그것은 규범을 깨뜨리고 불순함을 옹호함으로써 언어민주주의에 기여한다. 코드스위칭은 영어를 비롯한 주류 언어에 비주류 언어를 섞음으로써 주류 언어의 순수성을 훼손하고, 표준어에 방언을 섞음으로써 표준어의 순수성을 훼손한다. 다시 말해 주류 언어와 표준어의 식민주의적 위세와 욕망을 조롱한다. 그 광경은 아름답다. 아름다운 것은 슬프기 십상이나, 이 광경의 아름다움은 유쾌하기까지 하다.

16
한국어의 미래

✦

~~~~~~~~~~

　수천에서 1만 여에 이른다는 자연언어들 가운데, 그 말을 쓰는 사람 수를 기준으로 한국어의 순위는 어디쯤일까? 개별 언어와 방언의 경계를 긋기가 쉽지 않아서 한국어의 순위를 확정하기는 어렵다. 이를테면 흔히 아랍어라 부르는 서남아시아와 북아프리카 지역 언어를 그 고전적 형태(문어 형태)에 주목해 한 언어로 간주하면, 한국어의 순위는 아랍어보다 크게 뒤질 것이다. 그러나 각 지역마다 사뭇 다른 구어 형태의 아랍어들을 서로 다른 언어로 친다면, 한국어는 그 각각의 아랍어들(이집트 아랍어, 알제리 아랍어 등)보다는 큰 언어다.

　이렇게 기준이 물렁물렁하긴 하지만, 순위를 얼추 가늠할 수 없는 것은 아니다. 남북한과 해외의 한인공동체 인구를 7500

만 남짓으로 잡으면, 그 사용자 수로 볼 때 한국어의 순위는 12~13위 정도 된다. 1억 가까운 사람이 쓰는 독일어보다는 작은 언어지만, 7200만 남짓 되는 사람이 쓰는 프랑스어보다는 큰 언어다. 수천이 훨씬 넘는 언어들 가운데 12~13번째로 사용자가 많다는 것은 한국어가 매우 큰 언어라는 뜻이다.

그러나 그 12~13위라는 순위만큼 한국어가 위풍당당하지는 않다. 우선, 순위의 앞머리 세 자리를 채우고 있는 베이징어(보통화), 스페인어, 영어의 사용자 수가 3억에서 9억에 이르는 것과 비교하면, 고작 수천만의 화자를 거느린 한국어의 비중은 탐스럽지 않다. 남한 인구가 정체 상태에 있는 데다가 북한 인구는 심지어 줄어드는 추세여서, 적어도 단기적으론 한국어 사용자가 늘어날 것 같지도 않다. 더구나, 12~13위라는 순위가 어떤 자연언어를 제1언어(모어, 모국어)로 사용하는 사람 수를 기준으로 매긴 것이라는 점을 생각하면, 한국어의 상대적 위세는 훨씬 더 초라해진다. 사실 이 점이 매우 중요하다!

영어가 베이징어보다 훨씬 작은 언어고 심지어 스페인어보다도 약간 작은 언어라고 할 때, 그것은 이 언어들을 모국어로 사용하는 사람들 수에서 그렇다는 것이다. 영어를 모국어로 사용하는 사람은 3억 2000만 남짓으로 추정돼 3억 3000만 남짓으로 추정되는 스페인어 사용자보다 조금 적다. 그러나 영어를 스페인어보다 비중이 작은 언어로 판단하는 사람은 없을 테다. 영어는 지구 행성의 보편어에서 그리 멀지 않는 국제 교통어의 지위를 이미 확립했지만, 스페인어는 이베리아반도와 남아메리카, 북아메리카 일부에 갇혀 있으니 말이다. 사람들 대부분이 제 모국어에 이어서 배우는 언어는 베이징어나 스페인어가 아니라 영어다. 영어는 스페인어나 (9억 인의 모어인) 베이징어보다 비중이 큰 언어인 것이다.

한국어는 모국어 사용자 수를 기준으로 매긴 순위보다 교통어로서의 순위가 사뭇 떨어지는 언어다. 그것은 한국어공동체 바깥에서 한국어가 그리 매력적인 언어가 아니라는 뜻이다. 제1언어로 한국어를 익히는 사람은 제1언어로 프랑스어를 익히는 사람보다 많지만, 한국어가 프랑스어보다 더 비중 있는 언어라고 판단하는 사람은 없을 게다. 프랑스어를 제2언어나 제3언어로 익히는 사람은 수억 명에 이르겠지만, 한국어를 제2언어나 제3언어로 익히는 사람은 아주 늘려 잡아도 수백만 명 정도일 테니 말이다. 교통어로서의 비중만 보면, 한국어는 모국어 화자가 6000만이 안 되는 이탈리아어보다도 덜 중요한 언어다.

그렇다면 교통어로서 한국어의 미래는 어떨까? 다시 말해, 외국어로서 한국어의 미래는 어떨까? 이 질문은, 자신이 배울 외국어를 고르는 기준으로 사람들에게 중요한 것은 뭘까라는 질문과 관련돼 있다. 사람들은 우선, 될 수 있으면 많은 사람이 쓰는 언어를 배우고자 한다. 어떤 언어를 쓰는 사람이 많을수록, 그 언어의 커뮤니케이션 폭이 크기 때문이다. 그래서, 모국어 화자가 가장 많은 베이징어나 교통어 화자가 가장 많은 영어는 이 언어들이 모국어가 아닌 사람들에게 매력적인 제2언어 후보가 된다. 이미 많은 사람이 쓰고 있는 언어를 사람들은 배우려 들고, 그러니 그 언어를 쓰는 사람은 더 많아진다. 부익부 빈익빈인 셈이다. 한국어를 모국어로 쓰는 7500만 남짓의 인구집단은 이 언어를 외국어로 배우고자 하는 욕망을 불러일으키기에 모자람이 없는 규모다. 그러나 모어 화자가 이렇듯 많은 데 비해, 한국어를 교통어로 사용하는 사람은 매우 적다. 한국어공동체의 정치적·경제적·문화적 힘이 가까운 과거에 이르기까지 그리 크지 못했고, 한국인들이 역사의 오랜 기간 국제교류에 소극적이었다는 뜻이겠다. 이 점이 교통어로서 한국어의 가능성에 제약으로 작용할 것이다. 다시 말해 한국어를 외국어로 익히는 사람이 지금 적다는 사실이 앞으로도 한국어를 외국어로 배우고자 하는 욕망에 부정적으로 작용할 것이다.

그다음, 첫 번째 조건과 부분적으로 겹치겠지만 중요성에서는 아마 으뜸으로, 사람들은 제게 경제적 이득을 베풀 언어를 제2언어로 배운다. 사람들이 (모국어 화자가 가장 많은) 베이징어를 제쳐놓고 영어를 제2언어로 배우려 드는 것은 영어가 경제활동의 언어이기 때문이다. 어지간한 회사에 일자리를 얻으려 해도 영어를 다소 아는 것은 필수적이다. 그래서 대부분의 사회에서 영어는 각급 학교의 필수 외국어로 지정돼 있다. 고를 권한을 학생들에게서 박탈할 만큼 영어는 온 세상의 교육과정에 깊이 뿌리내렸다. 그것은 미국을 비롯한 영어권의 경제적 힘과 관련이 있다. 북한과 함께 한국어 사용권의 핵심부를 이루는 남한 지역의 경제적 활력은 교통어로서 한국어의 미래에 긍정적으로 작용할 것이다. 베트남이나 몽골처럼 한국과 경제관계가 긴밀해진 나라에서 한국어를 배우는 사람들이 늘고 있다.

셋째, 사람들은 문화 영역의 자아실현을 위해 외국어를 배운다. 여기서 큰 부분을 차지하는 것은 허영심이다. 이를테면 프랑스어는 스페인어에 견주어 모어 화자가 훨씬 적다. 그러나 아메리카 대륙을 뺀 대부분 지역에서, 외국어로 프랑스어를 배우는 사람이 외국어로 스페인어를 배우는 사람보다 훨씬 많다. 거기엔 프랑스어권에서 축적된 문화가 스페인어권에서 축적된 문화보다 더 풍요롭다는 판단이 개재돼 있다. (거기엔 또 부분적으로 정치적 이유가 개재돼 있다. 한때 유럽의 중심국가로서 스페인 못지않게 넓은 해외 식민지를 경영했던 프랑스는 오늘날 유럽연합이나 국제연합을 비롯한 국제사회에서 스페인보다 훨씬 더 큰 정치적 발언권을 지니고 있다.) 외국인들의 문화적 허영심을 만족시킬 매력이 한국어에는 넉넉하지 않다. 역사의 대부분 기간에 한반도문화는 고전 중국어로 다시 말해 한문으로 축적됐고, 한국어가 문화의 도구로서 본격적으로 행세하기 시작한 것은 고작 한 세기 남짓 전이기 때문이다.

넷째, 사람들은 배우기 쉬운 언어를 배운다. 다시 말해 제 모국어와 문법 유형이 비슷하거나 어휘가 닮은 언어를 익히려 한다. 일본의 경제력은 프랑스를 포함한 프랑스어권 전체보다 크다. 그렇지만 외국어로 일본어를 배우는 사람 수는 외국어로 프랑스어를 배우는 사람보다 훨씬 적다. 그 이유의 큰 부분은, 앞에서 시사했듯, 프랑스어로 축적된 문화가 일본어로 축적된 문화보다 더 매력적으로 비친 데 있겠지만, 대부분의 언어권 사람들에게 일본어가 배우기 너무 어려운 언어라는 사정도 거기 포개져 있을 것이다. 그래서, 일본이 세계적 규모로 행사하는 경제적 영향력에도 불구하고, 일본어를 외국어로 배우는 사람들 다수는 한국을 포함한 동북아시아 문화권에 몰려 있다. 최근 들어 그 관계가 뒤집히긴 했지만, 이탈리아 사람들이나 스페인 사람들이 제2언어로 영어보다 프랑스어를 선호했던 것도 영어보다는 프랑스어가 이탈리아어나 스페인어와 더 닮아 배우기 쉬웠기 때문일 것이다.

이와 관련해서, '연관 효과'라 부를 만한 것도 학습동기 부여에 간여한다는 점을 지적하자. 사람들은, 꼭 제 모국어와 닮지 않은 언어일지라도, 서로 닮은 언어들이 많은 언어를 배우고 싶어 한다. 이를테면 프랑스어를 외국어로 익힌 사람이 그다음에 스페인어나 포르투갈어나 이탈리아어를 배우기는 쉽다. 네덜란드어를 외국어로 익힌 사람이 그다음에 독일어나 덴마크어나 영어를 익히는 것도 쉽다. 그러나 동아시아 바깥 사람이 일본어를 어렵사리 배워보았자, 그 '연관 효과'로 쉽게 배울 수 있는 언어는 한국어 정도다. 그러니 일본어는 동아시아 바깥 사람들에게는 덜 매력적으로 보인다. 한국어도 같은 처지다. 한국어를 익히는 사람들이 그나마 일본에 꽤 있는 것은, 두 나라 사이에 확대되고 있는 교류나 어찌해볼 수 없는 지리적 근접성 말고도, 일본 사람들이 배우기에 한국어가 비교적 쉽다는 데 그 이유의 한 가닥이 있을 것이다.

　　마지막으로, 바로 앞에서 내비쳤듯, 사람들은 지리적으로나 문화적으로 가까운 나라의 언어를 외국어로 배운다. 최근 프랑스어를 제치고 스페인어가 미국인들의 제2언어로 떠오른 것은 미국과 국경을 맞대고 있는 멕시코를 비롯해 라틴아메리카 지역 대부분에서 스페인어를 쓰는 데다가, 미국 사회 안에 스페인어를 쓰는 이민자가 늘고 있기 때문일 것이다. 문화적 인접 효과가 지리적 인접 효과를 상쇄하는 경우도 있다. 루마니아나 폴란드나 세르비아 같은 중부·동부 유럽 나라들은 지리적으로 프랑스보다 독일과 더 가깝지만, 그 나라 사람들은 외국어로서 독일어보다 프랑스어를 더 선호한다. 그 나라들에 이런저런 이유로 프랑스 애호가 퍼져 있기 때문이다. 일본에서 한국어를 배우는 사람들이 최근 늘어난 것도, 일본인들에겐 한국어가 비교적 배우기 쉬운 언어라는 사정에다가, 지리적·문화적 인접성('한류'에 대한 친화감을 포함해)이 포개지며 나타난 현상일 테다.

이런 모든 조건들을 따져서 판단할 때, 교통어로서 한국어의 미래는 밝지 않다. 다시 말해, 한국어를 외국어로 배울 사람이 앞으로 크게 늘 것 같지는 않다. 한국어권 경제의 확장에는 한계가 있을 것이고, 학습동기를 유발할 다른 요인들도 그리 두드러지지 않는다. 그래도 간접적으로나마 한국어를 배울 의욕을 북돋을 길은 있다. 그것은 사전을 포함한 한국어 학습교재를 될 수 있으면 여러 언어로 다양하게 마련해놓는 것이다. 그러기 위해선 정부와 기업과 대학과 연구소가, 한국어학자와 외국어학자와 교육이론가가 힘을 모아야 할 것이다. 한국어를 익히기 시작한 외국인들이 흔히 투덜거리는 것이 너무 단조롭고 부실한 학습교재에 대해서다. 일리가 있는 불평이다. 좀더 많은 외국인이 한국어에 매력을 느껴서 이 언어를 배우길 우리가 바란다면, 그런 투덜거림에 귀를 기울여야 한다. 정부가 한국어를 보급하기 위해 세계 여러 곳에 세울 예정이라는 세종학당도 다양하고 효율적인 한국어 학습교재가 마련된 바탕 위에서야 제 구실을 할 것이다. 한국어는 쉽사리 눈에 띄지 않는, 조붓한 길이다. 시원하게 뚫린 한길이 아니다. 그러나 정성스레 닦아놓으면 그 길을 산책로로 골라 거닐 사람이 왜 없으랴.

17

경어

✦

~~~~~~~~~~~~~~

현대 영어의 2인칭 대명사는 수의 구별 없이 you 하나뿐이다. 그러나 14세기까지만 해도 영어에는 단수 2인칭 대명사 thou(목적격은 thee)와 복수 2인칭 대명사 ye(목적격은 you)의 구별이 있었다. 이 단수 thou와 복수 ye가 수의 구별만을 나타냈던 것은 아니다. 이미 13세기부터 thou와 ye의 구분은 경어/평어의 표지가 되었다. 즉 어린아이나 신분이 낮은 사람에게는 thou가 사용된 반면에, 말하는 이보다 신분이 높은 사람이나 예의를 차려야 하는 대상에게는 한 사람에게도 ye가 사용되었다.

본디 수의 구별이었던 영어의 thou/ye가 경어체계에서의 역할 분담을 겸하게 된 것은 프랑스어의 영향 때문이다. 노르망디 공 윌리엄이 영국을 정복한 11세기 중엽 이래 수백 년 동안 프랑스어는 영국 지배계급의 언어였는데, 바로 그 프랑스어에서 단수 2인칭 대명사 tu와 복수 2인칭 대명사 vous가 평어와 경어를 구분하기도 했던 것이다. 프랑스어 vous에 해당했던 영어의 ye/you는 얼마 뒤 격 표지를 잃은 채 you라는 형태로 통일돼, 프랑스어 vous가 오늘날까지도 그렇듯, 경어체에 사용되었다. 그리고 더 시간이 흐른 뒤, 이 you는 thou/thee를 '퇴출'시키고 영어의 경어체계를 무너뜨렸다. 대화하는 사람들의 신분적·연령적 위계와 상관없이 상대방을 지칭할 때 무조건 you를 사용하게 된 것이다.

오늘날 thou/thee는 잉글랜드 북부와 스코틀랜드의 일부 지역을 제외하고는 일상어에서 쓰이지 않는다. 대단히 의고적인 말투로 남아, 예컨대 하느님에 대한 기도에서 하느님을 지칭할 때나 사용될 뿐이다. 미국의 퀘이커 교도들 사이에서는 아직도 thou/thee가 you와 구분되어 사용되는데, 그것은 영국에서 아직 그 구분이 남아 있던 17세기 말에 그들의 조상이 펜실베이니아에 도착했기 때문이다.

영어에서 thou와 ye의 구별이 언중의 뜻에 따라 자연스럽게 해소된 데 반해, 프랑스어에서는 tu와 vous의 구별을 권력의 힘으로 없애려던 시도가 있었다. 평등의 열망이 출렁이던 대혁명 시기에 그랬다. 그 전까지 프랑스어에서 tu로 말하는 것은 상스러움의 표지였는데, 혁명 정부는 공화국 2년(1793년) 브뤼메르 10

일에 시민들끼리 vous로 말하는 것을 금하는 법령을 공포했다. 말하자면 시민들끼리 너나들이하는 것이 의무화된 것이다. 이와 함께 낮은 신분의 사람이 높은 신분의 사람을 부를 때 사용됐던 '마담' '므슈'라는 말도 금지됐다. 이 말들이 옛 신분 질서를 가장 적나라하게 드러내는 말이라는 이유에서였다. 이 말들은 '시민'이라는 말로 대치됐다. 서로 너나들이하는 것과 상대방을 '시민'이라고 호칭하는 것은, 혁명 주체들이 보기에, 사람들 사이의 보편적 우애와 평등을 상징하는 것이었다. 러시아혁명 이후 옛 공산권에서 '동무'라는 말이 강압적으로 유행했듯, 프랑스혁명기에는 '시민'이라는 말이 강압적으로 유행했던 것이다. 그러나 이 유행은 오래가지 못했다. 이듬해 테르미도르 반동으로 로베스피에르가 실각한 뒤 너나들이의 열기도 식었고, '마담' '므슈'라는 말도 부활했다.

프랑스혁명이 강제한 너나들이와 '시민'이라는 말이 반동기에 힘을 잃은 것은 관습을 인위적으로 바꾸는 것이 얼마나 힘든 것인가를 알려주는 예이기는 하지만, 경어체계가 자신들의 민주주의적 이상과 배치된다고 판단한 혁명 주체들이 글렀던 것은 아니다. 경어체계는 그것을 사용하는 사람들에게 흔히 사회적 위계를 내면화하기 때문이다.

우리말은 유례를 찾아보기 힘들 만큼 복잡하고 엄격하고 정교한 경어체계를 지닌 언어다. 우리말의 2인칭 대명사는 연령이나 신분이 비슷한 사람들끼리, 또는 연령이나 신분이 낮은 사람에게나 사용될 뿐, 존칭을 사용해야 할 자리엔 아예 사용되지 않는다. 그 경우 한국인들은 그 자리를 비워두거나 연령적·가족적·직업적·신분적 위계를 표시하는 명사(선배님, 아버님, 국장님, 선생님, 숙자 씨 등)를 사용한다. 2인칭 대명사만 위계에 예민한 것이 아니다. 한국어는 말하는 사람이 듣는 사람과 자신의 위계를 설정하기 전에는 단 한 마디도 입 밖에 낼 수 없는 언어다. 언어로 표현되는 그 위계 질서를 우리는 다시 그 언어를 통해 내면화한다. 경어를 썼느냐 반말을 썼느냐가 흔히 사람들 사이의 다툼의 원인이 되는 것이 그 증거다.

경어법은 연령의 위계만을 드러내는 것이 아니라, 신분적 위계(갑오경장 이래 법률적 신분이야 없어졌지만 영원히 없어지지 않을 '계급'이라는 이름의 사회적 신분)를 드러내고, 그 신분적 위계는 그것을 드러내는 경어법에 의해 다시 강화된다. 한국어가 민주주의적인 언어가 아니라는 것, 그것은 국어에 대한 내 애정에 주름을 만든다.

18

기쁘다와 기뻐하다

✦

심리형용사에 대하여

~~~~~~~~~~~~~~

우리말의 형용사 가운데는 주어의 인칭을 선택하는 데 제약이 있는 것들이 있다. 그 대표적인 것이 이른바 심리형용사라는 것이다. 심리형용사는 주어의 주관적 심리 상태를 나타낸다. 그래서 이런 부류의 형용사를 주관 형용사라고도 한다. 기쁘다, 즐겁다, 반갑다, 슬프다, 분하다, 외롭다, 싫다, 두렵다, 쓸쓸하다, 아깝다, 섭섭하다, 귀찮다, 그립다 같은 형용사들이 이 부류에 속한다.

심리형용사의 특징은 평서문에서 오로지 1인칭만을 주어로 삼을 수 있다는 것이다. 예컨대 "나는 기쁘다"라는 말은 성립하지만, "너는 기쁘다"라거나, "그 애는 기쁘다"라고는 말하지 않는다. 기쁘다는 것은 주어의 주관적 심리 상태를 드러내므로, '나'

이외의 다른 사람에 대해서는 이 형용사로 서술을 할 수 없기 때문이다. 물론 화자가 전지전능한 신이라거나, 필자가 전지적 관점에서 쓰는 소설에서라면 2인칭이나 3인칭을 주어로 해서도 심리형용사를 사용할 수 있다. 그러나 일상적 언어에서는 그런 용법이 허용되지 않는다. 반면에 의문문에서는 이런 심리형용사들이 2인칭 주어와만 어울릴 수 있다. 예컨대 "너는 기쁘니?"라는 말은 가능하지만, "나는 기쁘니?"라거나, "그 애는 기쁘니?"라는 말은 성립하지 않는다. 이것도 당연하다. 어떤 사람이 기쁜지를 알고 있는 사람은 그 당사자뿐이다. 그래서 기쁜지의 여부를 대답할 수 있는 사람도 그 당사자다. 의문문에서 그 물음을 받은 사람은 오직 자신이 기쁜지의 여부를 대답할 수 있다. 그 '자신'은 묻는 사람의 입장에서는 2인칭이다. "나는 기쁘니?"라는 말이 성립할 수 없는 것은, 내가 기쁜지의 여부를 알고 있는 사람은 나, 즉 1인칭일 뿐, 너, 즉 2인칭이 아니기 때문이다. "그 애는 기쁘니?"라는 말이 성립할 수 없는 이유도 마찬가지다. 그 애가 기쁜지의 여부를 알고 있는 사람은 '그 애'일 뿐, 질문을 받는 '너'가 아니기 때문이다.

전형적인 심리형용사는 아니지만 상황에 따라 심리형용사로 사용되는 말들도 있다. 좋다, 나쁘다, 귀엽다, 어렵다, 힘들다, 불편하다, 어지럽다, 걱정스럽다, 맵다, 달다, 쓰다, 짜다, 짭짤하다, 싱겁다, 떫다, 고소하다, 덥다, 춥다, 뜨겁다, 차갑다, 시원하다

같은 말들이 그 예다. 이 형용사들은 주관적 심리 상태를 서술할 수도 있고 객관적인 물리적 상태를 서술할 수도 있는데, 심리 상태를 서술할 경우, 즉 심리형용사로 쓰였을 경우엔 평서문에선 1인칭 주어와만 어울리고 의문문에선 2인칭 주어와만 어울린다는 통사-의미론적 제약을 지닌다.

그런데 이 심리형용사들에 '어하다'가 첨가되면 행동성을 나타내는 동사처럼 사용된다. 예컨대 '기쁘다'는 마음속으로 느끼는 심리 상태를 서술하지만 '기뻐하다'가 되면 그런 심리 상태를 적극적으로 드러내는 행위를 서술한다. 즐겁다와 즐거워하다, 반갑다와 반가워하다, 슬프다와 슬퍼하다, 분하다와 분해하다, 외롭다와 외로워하다, 싫다와 싫어하다, 두렵다와 두려워하다, 쓸쓸하다와 쓸쓸해하다, 아깝다와 아까워하다, 섭섭하다와 섭섭해하다, 귀찮다와 귀찮아하다, 그립다와 그리워하다도 마찬가지다. 전형적인 심리형용사가 아닌 말들도 심리형용사적 성격이 있으면 '어하다'를 붙여 동사화할 수 있다. 춥다와 추워하다, 덥다와 더워하다, 고소하다와 고소해하다, 어렵다와 어려워하다에서처럼. 심리형용사에 '어하다'가 붙어 동사화되면, 주어의 인칭 선택 제한이 없어진다. 동사화된 이 꼴들은 주관적 심리 상태를 서술하는 것이 아니라 그 심리 상태를 드러내는 행동을 서술하기 때문이다. '괴롭다'라는 심리형용사는 평서문에서는 "나는 괴롭다"처럼 1인칭 주어와 어울리고 의문문에서는 "너는 괴롭니?"처럼 2인칭 주어와 어울릴 뿐이지만, '괴로워하다'로 동사화되면, "잎새에 이는 바람에도 나는/너는/그 애는 괴로워했다"처럼 주어의 인칭을 가리지 않는다.

그러나 엄밀히 얘기하면, 좋아하다, 귀여워하다, 싫어하다, 미워하다처럼 심리형용사와 '어하다'가 서로 완전히 녹아들어 하나의 심리동사처럼 굳어진 말들을 제외하고는 이 '어하다' 형은 3인칭과 어울리는 것이 가장 자연스럽다. 특히 현재형에서는 더 그렇다. 이 '어하다' 형은 어떤 관찰의 결과를 서술하는 것이기 때문이다. "걔가 괴로워해"라는 말은 자연스럽지만, "내가 괴로워해" "네가 괴로워해"라는 말은 부자연스럽다. '괴로워해'는 어떤 관찰의 결과를 보고하는 것인데, 내가 나를 관찰해서 상대방에게 서술한다거나, 눈앞에 보이는 상대방의 행동을 관찰해서 그것을 당사자에게 서술한다는 것은 어색하기 때문이다.

이렇게 '어하다'가 붙어 동사화된 말들은 타동사로 쓰이는 일이 흔하다. "나는 네가 이사 가는 것이 섭섭하다"의 심리형용사 '섭섭하다'가 '어하다'와 함께 행동성 동사로 바뀌면 "걔는 네가 이사 가는 것을 섭섭해한다"처럼 타동사로 쓰인다.

19

부정문에 대하여

✦

～～～～～～

한국어에서 부정문을 만드는 일반적인 방법은 서술 용언의
앞에 '안(아니)'을 놓거나(선행 부정), 서술 용언의 뒤에 '지 않다(지
아니하다)'를 첨가하는 것(후행 부정)이다. 예컨대 "그녀가 우네"의
부정문은 "그녀가 안 우네"이거나 "그녀가 울지 않네"이다. 명령
문이나 청유문의 경우에는 서술 용언 뒤에 '지 말다'를 첨가한다.
그래서 "울어라"의 부정문은 "울지 않아라"가 아니라 "울지 말아
라"이고, "울자"의 부정문은 "울지 않자"가 아니라 "울지 말자"이
다. 기원을 나타내는 절을 부정할 때는 '지 않다'와 '지 말다'가 둘
다 쓰일 수 있다. "네가 우리 집에 왔으면 좋겠어"에서 '왔으면'을
부정하려면 "네가 우리 집에 오지 않았으면 좋겠어"라고 할 수도
있고, "네가 우리 집에 오지 말았으면 좋겠어"라고 할 수도 있다.

서술격 조사(지정사) '이다'는 이런 일반적 방식을 사용하지 않고 '아니다'라는 말을 따로 사용한다. 그래서 "고래는 포유동물이다"의 부정문은 "고래는 포유동물이 아니다"이다.

'지 않다' 형의 후행 부정은 거의 모든 용언에 적용될 수 있지만, '안' 형의 선행 부정은 그 결합관계에 제약이 있다. 즉 이 선행 부정 요소 '안'은 일부 복합동사나 여러 음절의 형용사나 모음 '아'로 시작하는 용언들과 결합될 때 부자연스럽게 들린다. 예컨대 "나는 하늘을 안 쳐다본다" "그 아이는 안 사랑스러워" "나는 개를 안 안는다"라는 문장은 비문이라고까지는 할 수 없을지 몰라도 표준어 화자에겐 상당히 어색하게 들린다. 후행 부정을 사용해 "나는 하늘을 쳐다보지 않는다" "그 아이는 사랑스럽지 않아" "나는 개를 안지 않는다"라고 말하는 것이 훨씬 더 자연스럽다.

'안' 과 '지 않다'와 비슷하게 '못'과 '못하다'라는 부정 요소가 사용되는 수도 있다. 그러나 이 부정 요소는 주로 서술 용언이 동사일 때 사용되고, 또 약속문에는 사용되지 않는다. 예컨대 "이 국은 짜다"처럼 형용사가 서술 용언일 경우에 "이 국은 못 짜다"라거나 "이 국은 짜지 못하다"처럼 부정문을 만들 수는 없다. 또 "내가 두 시 전에 거기 가마"라는 약속 문장을 "내가 두 시 전에 거기 못 가마"라거나 "내가 두 시 전에 거기 가지 못하마"라고 부정할 수는 없다. 이 '못'이나 '지 못하다'는 단순한 부정을 나타내는 '안'이나 '지 않다'와는 달리 '불능'이라는 고유 의미를 지니고 있어서 그 쓰임에 더 많은 제약이 있는 것이다. 특히 선행 부정 요소 '못'은 후행 부정 요소 '지 못하다'보다 제약이 더 심하다. 예컨대 "나는 그를 알지 못한다"라고는 할 수 있어도 "나는 그를 못 안다"라고는 할 수 없다. 또 "이 국은 못 짠데"와 "이 국은 짜지 못한데"에서도 만약에 어떤 요리과정에서 '짜다'는 상태가 아주 바람직스러울 때 아주 어색한 대로 "이 국은 짜지 못하다"는 가능하지만, "이 국은 못 짜다"는 아예 불가능하다. 바람직스러운 상태를 드러내는 형용사들은 이 경우보다 더 자연스럽게 '지 못하다'와 어울릴 수 있다. "식량이 많지 못해서 배급이 충분히 이뤄지지 않았어요"에서의 '많지 못해서'나 "방이 깨끗하지 못해 미안하구먼"에서의 '깨끗하지 못해,' "우유가 신선하지 못해서 다 버렸어요"에서의 '신선하지 못해서'는 그다지 부자연스럽지 않다. 바람직한 상태인 많음, 깨끗함, 신선함에 충분히 이르지 못했음을 '지 못하다'로 표현한 것이다. 그러나 이것을 선행 부정문으로 바꾸어 '못 많아서' '못 깨끗해' '못 신선해'라고 말하면 비문이 되고 만다.

후행 부정 요소 '지 않다'는 '알다'와 '이다'를 제외하고는 거의 모든 용언과 자연스럽게 어울릴 수 있다. 그런 점에서 '지 않다' 형의 후행 부정이 한국어 부정문의 전형적인 형태라고 말할 수 있다.

일부 심리동사를 상위문에 포함한 복문에서 이 부정 요소는 상위문과 하위문 사이를 오르내릴 수 있다. 예컨대 "나는 경숙이가 나쁜 애가 아니라고 생각한다"와 "나는 경숙이가 나쁜 애라고 생각하지 않는다"는 같은 의미다. 또 "나는 신이 존재한다고 믿지 않는다"와 "나는 신이 존재하지 않는다고 믿는다"의 경우도 마찬가지다. 앞의 경우에는 하위문의 부정 요소가 상위문으로 옮아갔고, 뒤의 경우는 상위문의 부정 요소가 하위문으로 옮아갔다. 이렇게 부정 요소의 오르내림을 가능케 하는 상위문의 동사로는 생각하다와 믿다 외에 바라다, 여기다, 기대하다, 짐작하다, 상상하다 따위가 있다.

　　그러나 이런 일부 동사들을 상위문에 포함하고 있을 때를 제외하고는 대부분의 경우 복문에서의 부정 요소의 오르내림은 허용되지 않는다. 부정 요소가 상위문과 하위문을 오르내릴 경우에 그 의미가 변하는 것이다. 예컨대 동사 '밝히다'가 상위문의 서술 용언인 경우를 보자. 부정 요소를 하위문에 포함하고 있는 "유고 정부는 베오그라드가 폐허가 되지 않았다고 밝혔다"라는 문장과 그 부정 요소를 상위문으로 옮긴 "유고 정부는 베오그라드가 폐허가 됐다고 밝히지 않았다"는 그 의미가 다르다.

20
한국어의 시제

✦

~~~~~~~~~~~

　시제란 말하는 이가 말하는 시간을 기준으로 해서 어떤 사건이나 동작이나 상태의 시간적 앞뒤를 나타내는 문법 범주다. 우리말에는 시제가 몇 가지로나 구분될까? "신은 죽었어요" "베오그라드 거리엔 사람들이 많았지" "토마토를 만 원어치나 샀네" "나는 나토의 유고 공습에 반대하였네" 같은 문장을 보자. 이 문장들이 말하는 시간을 기준으로 해서 과거의 사실을 기술하는 것은 분명하다. 미래나 현재를 나타내는 부사어를 집어넣어서 "신은 내일 죽었어요"라거나 "베오그라드 거리엔 지금 사람이 많았지" 따위로 말하면 비문이 되는 것을 보아도 위의 문장들이 과거의 일을 기술하고 있음을 알 수 있다. 그리고 서술어에서의 과거 표시가 '었'이라는 점도 또렷하다. '많았다'의 '았'이나 '샀다'의

'ㅆ'이나 '하였다'의 '였'은, '죽었어요'에서 드러나는 주된 형태 {었}의 변이 형태들이라고 할 수 있다. 그러니까 한국어에는 우선 과거 시제가 있다. 그리고 과거 시제 표시는 '었'이다.

이제 위 문장들에서 과거 시제 표시를 제거해보자. "신은 죽어요" "베오그라드 거리엔 사람들이 많지" "토마토를 만 원어치나 사네" "나는 나토의 유고 공습에 반대하네". 이 문장들은 분명히 과거 시제가 아니다. 과거를 나타내는 부사어를 집어넣어서 "신은 어제 죽어요" "베오그라드 거리엔 예전에 사람들이 많지"라고 하면 비문이 된다. 그러면 이 문장들은 현재 시제 아니면 미래 시제다. "신은 지금 죽어요"라거나 "베오그라드 거리엔 지금 사람들이 많지" 같은 문장이 자연스러운 걸 보면, 이 문장들은 현재 시제라고 할 수 있다. 그렇지만, "신은 내일 죽어요"라는 문장도 자연스럽다. 그렇다면 "신은 죽어요"라는 문장은 단순한 현재 시제라기보다는 '비과거 시제'라고 부르는 것이 더 타당할지도 모른다. 그러나 관례에 따라 이것을 현재 시제라고 부르기로 하자.

그러면 우리말에서 현재 시제 표시는 뭘까? 위에서 든 예를 보면 제로라고 할 수 있다. 어미를 뺀 어간 자체가 현재 시제가 되는 것이다. 말을 바꾸어 어간에 제로 형태를 덧붙이면 현재 시제가 된다. 그런데 문제가 그리 간단치는 않다. 현재 시제를 나타내는 이런 문장들을 보자. "그이가 나를 쳐다보네, 그이가 나를 쳐다봅니다, 그이가 나를 쳐다본다" "나는 그이의 눈빛을 읽네, 나는 그이의 눈빛을 읽습니다, 나는 그이의 눈빛을 읽는다" "물이 맑네, 물이 맑습니다, 물이 맑다". 이 문장들을 그 과거 시제 형태들, 즉 "그이가 나를 쳐다보았네, 나는 그이의 눈빛을 읽었습니다, 물이 맑았다" 등등과 비교해보면, 다른 말들에는 현재 시제 표시가 다 제로인 반면에 '쳐다본다' '읽는다'에서는 현재 표시가 'ㄴ/는'으로 나타난다. '쳐다본다'의 과거형은 '쳐다보았다'이고 '읽는다'의 과거형은 '읽었다'이다. 이 과거형에서 과거 시제 표시 '었(았)'을 제거하면 '쳐다보다' '읽다'가 되는데 이 형태는 현재 시제 형태가 아니라 학교 문법에서 기본형이라고 부르는 형태인 것이다. '쳐다본다' '읽는다'라는 형태가 현재형이라는 것은 명확하므로, 이 경우에 우리말의 현재 시제 표시는 'ㄴ/는'이라고 할 수 있는 것이다. 그렇다면 우리말의 현재 시제 표시는 제로인가, 아니면 'ㄴ/는'인가?

두 가지 설명이 가능하다. 첫째는 우리말의 현재 시제 표시는 일반적으로는 제로이되 동사의 경우 어미 '다'를 포함한 몇몇 어미 앞에서는 'ㄴ/는'이라고 설명하는 것이다. (형용사의 경우는 '다' 앞에서도 현재 시제 표시는 제로다. 위의 '맑다'가 그렇고, "하늘이 푸르다" "정원이 넓다" "집이 깨끗하다" 등도 다 마찬가지다.) 둘째는 'ㄴ다/는다' 자체를 어미 '다'의 변이 형태로 처리하고, 우리말의 현재 시제 표시는 예외 없이 제로라고 설명하는 것이다.

"신은 내일 죽어요"에서 보았듯, 우리말의 현재 시제(비과거 시제)는 현재만이 아니라 시간 부사어의 도움을 받아 미래도 표시한다. "모레 떠납니다" "두 시간 후에 가요" "그이는 다음달에나 돌아와요" "내년에 정년퇴직합니다"에서처럼. 그러나 이것은 서술어가 비상태성 용언일 경우에만 그렇다. 서술어가 형용사나 상태성 동사(알다, 믿다, 기억하다 따위) 같은 상태성 용언일 경우엔 이 형태가 미래의 시간을 나타내는 데 사용될 수 없다. "어머니가 내일 아프셔요" "나는 모레 그 사람을 압니다" 같은 문장은 정상적인 상황에서는 사용되지 않는다.

미래의 사건은 우리말에서 어떻게 표현할까? 기상 예보관이 텔레비전에서 이렇게 말했다고 하자. "내일은 눈이 옵니다" "내일은 눈이 오겠습니다" "내일은 눈이 올 것입니다". 첫 번째 문장은 현재 시제로써 미래를 표시한 것이다. 둘째와 셋째 문장은 '겠'과 'ㄹ 것이'라는 문법 형태를 포함하고 있다. 그러면 이 '겠'과 'ㄹ 것이'가 미래 시제 표시인가? 그렇다고 말하는 학자도 있지만, 이견도 만만치 않다. 그런 이견을 내세우는 사람의 견해에 따르면 우리말에서 '겠'과 'ㄹ 것이'는 '추정'을 나타낼 뿐 미래를 나타내는 것이 아니다. 이 형태는 미래의 상황에서만 미래 시간과 관련된다는 것이다. "합격을 했다니 걘 참 좋겠다" "벌써 서울에 도착했겠다" "걘 지금도 내가 돌아오기를 기다릴 거야" "걔가 어제 나를 많이 기다렸을 거야" 같은 문장에서 '겠'이나 'ㄹ 것이'는 미래와 무관하다. 단지 말하는 사람의 추정을 드러낼 뿐이다. '추정'은 법(法=서법, 말하는 이가 문장의 내용에 대해서 가지는 정신적 태도를 나타내는 문법 범주)과 관련된 것이지, 시제와 관련된 것은 아니다. 이런 의견을 따르자면 우리말에는 과거와 비과거(현재) 두 가지의 시제가 있는 셈이다. 반면에 많은 언어에서 미래 시제 형태가 추정을 겸하고 있다는 점을 내세워, 전통적인 견해대로 우리말에 세 가지 시제를 인정할 수도 있겠다.

게다가 과거 시제 표시인 '었'조차도 순수한 시제 표시는 아니다. '완료'라는 상(相, 어떤 동작이나 상태가 시간적으로 변화하는 양상을 나타내는 문법 범주)의 표지이기도 한 것이다. 예컨대 "내일 네가 이쪽으로 와주었으면 좋겠어"라는 문장에서 '었'은 과거 시제 표시가 아니라 명백히 완료상 표시다. 만약에 '었'의 본질이 과거 시제 표시가 아니라 완료상의 표시라고 해석하고, 일반적으로 현재 시제 표시로 간주되는 제로나 'ㄴ/는'을 미완료상 표시라고 해석한다면, 그리고 '겠'이나 'ㄹ 것이'도 미래 시제 표시가 아니라 추정을 나타내는 법의 표시라고 해석한다면, 우리말에서 시제는 체계적인 문법 범주가 아니고, 상과 법만이 체계적인 문법 범주라는 극단적 견해도 나올 수 있다.

발표 지면

고종석 선집_언어학
언어의 무지개

1판 1쇄 펴냄 2015년 4월 6일
2판 1쇄 펴냄 2018년 7월 11일

지은이 고종석
펴낸이 안지미
편집 김진형 최장욱 박승기
아트디렉팅 안지미
제작처 공간

펴낸곳 알마 출판사
출판등록 2006년 6월 22일 제2013-000266호
주소 03990 서울시 마포구 연남로 1길 8. 4~5층
전화 02.324.3800 판매 02.324.7863 편집
전송 02.324.1144

전자우편 alma@almabook.com
페이스북 /almabooks
트위터 @alma_books
인스타그램 @alma_books

ISBN 979-11-5992-173-5 04080
       979-11-5992-171-1 (세트)

이 책의 내용을 이용하려면 반드시 저작권자와 알마 출판사의 동의를 받아야 합니다.

이 도서의 국립중앙도서관 출판시도서목록CIP은 서지정보유통지원시스템 홈페이지
http://seoji.nl.go.kr와 국가자료공동목록시스템http://www.nl.go.kr/kolisnet에서
이용하실 수 있습니다. CIP제어번호: 2018020613

알마는 아이쿱생협과 더불어 협동조합의 가치를 실천하는 출판사입니다.

종이 표지_비비칼라 185g/㎡ 본문_그린라이트 100g/㎡